U0458589

[英]埃米娅·斯里尼瓦桑———著

杨晓琼———译

性权利

21世纪的女性主义

Feminism in the Twenty-First Century

*The Right
to Sex*

上海三联书店

雅众文化 出品

目 录

序 / 3

针对男人的阴谋 / 11

色情的力量 / 54

性权利 / 107

尾声：欲望的政治 / 133

教与学的伦理 / 170

性、监狱主义与资本主义 / 203

致 谢 / 242

注 释 / 245

参考文献 / 299

献给我的母亲，奇特拉

我为之而来的：
是沉船而非沉船的故事
是事物本身而非其神话

——阿德里安娜·里奇*《潜入沉船》

* 阿德里安娜·里奇（Adrienne Rich），美国诗人、散文家和女权主义者。著有《女人所生：作为体验与成规的母性》（*Of Woman Born: Motherhood as Experience and Institution*）、《潜入沉船》（*Diving Into the Wreck*）、《共同语言之梦》（*The Dream of a Common Language*）等。（本书脚注及内文小字号括注均为译者注）

序

女权主义不是一门哲学、一套理论，甚或一种观点。女权主义是一场政治运动，为的是改变这无从辨认的世界。它追问的是：要用什么去结束女性在政治、社会、性、经济、心理和生理上的从属地位？它的回答是：我们不知道，不妨且试且看。

女权主义始于一名女性认识到，她属于这样一个性阶级：这个阶级的成员基于所谓的"性"（sex）而被分配到一个低等的社会地位；而"性"据称是一种天然的、前政治的（pre-political）事物，一项客观的物质基础，人类文明正是在此基础上建立。

我们检视"性"这一所谓天然的事物时，却发现，它已然被赋予意义。在出生之际，身体就被按照"男性"或"女性"分类，尽管许多身体必须经受改造，才能符合其中的一种或另一种类别，而许多身体将在之后

3

反对彼时的决定。这一追根溯源的划分决定了一个身体将被指派什么样的社会目的。其中一些身体的目的是创造新的身体，喂养另一些身体，为其清洗、穿衣（出于爱，而非责任），让另一些身体感觉良好，拥有完整感和掌控感，让另一些身体感到自由。因此，性是一件冒充天然的文化造物。女权主义者们教会我们区分性与性别（gender），但"性"本身已经是变相的性别。[1]

"性"这个词还有另一重含义：性是我们的有性身体所做的事。有些身体是供另一些身体进行性行为的。有些身体为了另一些身体的快感、占有、消费而存在，为了崇拜、服务后者，证明后者的价值而存在。这第二重意义上的"性"据说也是天然的事，存在于政治之外。女权主义表明这也是一种虚构，一种服务于某些利益的虚构。我们认为，性是最隐私的行为，而实际上，性是一件公共的事。我们所扮演的角色，我们所感受的情绪——谁给予，谁索要，谁要求，谁服务，谁渴望，谁被渴望，谁获益，谁受损——这一切早在我们进入这个世界之前，就已经被制定。

一位著名的哲学家曾对我说，他反对女权主义者对性的批判，因为只有在做爱时，他才能感到真正对政治置身事外，他才能感到自由。我问他，他的妻子对此会怎么说（我没法问她本人，因为那顿晚宴她没有受邀）。不是说性不可能自由。女权主义者一直都在梦想性自由。

他们拒绝接受的是假的性自由——所谓的性自由，并不因为性的平等，而因为其无处不在。在这个世界，性自由不是既定事实，而是一件有待实现的事，且它总是无法完全实现。西蒙娜·德·波伏娃梦想实现更自由的性，她在《第二性》中写道：

> 毫无疑问，女人的自主性虽然免去了男人的许多麻烦，但也会拒绝给予他们许多便利。毫无疑问，某些形式的性冒险将会在明天的世界上消失。但这并不意味着爱情、幸福、诗意和梦想也会从明天的世界上消失掉。让我们不要忘记，我们缺乏想象力只能导致消灭未来……我们目前无法构思的肉体与情感的新型关系将在两性之间出现……认为男女在具体问题上实现了平等，就不可能再有狂喜、堕落、销魂和激情，这也是毫无根据的；使肉体与精神、瞬间与时间、内在的昏厥与超越的挑战、绝对的快感与虚无的忘怀相对抗的种种矛盾，将永远无法解决；紧张、痛苦、快活、受挫以及生存胜利，将永远会在性行为中得到具体表现……相反，当我们废除半个人类的奴隶制，以及废除它所暗示的整个虚伪制度时……人类的夫妇关系将会找到其真正的形式。[2]*

---

* 译文引用自[法]西蒙娜·德·波伏娃，《第二性》，中国书籍出版社，2004年，译者：陶铁柱。

要怎样才能让性真正自由？我们还不知道，不妨且试且看。

这些文章讨论的是这个世界的性政治与伦理，使它们得以成文的，是对一个与此不同的世界的期盼。它们回归到了更早期的女权主义传统，不惧怕将性作为政治现象，作为明确处于社会批判范围之内的事物来思考。从西蒙娜·德·波伏娃和亚历山德拉·柯伦泰[*]到贝尔·胡克斯[†]、奥德雷·洛德[‡]、凯瑟琳·麦金农[§]和阿德里安娜·里奇，这一传统当中的女性鼓励我们越过狭窄的"性同意"界限去思考性伦理。她们逼我们追问一个女人的同意背后存在什么力量；这揭示了关于性——这一必须征得同

---

[*] 亚历山德拉·柯伦泰（Alexandra Kollontai），俄国革命家、政治家、外交官，马克思主义理论家，是世界第一位女性驻外大使，全联盟共产党中央委员会妇女部的创始人，被认为是马克思主义女权主义的关键人物，也是后来被嬉皮士所推广的自由恋爱主义的倡导者。

[†] 贝尔·胡克斯（Bell Hooks），美国作家、教授、女权主义者和活动家，其写作关注种族、资本主义和社会性别的交叉性。国内出版的胡克斯作品有《女权主义理论：从边缘到中心》《激情的政治：人人都能读懂的女权主义》《反抗的文化：拒绝表征》等。

[‡] 奥德雷·洛德（Audre Lorde），美国作家、诗人、女权主义者、民权活动家。著有《局外人姐妹》（*Sister Outsider: Essays and Speeches*）、《查米：我名字的新拼写》（*Zami: A New Spelling of My Name*）、《使用主人的工具拆不了主人的房子》（*The Master's Tools Will Never Dismantle the Master's House*）等。

[§] 凯瑟琳·麦金农（Catharine MacKinnon），美国激进女性主义者、学者、律师、教师和社会运动家。国内出版的麦金农作品有《迈向女性主义的国家理论》《言词而已》等。

意的行为——的什么真相；我们怎么会把如此多精神、文化和法律的分量寄托于"性同意"这一无法支撑它的概念上。她们邀请我们加入，去梦想一种更自由的性。

与此同时，这些文章试图为21世纪重塑关于性的政治批判：严肃审视性与种族、阶级、残疾状况、国籍和种姓的复杂关系；思考性在互联网时代所变化出的形态；追问引入资本主义与监狱国家（carceral state）的力量来解决性问题意味着什么。

这些文章主要回应美国和英国的情况，对印度也有些关注。这部分是我自身背景的反映，但也是我有意的选择。这些文章对许多主流英语女权思想与实践提出了批判，后者数十年来一直是全世界范围内最能被看到并具有相当影响力的女权主义形式。（当然，在英语主流范围之外活动的女权主义者，对于她们自己或她们的社群，从来不是不被看到，或者"边缘"。）我很高兴能够在此写下：这种主导地位近来正在消退，主要是因为近年最振奋人心的女权能量的表达都来自英语环境之外。在此略举几个例子：在波兰，右翼联合政府在对堕胎实施进一步的法律限制，女权主义者在全国范围内掀起了一场大起义，500多个城市和城镇发生了抗议活动；在阿根廷，女权主义者在"Ni una Menos"（一个都不能少）的口号下，进行了五年的大规模游行，迫使国会将堕胎合法化，与此同时，巴西、智利和哥伦比亚的女权主义者，

7

在堕胎基本仍属非法的情况下，正在组织效仿；在苏丹，女性领导了革命抗议活动，推翻了奥马尔·巴希尔（Omar al-Bashir）的独裁政权，正是一位刚过 20 岁的年轻苏丹女权主义者阿拉·萨拉赫（Alaa Salah），要求联合国安理会确保妇女、抵抗团体和宗教少数群体可以在平等条件下进入苏丹过渡政府。[3]

在某些问题上——性工作者的权利、监狱政治的危害、当代的性（sexuality）病症——这些文章立场坚定；但在其他一些问题上，它们保持着矛盾、模糊的态度，不愿将内涵细密的难题简化。女权主义必须不懈地求真，尤其是对自己。正如劳工历史学家戴维·勒迪格（David Roediger）所写的，一场"坦诚面对自己"的激进运动远比"'对权力说出真相'更为重要"。[4]女权主义不能沉浸在各种利益总能趋于一致的幻想当中，认为我们的计划不会造成意想不到、非我等所愿的后果，认为政治是舒适之所。

女权学者和活动家伯尼斯·约翰逊·里根（Bernice Johnson Reagon）在 20 世纪曾谈到这个问题，她警告我们，一场真正激进的政治运动——也就是结盟政治（coalitional politics）——不可能是其成员的家：

> 结盟工作不是你在家里做的工作。结盟得上街……你不该指望会舒适。有些人会达成结

8

盟，然后按照达成结盟时是否感觉良好来给结盟的成功度打分。他们要的不是结盟，他们要的是家！他们找的是一个灌了奶、带奶嘴的奶瓶，这在结盟中是不可能的。[5]

在里根看来，正是因为有这样一种观念，即政治应该是一个十全十美的家——一个完全拥有归属感的地方，如她所言，一个"子宫"——导致了许多女权主义的排他性矛盾。被构想为"家"的女权主义坚持共性应被置于事实之前，将所有扰乱其内部田园牧歌的人推到一边。真正具有包容性的政治是不舒服、不安全的。

在这些文章中，我试图于必要之处，在不舒服与矛盾中停留。这些文章无法给人一个家，但我希望它们能够为一些人提供一处用于辨认的所在。写作时，我设想它们可被放在一起，也可单篇阅读。这些文章无意说服某人或让人确信某事，不过如有此效果，我也不会不开心。相反，我只是努力将许多女性，以及一些男性已然知晓的东西诉诸语言，这些文章是这一努力的呈现。这一直以来都是女权主义的方式：女性集体协作，表述未被言明的、此前不可说的经验。最好的女权理论来自女性独处时的所思所想，她们在纠察线与装配线上、在街角与卧室跟彼此说的话，她们试了千百次想跟丈夫、父亲、儿子、老板和当选的行政官员说的话。最好的女权理论是揭开隐藏在女性的斗争背后的女性生活的可能性，拉近这些可能性。但很多时候，女权理论脱离了女性生活的细节，只高屋建瓴地告诉她们，她们生活的真正含义是什么。这样的虚势对许多女性来说派不上用场。她们有太多活儿要干了。

牛津，2020 年

针对男人的阴谋

我认识两个被诬告强奸——对此我相当确定——的男人。其中一人是个富有的年轻男子，指控他的年轻女人已经慌不择路，是个在逃的信用卡盗窃犯。"强奸指控"只是一场更大的骗局的一部分。这个男人当时不在她所说的事发地点，除了她的证词，没有强奸的证据，她所说的其他事最后也被证明是假的。他没有被逮捕，也没有被指控，从一开始警察就跟他保证，一切都会没事。

另一个男人则是个卑鄙的家伙：自恋、迷人、颇擅操纵、谎话连篇。他出了名地爱用各种胁迫手段让人在床上就范，但他的手段又刚好落在强奸的法律定义之外。跟他发生关系的女人年轻、早熟、自信，她们都同意；确实，他是那样一种男人：他让女人在事发当时觉得自己才是勾引他的那一个——觉得她们是掌握能动性与权力的一方，而事实上，她们是相对不掌握这些的一方（"是她勾引了我"当然是强奸犯及恋童癖常用的辩白）。

当其中某个女人了解这个男人的惯用套路，看清了他是个什么人，多年后指控他侵犯时，在那些认识他的人看来，她很可能是在寻求法律补偿——为了他让她经受的一切：被利用、被操纵、被骗。或许，除了这些，他真的侵犯了她。而证据所呈现的是另一种样子。他没有被指控强奸，不过因为他轻率、不专业的行为，他被迫辞职。据我所知，此人如今重新被高薪聘用，继续着此前的伎俩，不过更小心、更低调，也更能编造合理的脱身借口了。如今他以女权主义者自诩。

我认识的被强奸的女人远不止两个。这不意外。被强奸的女人比被诬告的男人要多得多。除了一个之外，我认识的这些女人都没有坚持发起刑事指控或报警。我们都还在上大学时，一个朋友打电话告诉我，某个傍晚集体出游时，她认识的一个男性，一个朋友的朋友，在空荡无人的宿舍社交区，他们于台球桌旁玩闹的时候，强行进入了她。她拒绝、抵抗，最终将他推开。夜晚重新开始。她和我都没想过去报警。那通电话的目的只是确认这件事——我们没有称其为强奸——发生了。

一些男人被诬告强奸，否认这一点毫无益处。但诬告只占极少数。2005 年，英国内政部发布了有史以来最详细的性侵犯报警研究报告，据报告估计，十五年里，

2643 份强奸报警当中，只有 3%"大概"或"可能"是虚假报警。[1] 然而，在同一时期，英国警方基于警务人员的个人判断，将超过这一数字两倍（8%）的案件列为报假警。[2] 1996 年，美国联邦调查局也称，从全美警察局汇总的案件中，有 8% 是"无端"或"不实"的强奸指控。[3] 英国和美国得到 8% 这个数字，主要是由于警察容易受到强奸迷思的影响；在这两个国家，如果没有发生肢体冲突，没有牵涉武器，或者指控者先前与被告有关系，警察就会倾向于认为这是诬告。[4] 2014 年，根据印度公布的数据，前一年德里的强奸报警中有 53% 是假的，印度的男性权利活动家对这一统计数字得意扬扬。但是，"虚假"报警的定义已经扩大到包含所有未进入法庭的案件，更不用说那些不符合印度法律强奸标准的案件[5]——包括婚内强奸，6% 的已婚印度妇女称曾经历婚内强奸。[6]

在英国内政部的研究中，警方判定 2643 起控诉中有 216 起是假的。在这 216 起案件中，原告共说出 39 名嫌疑人；其中 6 名嫌疑人被逮捕，2 名嫌疑人被起诉；这两起案件的指控最终被撤销。因此，总结起来，考虑到内政部统计的诬告数量只有警方的三分之一，其实只有 0.23% 的强奸报警导致了误捕，只有 0.07% 的强奸报警导致一名男子被诬告强奸；没有任何一个案件最终成为冤假错案。[7]

我不是说强奸诬告不值一哂。不是这样。一个无辜的男人被怀疑，不被信任，其真实情况被歪曲，名誉遭剥夺，生活有可能因国家权力的操控而被毁：这是一桩道德丑闻。并且，注意，这样一桩道德丑闻与强奸受害者所经历的颇为相似，在许多案件中，受害者面临众人——尤其是警方——心照不宣的怀疑。然而，强奸诬告像空难一样，是超乎寻常的事件，却在公众想象中占据着格外重大的位置。那么，为什么它会带有如此的文化感召力呢？不可能仅仅因为受害者是男性：被强奸的男性的数量——通常是被其他男性——轻而易举地超过了被诬告强奸的男性。[8]有没有可能是因为，不仅强奸诬告的受害者通常是男人，而且假定的施害者是女人呢？

此外，在很多情况下，是男人诬告别的男人强奸女人。这是强奸诬告中一件被普遍误解的事情。通常，当我们想到强奸诬告时，会想象一个受人鄙视或贪婪的女人对当局撒谎。但许多，或许是大多数强奸冤假错案，都是男人诬告男人：指控者为警察或原告，多半是男性，意在将实际发生的强奸案栽赃给另外的嫌疑人。在全世界入狱率最高的美国，1989年至2020年期间，有147名男子因案件中存在虚假指控或伪证而被免除性侵犯罪[9]（同一时期，755人被发现其谋杀罪是被诬告的冤假错案，这个数据是前一数据的5倍之多[10]）。少于一半的男人是被他们所涉案件的受害人故意陷害。同时，超过半数的案件涉及"公务不当行为"：该类别适用于警方引导假受害者或证人指认，在受害者未能指认其为攻击者的情况下仍指控嫌疑人，压制证据或诱导假供。

不存在普遍的针对男人的阴谋，但存在针对特定阶级的男人的阴谋。在美国1989年至2020年间因虚假指控或伪证而被免除性侵犯罪的147名男性中，85人是非白人，62人是白人。在这85名非白人男性中，76人是黑人，这意味着黑人男性占因虚假指控或伪证而被定罪的强奸案的52%。然而，黑人男性只占美国男性人口约14%，而在被判犯有强奸罪的男性中占27%。[11] 一个因性侵犯而服刑的黑人男子无罪的可能性，是因性侵犯被定罪的白人男子的3.5倍。[12] 他也很可能是个穷人——不仅仅因为美国黑人的贫困率格外高，而且因为大多数入狱的美国人，无论哪个种族，都是穷人。[13]

国家免责登记处（National Registry of Exonerations）列出了1989年以来在美国被冤入狱的男性和女性，但没有详述针对黑人男性的强奸诬告的漫长历史，这一现象已经完全绕过了法律制度。尤其是，它并未记录吉姆·克劳时期*利用强奸诬告作为"甩掉正在获得财富与财产的黑人的借口，从而使该种族生活在恐怖之中"（艾达·贝

---

* 指1876年至1965年间的美国种族隔离时期。短语"吉姆·克劳"（Jim Crow）的出处常被认为是1832年一套讽刺安德鲁·杰克逊民粹主义政策的音乐剧《蹦跳的吉姆·克劳》，当中黑人主角名为吉姆·克劳，六年后，"吉姆·克劳"开始成为"黑人"的代名词。19世纪南方立法机构针对黑人颁布的种族隔离法案也因此被称为"吉姆·克劳法"。

尔·韦尔斯*语)。[14]它没有计入 1892 年至 1894 年间，因被控强奸或企图强奸白人女性而被处以私刑的 150 名黑人男性——此一指控包含了公开的黑人男性与白人女性间自愿的情事——韦尔斯在她非同凡响的《红色记录》(*A Red Record*)中记录了这些。[15]该书没有提到阿肯色州盖尔斯林的威廉·布鲁克斯(William Brooks of Galesline)一案，布鲁克斯于 1894 年 5 月 23 日因向一名白人女性求婚而被处以私刑；该书也没有告诉我们关于"无名黑人"的任何情况，按照韦尔斯的记录，该月早些时候，"无名黑人"因"给白人女性写信"的罪行在西得克萨斯州被处以私刑。2007 年，卡罗琳·布莱恩特(Carolyn Bryant)承认她在五十二年前撒了谎，当时她说一个名叫埃米特·蒂尔(Emmett Till)的 14 岁黑人男孩抓住了她，并向她发起性要求——这个谎言促使布莱恩特的丈夫罗伊和他的兄弟绑架、殴打并枪杀了蒂尔。[16]尽管有大量证据对罗伊·布莱恩特及其兄弟不利，但他们还是被判谋杀罪名不成立；四个月后，《展望》(*Look*)杂志因报道他们的作案过程而向他们支付了 3000 美元。没有任何一项档案详细记述强奸诬告如何被用作殖民统治的策略：无论是在印度、澳大利亚、南非，还是巴勒斯坦。[17]

<hr />

* 艾达·贝尔·韦尔斯(Ida B. Wells)，美国记者、社会学家，于 1909 年创建了美国有色人种协进会。她反对黑人与白人分开游行，争取平等的女性选举权。

因此，强奸诬告如今竟主要成了富有的白人男性操心的事，似乎就有些令人意外。但这并不令人意外——起码不是真的让人意外。据称，关于强奸诬告的焦虑关乎不公正（无辜之人受到伤害），但实际上，这关乎性别，关乎无辜的男人受到恶毒女人的伤害。这种焦虑也关乎种族与阶级：担心法律可能会像一贯对待贫穷的黑色和棕色皮肤男性那样对待富有的白人男性。对贫穷的有色人种男女来说，他们在国家权力面前本就极为脆弱，白人女性的强奸诬告只是他们整个脆弱的社会环境里其中一个元素。[18] 但强奸诬告是中产和富有的白人男性的一个特例，因为只有在强奸案中，他们才容易受到监狱国家对有色人种、穷人一贯采取的不公正待遇。生活富裕的白人男性本能且正确地相信司法公正体系会照顾他们：不会偷偷在他们身上藏毒品，不会先开枪打死他们而后声称看到了武器，不会因为他们在"不属于"自己的街区游走就骚扰他们，会在他们携带那一克可卡因或一袋大麻的时候给他们放行。但在强奸案中，富裕的白人男性担心，随着公众越来越要求相信女性，他们免受法律偏见所害的权利将受到损害。[19]

　　这种描述当然是错的：即便在强奸案中，国家也是站在富有的白人男性那边的。但就意识形态效力而言，重要的不是现实，而是这种误传。在强奸诬告当中，富有的白人男性误解了他们易受女性和国家打击的脆弱程度。

2016年，圣克拉拉县高级法院法官亚伦·佩尔斯基（Aaron Persky）判处20岁的斯坦福大学游泳运动员布罗克·特纳（Brock Turner）在县监狱服刑六个月（他服了三年刑），这是就其对查妮尔·米勒（Chanel Miller）犯下的三项性侵犯重罪所做的判决。布罗克·特纳的父亲丹·A.特纳（Dan A. Turner）在其给法官的信中写道：

　　　　1月17日和18日发生的事情对布罗克的人生造成了深刻的、永远的改变。他再也不是那个性格随和、笑容亲切、无忧无虑的人了……从他的脸上、他走路的姿势、他虚弱的声音、他的食欲不振，你都可以看出这一点。布罗克向来有喜欢吃的东西，自己厨艺也很好。我总是兴冲冲地给他买大块的肋眼牛排回家烤，为他买他爱吃的零食。我总是要把我最爱吃的脆饼干和薯片藏起一些，因为我知道，布罗克长时间游泳训练回家之后，这些东西就放不久了。但他现在几乎不怎么进食，吃的东西只够维持生存。这些判决从多个方面毁了他，也毁了我们的家庭。他的人生将永远无法成为他所梦想并为之奋斗的模样了。他为他二十多年的人生中二十分钟的出格行为付出了太大的代价。[20]

他一心只想着儿子的幸福，这种短视令人震惊，难道米勒的人生就没有遭遇"深刻的、永远的改变"吗？描述性行为的双关（可能是无心的）则更是如此："二十分钟的出格行为"——健康的、青春期的快乐。丹·特纳似乎想问，布罗克该为这样的事受到惩罚吗？接着是食物。布罗克不爱吃牛排了吗？你再也不用为了防布罗克把脆饼干和薯片藏起来了吗？这仿佛是在说一只金毛寻回猎犬，而不是一个成年人。但在某种意义上，丹·特纳的确是在说一种动物，一个教养完美的美国富家白人男孩样本："无忧无虑""性格随和"、爱运动、待人友好、有着天生的好胃口和光亮的皮毛。同样，像动物一样，布罗克也被想象为存在于道德秩序之外。这些流着红色的血、白皮肤的美式男孩，以及与他们约会并嫁给他们的美式女孩（但从来没有被他们性侵过）——是好孩子，最好的孩子，我们的孩子。

最高法院大法官布雷特·卡瓦诺（Brett Kavanaugh）就是这样一个美式小孩，这是他对克里斯蒂娜·布拉西·福特（Christine Blasey Ford）的指控所做的最终辩护，后者指控他在他们还是高中生时对她进行了性侵。卡瓦诺说，福特跟他和他的朋友们"不混同一个社交圈"。[21] 1982年夏天，玛莎与小埃弗雷特·爱德华·卡瓦诺（Martha and Everett Edward Kavanaugh Jr.）的独子布雷特跟他在乔治敦预科学校的朋友们共度了一段时光，那是美国最贵的私立学校之一［也是尼尔·戈萨奇*和罗伯特·肯尼迪（Robert Kennedy）的两个儿子的母校］。跟他们一起的还有附近一些天主教女子学校的学生：石岭（Stone Ridge）、圣童（Holy Child）、天赐（Visitation）、伊玛库拉塔（Immaculata）、圣十字（Holy Cross）。这群人——托宾、马克、P.J.、斯奎、伯尼、马特、贝基、丹尼斯、洛里、珍妮、帕特、艾米、朱莉、克里斯汀、凯伦、苏珊娜、毛拉、梅根、尼基——在那个夏天去海滩，进行足球训练，举重，喝啤酒，星期天上教堂，几乎都度过了他们生命中最美好的时光。在福特的指控公开后，65名高中时就认识卡瓦诺的女性签署了一封为他辩护的信。"一辈子的朋友，"卡瓦诺谈到这些女性时说，"我们拥有从14岁开始就认识、可以畅谈学业与生活的基础。"

客观来说，福特属于卡瓦诺社交与经济秩序的一部分。她是白人，有钱，而且——假设她没记错的话，你相信她会记错吗？——她跟布雷特和他的朋友们至少一起玩过一次。但福特的指控使她成了健康的白人女孩和男孩社会世界的流放者，他们偶尔会做一些（用卡瓦诺的话说）"傻气"和"让人尴尬"的事情——但绝不是犯罪。在他们的高中毕业纪念册上，卡瓦诺和他的朋友们

---

* 　尼尔·戈萨奇（Neil Gorsuch），美国最高法院大法官，他与布雷特·卡瓦诺是差两届的校友。

以"雷娜特男校友"（Renate Alumnius）*自称——此处提及的是雷娜特·施罗德（Renate Schroeder），她是65名签署联名信力证卡瓦诺始终"体面且尊重地对待女性"的"一辈子的朋友"之一。当被问及这个表述时，卡瓦诺说这"只是以笨拙的方式表达爱意，她是他们的一员"，这"跟性没有关系"。施罗德在签署了联名信后才得知纪念册中的这句诋毁，她在对《泰晤士报》的声明中说，"这太可恶、太伤人了，而且根本不是真的"。她说："我无法理解那些写这种东西的17岁男孩的脑子里都在想些什么。我祈祷他们的女儿不会遭受这样的对待。"[22] 在卡瓦诺得到程序确认后†，克里斯蒂娜·布拉西·福特的父亲拉尔夫在贝塞斯达的燃烧树俱乐部‡与布雷特·卡瓦诺的父亲埃德·卡瓦诺热情握手，他们都在那里打高尔夫。"我很高兴布雷特得到确认。"拉尔夫·布拉西说，显然是以一个共和党父亲的身份对另一个共和党父亲说。[23]

如果布雷特·卡瓦诺不是白人呢？很难用反事实的方式去评估，因为黑人男孩或棕色皮肤的男孩成长的世

---

* Alumnius是alumnus的误写。此处直接引用，未作修改。它的字面意思是"雷娜特男校友"，其实暗指这些男孩都与雷娜特发生过性关系，显然是对雷娜特的荡妇羞辱。

† 卡瓦诺于2018年10月6日获得美国参议院确认成为美国最高法院大法官。该职位的上任程序是总统提名任命后参议院投票确认。

‡ 燃烧树俱乐部（Burning Tree Club）是一家全男性私人高尔夫俱乐部，服务对象包括众多总统、政要。除极少数情况外，严禁女性进入。

界必定非常不同，他们不仅没有布雷特拥有的那种经济与社会特权——富有的家庭、精英学校、耶鲁的遗风——更加没有一帮同样拥有特权、愿意赴汤蹈火支持他的同侪。少年时就认识卡瓦诺的人所展现出来的团结在卡瓦诺那里被称为"友谊"，实际上是富有白人的抱团。如果不扭转美国的种族与经济规则，我们无法想象一个黑皮肤或棕色皮肤的卡瓦诺。

对许多有色人种女性来说，主流的女权主义要求"相信女性"，以及线上的相关标签"#IBelieveHer"（我相信她）没有解决什么，反而提出了更多的问题。我们应该相信谁，是说她被强奸的白人女性，还是坚称她的儿子是被陷害的黑色或棕色皮肤的女性？是卡罗琳·布莱恩特还是玛米·蒂尔（Mamie Till）？

"男性权利"的捍卫者喜欢说"相信女性"违反了无罪推定，但这是一种范畴谬误。无罪推定是一项法律原则——我们认为在其他条件相同的情况下，法律错误地做出惩罚比错误地免除惩罚更糟糕，无罪推定所回应的是这一观念。正因如此，在大多数法律体系中，举证责任都落在原告一方，而非被告一方。"相信女性"并非要求我们放弃这一法律原则，至少在大多数案件中是如此，它是在我们怀疑这一原则将被差别运用时的政治回应。根据法律，被控犯罪的人应被假定无辜，但我们知道，有些人被假定比其他人更无辜。针对这种对无罪推定的歧异实施，"相信女性"起到一种矫正规范的作用，是对那些被法律认为在撒谎的女性的一种支持姿态。

将"相信女性"当作对无罪推定原则的放弃在第二重意义上也是一种范畴谬误。无罪推定并不告诉我们该相信什么。它告诉我们法律——即一套故意在暗中让被告处于有利条件的流程——是如何定罪的。哈维·温斯坦（Harvey Weinstein）在受审时有权享有无罪推定。但对我们来说，我们不是他的陪审团成员，没有义务假定他无罪，或者在判决下来之前"先不做判断"。相反地，证据，包括上百名女性给出的具有说服力、事实连贯、细节详细的叙述，说明温斯坦极有可能犯下了性侵与骚扰罪。更重要的是，我们知道，拥有温斯坦那种权力的男人都很容易滥用这种权力。法律必须以个案为基础来处理每一个人——它必须从温斯坦并不比一个 90 岁的老奶奶更有可能是性侵者的假定开始——但是法律的规范并不设定理性思考的界限。理性思考与证据是相符的：强有力的统计证据表明，像温斯坦这样的男性往往滥用权力，再加上指控他性侵的女性提供的令人信服的证词证据。可以肯定的是，新的证据可能会在审判中浮出水面，而以前看起来很有力的证据可能被认为不足以采信（同样，财富与权力也能让有力的证据消失）。但审判的结果并不能决定我们应该相信什么。如果温斯坦的所有指控都被宣告无罪，我们是否应得出结论，认定指控他的人在都在撒谎？

一些评论者，包括一些女权主义者[24]坚称，在像温斯坦这类案件中，我们"永远无法真正知道"某人是否有性犯罪，即使所有的证据都表明他有罪。作为一个哲学问题，一个人的确可以持这种观点，但是在应用中，你须保持一致。如果你"永远无法真正知道"温斯坦是罪犯还是精心设计的圈套的受害者，那么你同样无法知道像伯纳德·麦道夫*这样的人是罪犯还是受害者。问题是，从女权主义的角度来看，为什么性犯罪会引起如此有选择性的怀疑。女权主义者应该给出的答案是，绝大多数性犯罪是由男性对女性实施的。有时候，"相信女性"的要求只不过是要求我们以正常的方式——根据事实——形成观点。

也就是说，"相信女性"是一种直白的工具。它暗含的要求是"不要相信男人"。但这种零和逻辑——她说的是真话，他在撒谎——假设，在强奸指控的评估中，除了性别差异，没有其他有效因素。尤其是，当性别以外的因素，譬如种族、阶级、宗教、移民地位、性取向也发挥作用时，我们就根本弄不清楚该向谁表达认识上的团结。在纽约州北部的精英文理学院科尔盖特大学，

---

* 伯纳德·麦道夫（Bernard Lawrence Madoff），美国金融界经纪，前纳斯达克主席，后开设自己的对冲基金——麦道夫对冲避险基金，作为投资骗局的上市公司。他因为设计一个庞氏骗局（层压式投资骗局），令投资者损失500亿美元以上，其中包括众多大型金融机构。麦道夫的骗局在美国证券交易委员会等机构的监管之下长期运作而未被察觉。

2013 至 2014 学年只有 4.2% 的学生是黑人，但该年 50% 的性侵犯指控的对象是黑人学生。[25] 在科尔盖特，"相信女性"是伸张正义吗？

黑人女权主义者一直在试图使白人女权主义对强奸的叙述复杂化。舒拉米斯·费尔斯通[*]雄心勃勃的《性的辩证法》（1970）在处理种族与强奸问题上严重受挫。[26] 在费尔斯通看来，黑人男性对白人女性的强奸，是天然的俄狄浦斯情结的结果，他们欲摧毁白人父亲，夺取并征服属于他的东西。安吉拉·戴维斯[†]在她 1981 年的经典著作《女性、种族与阶级》中写道，"无论有意无意"，费尔斯通的宣告"都促进了已然陈旧的黑人强奸迷思的复活"。戴维斯继而写道：

> 虚构的黑人男性强奸的形象总是在加强另
> 一个伴随其出现的、不可分割的形象：黑人女

---

[*] 舒拉米斯·费尔斯通（Shulamith Firestone），加拿大裔美国激进女权主义者。作为早期激进女权主义和第二波女性主义运动的中心人物，费尔斯通是三个激进女权主义团体的创始成员之一：纽约激进女性、红丝袜和纽约激进女权主义者。她的《性的辩证法》（*The Dialectic of Sex*）是女权主义运动中最具影响力的文本。

[†] 安吉拉·戴维斯（Angela Davis），美国政治活动家、学者和作家，被视为黑人女权主义的领军人物。她的研究主要集中在女性主义、非裔美国、批判理论、马克思主义、流行音乐和社会意识，惩罚和监狱的哲学和历史上，最具影响力的著作有《女性、种族与阶级》（*Women, Race, & Class*）、《监狱过时了吗？》（*Are Prisons Obsolete?*）。

性滥交成风。因为一旦接受了黑人男性怀有不可抗拒的、动物般的性冲动这一观念，整个种族就被赋予了兽性。[27]

2012 年 12 月 16 日晚，在德里，一位名叫乔蒂·辛格（Jyoti Singh）的 23 岁女性——她后来被印度公众称为"Nirbhaya"（无畏者）——在一辆公交车上被包括司机在内的六名男子强奸和折磨。她于十三天后死亡，死前遭受了脑损伤、肺炎、心脏骤停以及与袭击有关的并发症，在袭击中，他们将生锈的铁棍插入了她的阴道。袭击发生后不久，一位朋友的父亲在饭桌上向我提起此事。他说："可印度人是多么文明啊。"我想告诉他，父权制下没有文明。

非印度的评论者在看待此事时，倾向于将辛格被杀视作一种失败的文化——印度的性压抑、高文盲率、保守主义——暴露出的症状。不可否认的是，特定的历史与文化影响了一个社会对性暴力的约束。种姓、宗教与贫困的现实，以及英国殖民主义的长期遗留问题，塑造了印度的性暴力状况，正如种族和阶级不平等的现实，加之奴隶制和帝国的遗留问题，塑造了美国或英国的相应现状。然而，非印度人却援引了乔蒂·辛格受到的残忍攻击，来证明印度的性文化与他们自己的国家毫无共同之处。这场谋杀发生后不久，英国记者利比·珀维斯（Libby Purves）解释说："凶残的、鬣狗一般的男人蔑视女人，这在印度是常态。"[28] 第一个问题是：为什么白人男性强奸时，他们是违反一种常态，而棕色皮肤男性强奸时，却是遵循一种常态？第二个问题：如果印度男人是鬣狗，那印度女人又是什么？

在白人统治的地方，棕色和黑色皮肤的女性往往被认为是不可被强奸的，因为她们被假定性欲超强。[29] 因此，她们的强奸指控被先验地认为不可采信。1850 年，在英国统治下的开普敦殖民地，即今日的南非，18 岁的劳工达蒙·博伊森（Damon Booysen）因承认强奸了老板的妻子安娜·辛普森（Anna Simpson）而被判处死刑。宣判数日之后，案件的法官威廉·孟席斯（William Menzies）给开普敦殖民地总督写信，说他犯了一个严重的错误。他以为安娜·辛普森是白人，但她镇上的一群"体面"居民后来告诉他，"这个女人和她的丈夫是杂种有色人种"。孟席斯敦促总督为博伊森的死刑减刑，总督同意了。[30] 1859 年，密西西比州一名法官推翻了对一名强奸奴隶女孩的成年男性奴隶的定罪；辩方辩称："在本州，非洲奴隶之间不存在强奸罪……因为他们的性交是滥交。"而当时那名女孩尚不足 10 岁。[31] 1918 年，佛罗里达州最高法院称，白人女性应被假定贞洁——因此她们的强奸指控被推定为真——但这一规则不适用于"另一个不道德的种族，（并且）他们构成了相当大一部分人口"。[32] 乔治敦

27

大学法学院贫困与不平等研究中心进行的一项研究发现，所有种族的美国人都倾向于认为，与同龄的白人女孩相比，黑人女孩更了解性，更不需要被培养、保护和支持。[33] 2008 年，自称 "R&B 魔笛手" 的 R. 凯利因拍摄自己与一名 14 岁女孩的性爱录像带而被控犯有儿童色情罪。在德利姆·汉普顿的纪录片《逃脱 R. 凯利的魔爪》（Dream Hampton, *Surviving R.Kelly*, 2019）中，一名法庭陪审员，一个白人男子，解释了陪审团的无罪决定："我只是不相信她们，那些女人……她们的穿着，她们的行为方式——我不喜欢她们。我投了反对票。我完全不理会她们说的话。"[34]

现实是，在当代美国，黑人女孩和女人与白人女性比起来，尤容易受某些类型的人际暴力的影响。[35] 政治理论家夏蒂玛·思雷德克拉夫特（Shatema Threadcraft）写到，在美国黑人政治中，诸如受私刑的黑人身体、被警察枪杀的黑人身体等，与黑人男性尸体相关的场面受到密切的关注，这掩盖了普遍施加于黑人女性的国家暴力形式。虽然在重建时期 *，南方的黑人女性也被处以私刑，今天黑人女性也被警察杀害，但这些 "壮观" 的暴力形式并不是国家加诸她们的最常见的形式。黑人女性格外多地受到来自警察的骚扰和性侵，被迫与自己的孩子分离，在遭遇家暴而报警时，经常遭遇不信任和凌辱。[36] 黑人女性

---

* 指美国的 1865 年至 1877 年，当时南方邦联与奴隶制度一并被摧毁，美国人试图解决南北战争遗留的问题。

易遭受亲密关系中的暴力，这本身就是国家权力的结果：黑人男性的高失业率，解释了为什么黑人女性被其伴侣杀害的比率较高。[37] 思雷德克拉夫特问："有什么能促使人们在黑人女性死者的尸体周围聚集呢？"[38]

在白人关于黑人性行为的迷思中，有一种令人不安的趋向在发挥作用。白人把黑人男性描绘为强奸犯，把黑人女性形容成不可能被强奸——如安吉拉·戴维斯所说，是"黑人性欲旺盛"这枚硬币的一体两面——这在黑人男性洗脱罪名的要求与黑人女性公开说出性暴力（包括黑人男性对她们实施的性暴力）的需要之间制造了一种张力。结果是黑人女性加倍的性从属地位。公开说出黑人男性暴力的黑人女性被指责加深了他们社群的负面刻板印象，是向种族歧视的国家祈求保护。同时，黑人女性"性早熟"的刻板印象被内化了，这意味着某些黑人男性也认为黑人女孩和女人所遭受的虐待是自找的。2018年，针对数十年来有据可查的强奸和虐待指控，R.凯利的团队发表声明称，他们将"大力抵制这种企图对一个为我们的文化做出杰出贡献的黑人处以公共私刑的行为"。[39] 凯利的团队没有提到，指控他的几乎都是黑人。[40]

2019年2月，两名女性（均为黑人）对弗吉尼亚州黑人副州长贾斯廷·费尔法克斯（Justin Fairfax）提出了公开、可信的指控。费尔法克斯原准备接替拉尔夫·诺瑟姆（Ralph Northam）的州长职务，后者据称以黑脸装扮出现在一张照片中，因而被要求辞职。[41] 斯克利普斯学院政治学教授瓦妮莎·泰森（Vanessa Tyson）指控费尔法克斯在2004年民主党全国代表大会期间，强迫她在一家酒店为他口交。几天后，梅雷迪思·沃森（Meredith Watson）站出来说，费尔法克斯在2000年强奸了她，当时他们都是杜克大学的本科生。在指控他的人表示愿意公开作证的几天后，费尔法克斯在州参议院发表了一次计划外的演讲，他以历史上的私刑受害者自比：

> 就在这个参议院会场里，我听了很多反对私刑的言论，当时的人们没有被提供任何正当程序，我们对此感到遗憾……然而，我们站在这里，没有事实，只有指控，就急于做出判断，我们决定做同样的事。

费尔法克斯没有注意到将黑人女性比作白人私刑暴徒有多么讽刺。[42] 就此而言，克拉伦斯·托马斯（Clarence Thomas）也一样，1991年，他指控安妮塔·希尔（Anita Hill）发起了一场"高科技私刑"。[*] 这使得黑人男性被处以私刑成为可能的逻辑——黑人性欲旺盛的逻辑，在隐喻

---

[*] 克拉伦斯·托马斯自1991年以来任美国最高法院大法官。曾经担任他助理的安妮塔·希尔（法律教授，也是一名黑人女性）称托马斯在工作期间对她进行过性骚扰。

层面上被重新利用，用来错误地指控黑人女性是真正的压迫者。

对乔蒂·辛格的轮奸和谋杀引发了全印度的悲痛与愤怒，但并没有引起对强奸之含义的全面反思。英国1991年才将婚内强奸定罪，美国的50个州是在1993年，而在印度，婚内强奸仍然是一种法律上的矛盾。1942年由英国颁布用以镇压自由斗争的殖民法随后演变为《武装部队特别权力法》（The Armed Forces Special Powers Act），这部法律仍允许印度军队在包括阿萨姆邦和克什米尔在内的"动乱地区"强奸妇女而不受惩罚。2004年，来自曼尼普尔邦的年轻女子唐贾姆·马诺拉玛（Thangjam Manorama）被印度陆军第十七阿萨姆步枪队的成员绑架、折磨、强奸和谋杀，他们声称她是分离组织的成员。数天后，一个由12名中年妇女组成的团体在阿萨姆步枪队驻扎的康拉堡（Kangla Fort）外举行抗议活动；她们脱掉衣服，赤身裸体，高呼：强奸我们，杀我们！强奸我们，杀我们！[43]

印度跟全世界一样，某些强奸比另一些强奸更重要。乔蒂·辛格是一名高种姓、受过教育的城市女性，这些是她死后被拔升为"印度女儿"的社会条件。2016年，在印度南部的喀拉拉邦，一名29岁的达利特法律系学生吉莎（Jisha）的尸体被发现遭开膛破肚并被砍30多刀；检查人员断定她是在反抗强奸后被谋杀的。同年，一名名叫德尔塔·梅瓦尔（Delta Meghwal）的 17 岁达利特女性的尸体在拉贾斯坦邦其就读学校的水箱中被发现。在被谋杀的前一天，梅瓦尔告诉父母，她被一名老师强奸了。对这两名死去的女性的关注与乔蒂·辛格被强奸和谋杀引发的愤怒不可同日而语。就像美国和其他白人主导社会中的黑人女性一样，印度的达利特和"低种姓"女性被认定作风淫乱，因此不可能被强奸。[44] 没有人因强奸和谋杀德尔塔·梅瓦尔而受审，她和吉莎没有引发一整个国家的悲痛，也没有被追授荣誉称号。2020 年 9 月，北方邦一名 19 岁的达利特女性报警称，她遭到了四名高种姓邻居的轮奸；之后她死在医院里。警方否认她报过警，并在深夜不顾该女子家人的抗议，烧了她的尸体。[45]

普尼塔·德维（Punita Devi）是因强奸和谋杀乔蒂·辛格而被判死刑的一名男子的妻子，她问道："那我要在哪生活？我的孩子吃什么？"[46] 德维来自比哈尔邦，那是印度最穷的几个邦之一。一直到她丈夫行刑之日，她依然坚持他无罪。或许她是在拒绝接受，又或许是她对于穷人易遭受强奸诬告保持着警觉。无论如何，普尼塔·德维都看明白了一件事。强奸的法律——不是清晰明了地写进法规的法律，而是心照不宣地指导着强奸实际处理方式的法律——并不关心她这样的女人。如果德维的丈夫强奸的不是乔蒂·辛格，而是自己的妻子，或者一名低种姓女性，今天他很可能还活着。她的丈夫现在死了，印度政府对普尼塔·德维或她的孩子要如何生存下去的问题毫不关心。"为什么政客们不考虑考虑我?"德维问,"我也是一个女人。"[47]

金伯利·克伦肖(Kimberlé Crenshaw)创造了"交叉性"这一术语,来命名由老一辈女权主义者(从克劳迪娅·琼斯到弗朗西丝·M.比尔、卡姆比河团体、塞尔玛·詹姆斯、安吉拉·戴维斯、贝尔·胡克斯、恩里克塔·隆若-巴斯克斯和雪莉·莫拉加*)首创的思想,这个词在通常的理解中,常被简化为充分地考虑各种压迫与特权的坐标系:种族、阶级、性认同与性取向,以及残疾状况等。[48]但将交叉性简化为仅仅关注差异,就相当于舍弃了它作为理论与实践方向的力量。交叉性的核心洞见是,所有只关注相关群体内部成员的解放运动——只关注女性的女权主义运动、只关注有色人种的反种族歧视运动、只关注

---

* 克劳迪娅·琼斯(Claudia Jones),特立尼达和多巴哥出生的记者和活动家。幼时随家人移居美国,在美国成为一名共产主义政治活动家、女权主义者和黑人民族主义者。弗朗西丝·M.比尔(Frances M. Beal),黑人女权主义者和政治活动家。卡姆比河团体(the Combahee River Collective),从1974年到1980年活跃在波士顿的黑人女权主义女同性恋社会主义组织。塞尔玛·詹姆斯(Selma James),作家、女权主义者和社会活动家,国际家务劳动工资运动的共同创始人,全球妇女罢工的协调人。恩里克塔·隆若-巴斯克斯(Enriqueta Longeaux y Vásquez),墨西哥裔美国作家和活动家。雪莉·莫拉加(Cherríe Moraga),墨西哥裔美国作家、女权主义活动家、诗人、散文家和剧作家。作者在书后注释48中详列了这些女权主义者与后来被称为"交叉性"的概念相关的著作与文章。

工人阶级的劳工运动——都有一个共同点：此类运动只能最好地服务那些群体内部受压迫程度最轻的成员。因此，只处理"纯粹"的父权制压迫案例的女权主义，即"没有"因种姓、种族或阶级等因素而"复杂化"的案例，最终只服务于富有的白人女性或高种姓女性的需求。同理，只处理"纯粹"的种族歧视压迫案例的反种族歧视运动，最终主要服务的是富有的有色人种男性的需求。这样的运动反过来都会产生一种同化政治，致力于为最富裕的女性和有色人种男性争取与富有的白人男性平等的权利。

"相信女性"的政治在其目前的形式下与交叉性的要求相抵触。当女性提出可信的性暴力指控时，"不被相信"是她们共同的命运，至少在指控针对特定男性群体时是这样。正因这样的现实，"相信女性"才作为一种政治补救被提出来。然而，黑人女性尤其受黑人男性性行为的污名化所害，正如达利特女性尤其受到达利特男性的性污名化所害，"相信女性"的要求很容易掩盖这一点。当我们太轻易地相信一个白人女性对一个黑人男性的指控，或婆罗门女性对达利特男性的指控时，正是黑人女性和达利特女性进一步面临着更多的性暴力风险。她们面临来自同种族或同种姓男性的暴力，但公开讲述这种暴力的可能性遭到扼杀，她们与性欲旺盛的黑人男性或达利特男性相对应的身份地位也变得根深蒂固。[49]在女性性行

34

为的这种悖论中，这样的女性被认为不可被强奸，因此也更容易被强奸。艾达·贝尔·韦尔斯不厌其烦地记录了黑人男性因捏造的强奸白人女性的指控而被处以私刑的情况；但她也记录了许多强奸黑人女性的案件，这些案件没有引起私刑暴徒的注意，也没有引起公众的注意。田纳西州纳什维尔8岁女孩玛吉·里斯（Maggie Reese）被一名白人男子强奸的案件就是其中之一："在这个案件中，对孤立无援的孩童的暴行不需要报复；她是黑人。"[50]

在"#MeToo"时代，围绕着诬告的讲述发展出一种不同以往的特点。许多自认为，同时被其他广大男性认为蒙冤受屈的男人，并不否认自己做过其受害者所指控的事情。当然，有一些男人为自己的清白抗议：哈维·温斯坦、伍迪·艾伦（Woody Allen）、R.凯利、詹姆斯·弗兰科（James Franco）、加里森·凯勒（Garrison Keillor）、约翰·特拉沃尔塔（John Travolta）。但同样多的拥有高知名度的男人——路易·C.K.（Louis C.K.）、简·霍姆施（Jian Ghomeshi）、约翰·霍肯伯里（John Hockenberry）、达斯汀·霍夫曼（Dustin Hoffman）、凯文·史派西（Kevin Spacey）、马特·劳尔（Matt Lauer）、查理·罗斯（Charlie Rose）——承认了自己的不当行为，却很快就像一个厌倦了靠边罚站的孩子，要求回到原处玩耍。当《泰晤士报》报道路易·C.K.有不经女性同意就在她们面前手淫的习惯，且这是一个公开的秘密时，马特·达蒙说："我想他现在所付出的代价已经远远超出他该付的了。"[51] 在承认指控属实一年后，C.K. 在纽约的喜剧酒窖走上舞台惊喜回归时，获得了观众的起立鼓掌。不久，在另一套段子里，他嘲讽了亚洲男人（"长了大阴蒂的女人"）、一个"犹太基佬"和"一个跨性别智障男孩"。[52] 察觉到观众有一些不适之后，他说："他妈的，你们还要拿走什么，要不要把我的生日也拿走？我的人生已经玩完了，我他妈才不在乎呢。"C.K. 的演出票在随后的几小时内售罄。[53] 曾被 30 多名女性指控性骚扰的查理·罗斯是杰弗里·爱泼斯坦 * 的密友，他最初承认自己有不当行为，之后又缩了回去；他的律师称他的行为是"日常的职场互动和玩笑"。[54] 被指控性骚扰和霸凌 7 名女同事的公共广播明星约翰·霍肯伯里在《哈泼斯》（*Harper's*）杂志上写了一篇题为《流放》（"Exile"）的文章：

> 身为一个被误导的浪漫主义者，或在错误的时间出生，或从 20 世纪 60 年代的性革命中得到错误的提示，或身有残疾，导致在 19 岁时阳痿——这些都不能成为对女性无礼行为的正当理由。但是，判处终身不被雇用，没有缓刑的可能，让我的孩子受苦，经济彻底破产，就

---

* 杰弗里·爱泼斯坦（Jeffrey Epstein），美国投资家、科研慈善事业赞助者，在册性罪犯，涉嫌性虐待、教唆未成年人卖淫、性贩运。

是我理应承受的后果吗？让我从工作了几十年的行业中被彻底抹去，是否让我们在真正的性别平等的道路上往前迈了一步？[55]

凯文·史派西被30多名男子指控性骚扰和性侵犯，其中一些人当时还未成年，他最初以"最真诚的道歉"向他的第一个指控者安东尼·拉普（Anthony Rapp）做出回应。[56] 一年后，他在 YouTube 上发布了一段视频，"让我当弗兰克" / "让我坦白说"（"Let Me Be Frank"），其中，他以《纸牌屋》角色弗兰克·安德伍德的身份告诉观众：

> 我知道你想要什么……我向你展示了人可以做到什么。我以我的诚实震惊了你，但更重要的是，我挑战了你，逼迫你思考。你明知不该相信我，却还是相信了我。所以不管别人怎么说，我们之间都不会结束，而且我知道你想要什么。你想让我回来。

这条视频获得点击量超过1200万次，点赞超过28万次。[57]

这些男人并不否认针对他们的指控的真实性，甚至也不否认他们造成了伤害。但他们否认自己应当受到惩罚。在《纽约时报》的社论对页版上，专栏作家米歇尔·戈德堡（Michelle Goldberg）承认，她"为很多被 MeToo 运动揪出来的男性感到难过"。她解释道，不是为哈维·温斯坦这样真正的恶棍难过，而是"为那些权势稍逊、没有那么公然猎艳的混账，他们粗鲁的行为原本被周围人所默许，而突然之间，人们不再默许他们的行为"。戈德堡写道："我只能够想象到，一个人肯定非常容易迷惑，因为规则变化如此之快。"[58]

针对男人的规则突然变了，所以他们一贯被允许的行为如今要面临惩罚——这种观点已经成了"#MeToo"的老生常谈。这一观点似乎暗示，直到最近，男人都一直被一种统摄一切的父权意识形态所支配，它让许多男人无法区分调情与骚扰、风情与拒绝、性与强奸。一些女权主义者推崇与之类似的观点。三十年前，凯瑟琳·麦金农写道，女人"日常要受到一些男人的侵犯，这些男人搞不清楚他们的行为对于女人意味着什么。对他们来说，那就是性"。[59]1976 年，一个名叫约翰·科根（John Cogan）的英国男人被控强奸朋友迈克尔·利克（Michael Leak）的妻子，最终被宣告无罪。[60]利克在酒吧告诉科根，妻子想跟后者发生性关系（前一天晚上，利克因醉酒回家后向妻子要钱被拒而殴打了她）。他们离开酒吧，前往利克的家，利克到家后告诉妻子——"一个 20 多岁、身材苗条的年轻女人"——科根要跟她发生性关系，并警告她不要挣扎。利克随后扒了她的衣服，把她放到床上，并邀请科根进来。科根先在一旁看利克与其妻子发生了性关系，随后自己也与她发生了性关系。科根结束后，利克又一次与妻子发生了性关系。两个男人之后回到了酒吧。法庭判定，鉴于科根真的相信利克的妻子同意了，他就不满足强奸罪对犯罪意图（*mens rea*）的要求。[61]

"#MeToo"通常被认为制造了一种普遍化的科根所面临的情境。关于在性行为与整体的性别关系中，什么能做与否，男人被父权制骗了。因为女人实施了新的规则，男人现在被抓出来，因其无心之过而受到不公平的惩罚。或许这些新规则才是正确的，且旧规则无疑造成了诸多伤害。但男人怎么会知道那么多呢？在他们心里，他们是无罪的，难道他们不能因此免于惩罚吗？

有多少男人真的分不清对方想要和不想要，分不清受欢迎的行为和"粗鲁"的行为，分不清体面与下作？科根本人是否无法得出这种区别？他在法庭上承认，当他爬到利克妻子身上的时候，她在啜泣，并试图躲开他。他有没有想过在性行为之前或期间问一下，这是否真的是她想要的？难道在他的过往、他的生活、他的良知中，没有任何一点儿东西在那一刻提醒他，告诉他床上那个惊慌失措的女人的哭声是真实的，是需要回应的吗？难道路易·C.K.没有理由思考，为什么他在那些女人面前手淫的时候她们会不高兴吗？那么为什么当他询问另一个女人他是否可以在她面前手淫并被拒绝时，他脸红了，不得不向她解释，他有这样的"情结"？[62]

　　的确，女性一直生活在一个由男人创造、被男人的规则统治的世界。但男人也的确一直与质疑这些规则的女人一起生活。在人类历史的大部分时间里，她们的异议都是私下表达，不成体系的：退缩、挣扎、离开、退出。近来，这些都变得公开而有组织性。那些坚称男人无法知道那么多的人，是在否认男人曾经听过、看过这一切。男人选择不去听，是因为他们乐得不听，因为男性气质的规范让他们相信可以以自己的享乐为先，因为他们身边所有的男人都这么做。已然改变的规则，以及仍在改变的规则，与性行为当中的对与错并没有太大关系：长久以来，女人一直在想尽办法告诉男人这一点。对路易·C.K.、查理·罗斯、约翰·霍肯伯里以及其他许多与之类似的男人来说，真正已经改变的规则是，他们再也不能自信地认为，无视被他们侮辱的女性的呼喊与沉默，不会带来任何后果。

　　随之而来的后果是什么呢？

　　关于如何正确对待性侵者，女权主义者有许多令人忧虑的问题要追问，同时，她们要一起尝试回答：此类男人是否必须受惩罚？如果是，其中的哪些人应受惩罚，以什么方式受惩罚？或者，非惩罚性的和解与修复模式是否更好？可以理解，许多女人迫切地想看这些性侵者受到震慑、被扒光衣服、感到害怕——这不仅是对这些男人的行为的清算，或许还是对他们之前的几代人的清算。关于2007年从Buzzfeed网流出的"媒体烂人名单"（Shitty Media Men list），詹娜·沃瑟姆（Jenna Wortham）在《纽约时报》上写道：

> 在这个名单出来的最初几个小时里，当它仍然是秘密名单，只供女性参考时，我在这个世界行走时的感受就变了。空气中剑拔弩张……一个朋友把这种感觉比作《V字仇杀队》最后的场景。她很高兴看到女性成为数字世界的治安警察，知道男人怕了。我也一样。我想让每一个男人引起注意，想让他们知道，他们也一样危险，因为女人开始说话了。[63]

当国家刑罚系统的权力派不上用场——诉讼时效已过，或证据仅有女性的证词，或行为没有达到犯罪的门槛，或男人的权力使之无法受到实际的撼动——女性就转而求助社交网络提供的比较分散的惩罚权力。一些女性似乎不认为这是一种名副其实的权力：在网上揭发涉嫌骚扰或为虎作伥者，只是一种言论形式，而且是相对无权的一方可使用的仅有的几种言论形式之一。

这样说并不正确，沃瑟姆提到的"数字世界治安警察"已经说明了这一点。在网上指摘某人、转发此人榜上有名的电子表格，或公开讲述从约会到被害的经验，可能跟叫警察上门抓他不一样，但在一个人不会因为自己的行为被开除，却可能的确因为引发公众愤怒而被开除的世界，这些事不应仅仅被当作言论（当然，一些女性知道这一点，并欣然接受其中所涉的意涵）。当成千上万分散的个体发言，汇成拥有揭露、羞辱和侮辱力量的集体声音时，其贡献就不仅只是言论了。对我们大多数人来说，一条推特消息就像大海里的一滴水，在各种观点、无脑喷言论和猫猫表情包的嘈杂之中，只是微不足道的增量。但有时，回过头看，我们会发现，我们参与甚至发起了某种更宏大的东西，带有重大的心理和实质后果的东西，尽管那并不总是在我们的意料或计划之中，甚至不是我们所希望的。[64] 说这些后果不是你有意为之，你所做的只是牛之一毛，你说的话不应被当作随后发生之事的起因，这样就够了吗？作为女权主义者，我们是否应该想到，这一直以来都是色情作品制作者自辩的方式：当女权主义者指控他们不仅描绘了女性的性从属地位，而且在社会层面上容许其发生时，他们也是这样自辩的。相较别人而言，女权主义者该不该认同这样的观念：语言并不制造伤害，或者它造成的伤害不会带来伦理或政治后果？相较别人而言，女权主义者该不该否认没有力量的声音汇到一起会产生巨大的力量？

我无意夸大这个问题。有太多的男人在网上被点名有过不端行为甚至犯罪行为，却没有什么严重后果。大概还有更多人根本没有被曝出来。"媒体烂人名单"上17个被多位匿名女性指控性暴力的男人中，似乎只有少数几个面临正式的业内制裁，被迫辞职或被禁止向特定出版物供稿。没有一个人躲起来。显然，其中一人还长期跟伍迪·艾伦约午饭，他们在饭间讨论各自受到的女权主义者的伤害。哈维·温斯坦被判处二十三年监禁，这在推特女权主义群体中是一件值得庆祝的事，而这耗费了一场普利策奖得主的新闻调查、一场病毒式的社会运动，100多名女性站了出来，其中6人出庭作证，最后，温斯坦仅以两项罪名被定罪：三级强奸罪和一级刑事性侵罪。

然而，如果目标不仅仅是惩罚，而是终结男性性支配，女权主义就必须解决许多女权主义者选择回避的问题：系统性地伤害穷人和有色人种的监狱式刑罚方法能否服务于性正义；正当法律程序的概念——或许还有无罪推定——是否应适用于社交媒体和公开指控；惩罚是否能带来社会改变。要改变父权思想，到底需要什么？

2014年，马萨诸塞大学阿默斯特分校的大三学生夸杜沃·邦苏（Kwadwo Bonsu）被指控在校外万圣节联谊派对上对另一名学生进行性侵犯。根据案件受害者的说法，她当时和邦苏在一起玩，聊天，抽大麻，最后他们开始接吻。在她的叙述里，接下来发生的事情是这样的：

　　往后就越来越强烈，最后我换了个姿势，也就是跨坐在他身上。我已经 high 了，晕晕乎乎地意识到他可能想跟我做爱，所以我告诉他"我不想做"，他说"我们不一定要做"。我开始把手从他的胸口往下移，伸进他的裤子里，这时他叫我把灯关了。我尝试起身，四肢着地爬到开关那儿，但身体动不了。他就自己去把灯关了，回来我们继续亲热……他起身坐到床上，我跟了过去。我跪在地上，开始给他口交，当时我感觉自己舌头上长了个疣子。我松开嘴，但用手继续，同时意识到我有多 high。我说："我……不舒服。"他没说什么，但我感觉到我在等他批准我离开，因为我先吊起了他的胃口，又缩回去，我觉得很内疚。我慢下来，说了类似"没错，我很不舒服……我真的太 high 了，而且不舒服。我觉得我该走了"这样的话……他坐回去，我们又亲了一阵。我自己站起来，再次小声说："没错，我要走了。"然后他说了几句话，大意是："是的，你说了。但我觉得我应该在接下来的两分钟里说服你留下来。"我笑了一下，他站起来，我们又亲了一会儿……我终于打算离开了，而他开玩笑似的抓着我的胳膊把我拽回来亲了我。我就不停地发出一些声音，在我看来是维持当下的情绪……他把我拉回来亲了几下。我全程都没有脱掉衣服，我整理衣服的时候，他说要跟我交换电话号码。我们交换了电话之后，我走到了大厅里。[65]

她是宿舍的住宿顾问，任务是给其他学生提供咨询。"当我开始宿舍助理培训时，我意识到我被性侵了。"她解释，虽然她知道自己随时可以离开，"但马萨诸塞大学的学生文化对我们的影响是：当女性开始与男性进行性行为时，她们有义务做完全套。"她继续说，"我希望充分地承认我参与了那晚发生的事，但与此同时，我也认识到，我感觉自己受到了侵犯，为了自己和其他人，我必须让他为一些我本能地感觉到不对的事情负责。"[66]

不久，该学生向马萨诸塞大学教导处和阿默斯特警方投诉邦苏性侵犯。警方经调查后拒绝提起诉讼。一名助理主任和受害人见面后留下的笔记记录了邦苏"并没有要求口交，也不是他发起的，但受害人假定应当如此"。[67]学校为此案安排了听证会，并通知邦苏，他同时受到"临时限制"，包括禁止与投诉人接触，禁止进入自己宿舍以外的其他宿舍，只限于在一个餐厅用餐，以及禁止进入学生会。一个月后，这名学生向管理部门报告称，邦苏曾试图在Facebook上加她为好友。除了来上课，大学禁止邦苏进入大学宿舍和校园。压力引发了邦苏的肺炎和精神崩溃，受此影响，邦苏搬回了他在马里兰州的加纳移民父母家。大学听证会在他缺席的情况下举行。他被认定性侵罪名不成立，但向该学生发送Facebook好友请求的行为有过错。他被勒令停学到原定的毕业日期之后，被永久禁止住在校园里，并被要求接受心理咨询。邦苏离开了马萨诸塞大学，之后起诉该校"侵犯联邦公民权利"，因为"学校因虚假指控而专断、不公、不当、蓄意、歧视并且粗暴地决定让邦苏停学"。[68] 该诉讼于2016年达成和解，和解金额未披露。

邦苏的诉讼声称对他的指控是"虚假"指控。这在某种意义上具有误导性：邦苏自己承认，对方声称发生过的事情的确发生了。但是，至少在马萨诸塞大学和马萨诸塞州政府看来，这些细节并不构成强奸罪。[69] 就受害者一方来说，她坚称邦苏没有强迫她做任何事情，当她说不的时候他听了，所有性行为都是她主动发起的，她并不害怕他，她知道她本可以停下并走出那扇门，她多次表示想要继续下去。然而，在她身上发生的一些事情让她"本能地感觉到不对"。她被"侵犯"了。[70]

联邦法第九条规定，禁止美国大学校园内的性别歧视，包括珍妮特·哈利（Janet Halley）、劳拉·基普尼斯

（Laura Kipnis）和珍妮·苏克·格森（Jeannie Suk Gersen）等女权主义者都是第九条的批评者，她们指出，像邦苏这样案子证明，日常的性互动现在已经受到失控的道德主义及苏克·格森和她的丈夫雅各布·格森（Jacob Gersen）所称的"性官僚主义"（sex bureaucracy）的过度监管。[71] 两位格森写道：

> 削弱程序性保护，同时扩大非同意的概念，意味着官僚机构将调查和惩处那些男女双方都感到自愿的（即便不是理想的）性行为。它所导致的不是性暴力或性骚扰的官僚主义，是性的官僚主义；它所关注的行为与促进性暴力发展的真正的过失与伤害有着本质区别……性官僚主义对普通的性行为进行监管，不利于真正解决性暴力问题，并且不幸地损害了努力打击性暴力的合法性。[72]

的确，美国大学近几十年为管理学生的性行为，逐渐发展出了复杂的基础架构。这主要不是为了保护学生免遭性暴力，而是为了防止大学面临官司、名誉受损和联邦资助的撤销。大学性管理机构的失败从而数不胜数也就不足为奇。许多遭受性侵的女学生被劝阻不要报警，却发现，内部程序无法追究犯罪者的责任。在另一些情

47

况下，如邦苏的案子，男性被按照推定处罚，没有正当的程序保护。[73]

但若将马萨诸塞大学发生的事情描述为"普通的"性行为，只是"有些矛盾、不情愿、不愉快、不清醒或事后后悔了"[74]，第九条的批评者们就未免太会给自己省事了。给邦苏手淫的那名女性实际上并不愿意——或者说她一开始愿意，但她后来不愿意了。她没有停下来的原因跟许多女孩和女人没有停下来的原因一样：唤起男人性欲的女人被认为应当做完全程。邦苏自己是否有此期待并不重要，因为这是一种已经被许多女人内化的期待。一个女人继续她不想再继续的性行为，知道她可以起身走开，但也知道这同时会让她变成男人眼里"光撩不做，让人蛋疼"*的女人，他们蔑视的对象——这可不仅是矛盾、不愉快和事后后悔。还有一种胁迫：或许并不直接来自邦苏，而是来自性别化的性期待的非正式监控体系。有时候违背这些期待的代价高昂，甚至致命。这就是为什么这些"普通"的性行为和性侵犯造成的"真正的过失与伤害"之间存在着联系。马萨诸塞大学发生的事或

---

* 此处原文是"a blue-balling tease"，指的是男性被女性唤起却没有射精的情况。传说这会导致睾丸变蓝，实际上该区域只会呈现微弱的蓝色，那是因为血量的增加。如果发现睾丸的确呈蓝色或紫色，那可能是睾丸扭转或更严重的问题，应及时就医。蓝蛋蛋（blue ball）在医学上被称为附睾高血压，它并不一定要伴侣通过性行为来缓解，自慰射精或转移注意力亦可摆脱症状。

许在统计学意义上是"普通"的，在每天发生的事情当中也一样普通；但它在伦理意义上并不"普通"，在所有我们应当不加评论地让它过去的事情当中一样不普通。在此意义上，这是一个我们都很熟悉的非同寻常的现象。

许多女权主义者希望将此类性行为也归为强奸，但这能帮到谁呢？[75] 2014 年，加利福尼亚州州长杰里·布朗（Jerry Brown）在女权运动者的支持下，签署了 SB 967 号法案，即广为人知的"是才意味着是"（"Yes Means Yes"）法案。[76] 该法案规定，所有接受州政府资金以给学生发放助学金的学院和大学在判断性行为是否自愿时，必须采用"肯定同意"的标准。该法案写道：

> "肯定同意"指的是对性活动肯定的、有意识的、自愿的同意。参与性活动的每个人都有责任确保他或她征得参与性活动的另一方或每一方的肯定同意。没有抗议或抵抗不意味着同意，沉默也不意味着同意。在性活动的整个过程中都必须得到肯定同意，并且同意可以在任何时候撤销。所涉人员之间存在着约会关系，或他们之间过去发生性关系的事实本身绝不应被认为是表示同意。

在它成为法律之后，埃兹拉·克莱因（Ezra Klein）在

Vox 上写道：SB 967 号法案将使"日常的性行为受到质疑"并"在什么才能算同意的问题上制造一层恐慌与困惑的迷雾"。但是他说，"大学校园里的日常性行为需要被颠覆，男性在开始性接触之前需要感到在背后有一根恐惧的冷刺……丑陋的问题并不总是有漂亮的解决办法。"[77]

SB 967 号法案能解决马萨诸塞大学的问题吗？这恰恰取决于在你眼中"问题"是什么。如果问题是男人在跟女人发生性关系之前没有确认对方积极表达了"是"，那么积极同意法或许是一个有效的解决办法，尽管"并不漂亮"。但如果问题是更深层次、关乎社会心理结构的东西呢？这种社会心理结构让男人想与那些并不真的情愿的女人上床，让他们感觉克服女人的抵抗是他们的职责所在，让女人觉得即使自己不愿意，也必须跟男人上床，如此，像 SB 967 号法案这样的法律能起到多少效果就没那么显而易见了。正如凯瑟琳·麦金农已经指出的那样，肯定同意法只是改变了什么是法律上可接受的性行为的规则：此前当女人说不的时候，男人得就此打住，现在他们只需要说服女人说是。[78] 我们如何能制定一项禁止产生自父权制的性行为的法规呢？这个问题那么难回答，会不会是因为法律根本不是解决这个问题的工具呢？

假设像 SB 967 号法案这样的法律能够通过把某些男

性树立成榜样，从而改变其他男性进行性行为的方式。即便如此，女权主义者也应该接受这种可能性吗？如果马萨诸塞大学有"肯定同意"的标准，夸杜沃·邦苏就会被大学的第九条办公室判定犯有性侵罪，并可能被开除。如果事情发生在那些将肯定同意标准引入强奸法规的州，如新泽西州、俄克拉荷马州或威斯康星州，他可能会遭到指控、逮捕、定罪与监禁。[79]一个黑人男性遭到白人女性这样的指控，这是很可能发生的。大学的准法律机制已经让邦苏的生活支离破碎。这个结果似乎不是受害者希望的。在对校方的陈述中，她写道，"考虑到这一事件处于灰色地带"，给予邦苏的处罚应"尽可能地温和"。[80]但假设这就是她希望的结果——假设他被关起来才能让她感到更安全并完全从创伤中走出来，这是女权主义者愿意承受的结果吗？

我并不是说女权主义没有资格要求男人做得更好——是的，要求他们成为更好的男人。但一种值得我们拥有的女权主义必须想办法来避免罪与罚的旧模式机械地重演，每一次都只有转瞬即逝的满足与可预见的代价。我是说一种值得我们拥有的女权主义必须——不是第一次了——期待女人能做得比过去的男人更好：不只是更公平，还要更有想象力。

但这并不只取决于女人。事实上，那些被 MeToo 运动揭露出来的知名男士令人震惊的地方在于，他们整体上对于成为更好的男人毫无兴趣。在先前发表于《哈泼斯》杂志的文章中，约翰·霍肯伯里说，虽然他不"支持"那些将他"毁掉"的"狂热行为"，否认自己是"父权制的官员或代理人"，但他"全心全意地支持更高的性别平等事业"。与此同时，他哀叹"传统浪漫"的终结，将他对员工言语和身体上的骚扰描述为"一些不恰当、失败和尴尬的求爱尝试"，指责美国"矛盾的性清教主义"与"社会进步主义"竟能相互融合，将 MeToo 运动比作法国大革命的恐怖时期，悲叹"一个一生都在为公众服务的人……没有人为他公开辩护"，猜测安德里亚·德沃金 * 是否会是他的朋友（"她会把我当作她没有阴茎的截瘫男性朋友来拥抱我吗？"），并将自己与虚构人物洛丽塔——一个 12 岁的强奸受害者——相提并论。但在这洋洋洒洒堆砌起来的文字高楼中，他没有留出一丁点儿位置来考虑他的行为对于遭受这些行为的女性来说有何影响。"损害"和"伤害"这些词没有出现。"痛""痛苦"或"痛苦地"这几个词出现了六次，都是用来形容霍肯伯里自己或其孩子的经历。

贾·托伦蒂诺（Jia Tolentino）将此类文章形成的文体

---

* 安德里亚·德沃金（Andrea Dworkin），美国激进女权主义者，以对色情的观点著称，她认为色情与强暴和其他针对妇女的暴力密切相关，著有《性交》（*Intercourse*）、《色情：男性占有女性》（*Pornography: Men Possessing Women*）、《仇女》（*Woman Hating*）、《右翼女性》（*Right-Wing Women*）等。

称为"我为自己的行为负责的一年"。被20多名女性指控暴力性侵或性骚扰的加拿大电台主持人简·霍姆施以一篇发表在《纽约书评》上的文章为这一文体做出了贡献，文章中写到了他自被公开羞辱以来上的"共情速成课"。[81] 但他的共情不是对那些被他性侵和骚扰的女性的共情，而是对其他像他一样的男人的共情："我对幸灾乐祸有了一种毫不犹豫的反感……现在，我对那些在公共领域受到攻击的人有了不同的看法，即便是那些跟我有巨大观点分歧的人。"[82] "我为很多这样的男人感到难过，"米歇尔·戈德堡写道，"但我觉得他们不会为女性感到难过，甚至完全不会考虑女性的经历。"[83]

这些名誉扫地但仍然被爱，被毁了却依然富有，再次被雇用之前永不被雇用的 MeToo 运动的浪子——他们和为他们辩护的人声明自己／他们无罪，指控公众发起私刑，他们愤怒，并非因为女性对他们的指控是假的。他们愤怒，是因为这些指控是真的。而最让他们愤怒的是，道歉并不能让局面好起来：女人和让女人掌握了权力的世界都在期待他们改变。但他们凭什么改？难道你他妈不知道他们是谁吗？

色情的力量

色情谋杀了女权主义吗？这是美国妇女解放运动的一条叙述线索，20世纪60年代末，美国妇女解放运动怀着严肃的目的，在极其欢快的愤怒中爆发，然而，不过一代人的时间，它已经成了布满裂痕的损旧之物。关于色情的辩论——它是父权制度的工具，还是对性压抑的反抗？是施加从属地位的技术，还是自由言论的练习？——在美国妇女解放运动中萦绕不去，接着又使其走向撕裂，英国和澳大利亚在某种程度上也一样。

1982年4月，后来被人们称为巴纳德性会议（the Barnard Sex Conference）[1]的大会在纽约举行。会议主题是"女性的性愉悦、性选择与性自主权"。在会议的概念文件"通往一种性的政治"（Towards a Politics of Sexuality）中，卡萝尔·万斯（Carole Vance）呼吁大家承认，性"是一种限制、压抑和危险的领域，同时也是一种探索、愉悦与能动性的领域"。[2]约800名女权主义学者、学生与活动家[3]参与了谈话和工作坊，这些活动的主题包括"色情与女性主体的建构""政治正确、政治不正确的性"，以及"被禁止的：情色与禁忌"。如一名组织者在《性问题会议日志》（*Diary of a Conference on Sexuality*）上所写——这是一本分发给与会者的包含批评文章、诙谐反思、阅读建议和直白性图片的朋克杂志——这场会议旨在成为"对反色情运动在智识上的虚伪与乏味素来感到震惊的女权主义者的出柜派对"。[4] 会议开始前一周，来自反色情的女权主义者的电话如潮水般涌入巴纳德学院行政人员和理事的办公室，投诉会议是"性变态"策划的。[5] 巴纳德学院校长埃伦·富特（Ellen Futter）允许会议按计划举办，但在此之前，她盘问了组织者，宣布《日志》是一件色情制品，并尽数没收了 1500 本《日志》。[6]

会议召开当时，反色情女权主义者身穿正面印有"支持女权主义的性"（For a Feminist Sexuality）、背面印有"反对性虐恋"（Against S/M）的文化衫散发传单，指责会议不仅支持色情和虐恋，还支持父权和虐待儿童。[7]（最后一项指控并非毫无根据。将该次会议称为"出柜派对"的同一位组织者也在《日志》中写道："我理解对于色情、施虐欲受虐的超前立场，但我理解不了为恋童提供论证！"[8]）当《日志》最终重印时，安德里亚·德沃金寄出该书的影印本时附函称这是"有毒的反女性、反女权"出版物。而"最接近女权运动记录者的报纸"《离我们远点儿》(*off our backs*) 在其 1982 年 6 月号上用大量篇幅抨击该会议，引发了读者"雪崩式的"愤怒回复。[9]

巴纳德会议的组织者回忆说，紧随会议之后出现了"麦卡锡式的猎巫和清洗氛围"[10]，巴纳德妇女中心也失去了该系列会议的赞助。一位英国女权主义者在大西洋彼岸观察事件时，沮丧地指出，巴纳德会议及其后果"加深了美国运动中业已伤痕累累的割裂"。[11] 1986 年，一场在霍利奥克山举行的关于"女权主义、性与权力"的会议陷入了一场"激烈对战"，其中一位组织者回忆这次会议时说，一些"发言者拒绝让话题从色情和性虐恋问题上转移……对他们的姐妹十分恶毒"。[12] 1993 年，一群反色情女权主义者致信澳大利亚国立大学校长，要求取消对包括盖尔·鲁宾（Gayle Rubin）和卡萝尔·万斯等在内的"支持性"(pro-sex) 的美国女权主义者的邀请。联名信的其中一名签署者是希拉·杰弗里斯（Sheila Jeffreys），她是英国妇女解放运动中"革命女权主义"这一派的核心人物，这一派与当时占主导地位的社会主义女权主义立场相反，坚持女性受压迫的基础是男性的性暴力，而非资本主义。近年杰弗里斯公开谴责那些像她一样排斥跨性别的女权主义者所遭受的"污蔑"和"审查"。[13] 杰弗里斯反对她自己和其他反色情女权主义者四十年前开创的同一套策略，她显然没有察觉其中的讽刺。盖尔·鲁宾在巴纳德会议上主持了一个工作坊，2011 年，她写道，她仍怀揣着"与当时同样的恐惧"[14]。

如今看来这一切显得非常奇怪，甚至稀奇。为了色情要如此小题大做？尽管哲学上仍有争议，但在实际和技术层面上，互联网已经为我们解决了"色情问题"。考虑废除色情的可能性，在色情意味着货架顶部的杂志和破旧肮脏的电影院时是一回事——那时的色情有物理位置，原则上也是可控制的；但在色情无处不在、即时可享的时代，这完全是另一回事。[15]

当你考虑到，对上一代的女权主义者来说，色情总体上相当于"成问题的"性行为的代名词时，或许就更能理解"色情战争"的激烈性了：它约等于不考虑女性快感的性行为，等于性虐恋，等于卖淫，等于强奸幻想，等于有性无爱，等于权力差别下的性，等于男人的性。因此，色情不仅是在新兴的个人政治当中浮现的许许多多有争议的问题中的一个，而是两种相互冲突的性观点的引雷针。"反性"的观点认为，我们所了解的性是一种父权建构，是性别不平等的色情化，如果男性与女性之间的关系不经历革命，我们便无法从中真正解放。除此之外，分离主义、女同性恋主义或禁欲（在理想的情况下）是唯一的解放性选择。"支持性"的观点认为，女性的自由需要保证女性有权在任何时候、以任何方式（在对方同意的情况下）与她们喜欢的任何人发生性关系，而不蒙受污名或羞辱。（当然，许多女权主义者发觉自己介于两极之间——例如，既想强烈地反对在她们看来由色情制品促成的普遍的强奸文化，同时将强奸与"想要"的性行为区分开来。）虽然当代女权主义坚持女性获取性愉悦的权利，并将同意视为许可性行为的唯一界限，在很大程度上采取的是支持性的观点，但许多女权主义者仍然受到早前的、更谨慎的性问题思考方式的吸引。对他们来说，性似乎再一次需要革命性的转变。在此意义上，曾经引发色情战争的担忧依然围绕着我们。

但是，色情战争虽然关乎整体的性，但在很大程度上也关乎色情本身：关于货架顶部的杂志、私密商店以及在 XXX 剧场放的电影。20 世纪 60 年代末，第二波女权主义者开始反色情。1969 年春天，唱片公司在联邦调查局的压力之下，开始从地下报纸上撤下广告。由于资金需要，这些报纸开始刊登色情和保健品广告。[16] 这些新左派的机构利用性别歧视获利，这对当时的女权主义者来说并不意外；妇女解放运动在很大程度上就产生自对她们所谓的激进同志的厌女症的反应。1970 年，30 名女性占领了另类出版社格罗夫出版社（Grove Press）的执行办公室，该出版社的所有人，被《生活》杂志称为"老淫书贩子"的巴尼·罗塞特（Barney Rosset）从激烈捍卫其出版 D.H. 劳伦斯和亨利·米勒的"淫秽"文学的合法权利，转而成为色情电影的重要发行商。[罗塞特也是一个工会破坏者，罗宾·摩根（Robin Morgan）是因试图让格罗夫出版社加入工会而被解雇的九名雇员之一。[17]]

到 20 世纪 70 年代中期，在对女权主义日益强烈的文化反挫中，女权主义者开始将色情确认为父权制的关键所在。罗宾·摩根在 1974 年宣告："色情是理论，强奸是实践。"[18]1976 年，第一个女权主义反色情团体"女性反对色情制品和媒体中的暴力"（Women Against Violence in Pornography and Media）在旧金山湾区成立；其目的是"结束所有呈现女性被捆绑、强奸、折磨、残害、虐待或以任何方式被侮辱以获得性或情欲刺激的行为"。[19]同年，安德里亚·德沃金与其他激进女权主义者一起，组织了一次对纽约一家电影院的抗议活动，这家电影院放映了电影《虐杀》（*Snuff*），电影中一名怀孕的女性在阿根廷被一个电影摄制组谋杀和肢解，电影中的画面据称是真实的。（《虐杀》的宣传语是："这部电影只能在南美拍……因为那里人命便宜！"）这一群人随后成立了女性反色情组织（Women Against Pornography，缩略为 WAP），并开始每两周一次"参观"时代广场的性商店、偷窥秀和脱衣酒吧。一名《纽约时报》的记者参加了一次由苏珊·布朗米勒（Susan Brownmiller）带领的参观活动，她描述活动前放映的意识提升幻灯片："十几名女性在狭小的店面里神色凝重，屏幕上闪烁着女性被捆绑、殴打和虐待的画面。"[20]（一些女权主义者之后承认被 WAP 的幻灯片唤起性欲。）WAP 的总部位于第九大道，这是市长的市中心执法项目（Midtown Enforcement Project）提供的，无须租金。此前占据这一空间的"黑人传统食物餐馆以及异装癖与妓女的聚会场所"被市中心执法项目关闭。［执法项目主管卡尔·韦斯布罗德（Carl Weisbrod）评价说："显然，色情问题是城市和女权主义者共同关切的问题。"[21] ］在 1976 年的洛杉矶，女性反对针对女性暴力组织（Women Against Violence Against Women，缩略为 WAVAW）对滚石乐队的专辑《黑与蓝》（*Black and Blue*）的广告牌发起抗议，随后 WAVAW 的分会在美国和英国各地涌现。该广告牌上是一个被绑着的鼻青脸肿的女人，配文是 "*Black and Blue*，来自滚石的杰作——我喜欢！"，它指向"黑与蓝"还是"乌黑与淤青"，显然有待商榷。1986 年，英国发起了反色情运动，游说反对小报上的"三版女郎"。在新西兰，女性反色情组织要求该国的首席审查员辞职，因为他让恐怖片《我唾弃你的坟墓》（*I Spit on Your Grave*，1978）过了审，该片有长达半小时的轮奸场面。

对这一时期的女权主义者来说，色情不仅仅是对女性与性的厌女式刻画。这是"不折不扣的宣传"。[22] 它是父权制的意识形态脚手架：色情化、合法化、煽动男性对女性的暴力——并加强了更广泛的女性相对男性的社会与政治从属地位。如凯瑟琳·麦金农在其反色情宣言《言词而已》（1993）中所说：

色情材料中的信息……是"得到她"，指向所有的女性，为业者每年带来 100 亿美元的收益。这个信息直接与阴茎相关，通过勃起传达，落实在真实世界的女性身上。这一信息的内容并不是色情文艺特有的，但在实现信息方面，色情文艺所起的作用是独特的。[23]*

说实现其信息正是色情的作用，是将色情视为一种机制——不仅是描述世界的机制，而且是制造世界的机制。对麦金农和其他反色情女权主义者来说，色情是生产和再生产一种意识形态的机器，它色情化女性的从属地位，从而使其成为现实。

这一分析坚定地主张色情制造世界的力量，它在这一时期的黑人女权主义者手中被历史化和种族化。她们在殖民主义和奴隶制背景下对黑人女性身体的历史展示中认出了主流色情制品的模板：例如被称为"霍屯督维纳斯"（Hottentot Venus）的萨拉·巴尔特曼（Sarah Baartman），她近乎赤裸的身体被当作非洲女性性欲旺盛的样本在全欧洲展出；还有无数女奴被脱光衣服、戳打，在拍卖会上拍卖。因此，爱丽丝·沃克（Alice Walker）写道："黑人女性几乎总是遭到色情片式的对待，现代色

---

* 译文引自[美] 凯瑟琳·麦金农，《言词而已》，广西师范大学出版社，2004 年，译者：王笑红。

情可以在此找到其古老根源，她们从进入奴隶制的那一刻起……就遭受强奸，因为这是性与暴力的'合理'结合。"[24] 帕特里夏·希尔·科林斯在其经典著作《黑人女性思想》（Patricia Hill Collins, *Black Feminist Thought*, 1990）中，将混血女奴认定为白人女性色情对象的前身，这些女奴被专门按照白人女性培育，足以让人难以区分。科林斯写道，这些女人"接近于强加给白人女性的美丽、无性、贞洁的形象"，但"内在又是一个性欲高亢的妓女，是一个随时准备服务于主人的性快感的'奴隶情妇'"。[25] 科林斯表明，主流色情片正是从这种种族化和性别化的实践中获得其典型的女性形象：端庄的荡妇。假如色情再现了对白人女性地位的攻击，那么对有色人种女性来说无疑也是如此，她们在银幕外的种族主义和父权的凝视下被物化，这是银幕内对待所有女性身体的方式的原型。

是反色情女权主义者太歇斯底里了吗？她们是吹毛求疵的假正经吗？在互联网色情时代，DVD 和录像带可以被笑称是怀旧复古，杂志的中间折页和脏兮兮的剧院就更不用说了。回头去看，似乎在有些人看来，反色情女权主义运动者必定是突然间承受了太多大众文化带来的焦虑：大众文化对性越来越开放，而它足以将幻想与现实分开。一群支持色情的女权主义者在 1983 年写道，对父权制下的性忧心忡忡的女权主义者发现，"攻击压迫

62

我们的事物的图像比攻击那个神秘的、无形的……事物本身"更容易。[26] 其隐含的意思是反色情女权主义者高估了色情的力量：她们丧失了判断力。但如果反色情女权主义者的视角真正的重要性并不在于她们关注的对象，而在于她们关注的时机呢？如果她们并不是歇斯底里，而是有先见之明呢？

最开始，是我的学生引发了我关于这个问题的思考。在女权主义理论入门课上，"色情问题"的讨论差不多是必修的。但我的心思其实不在这上面。我以为学生会认为反色情的立场过分正经且过时，并且铆足了劲想让他们看到女权主义历史与当代的相关性。是我多虑了。他们对这个问题十分入迷。我问他们，有没有可能色情不仅描述了女性的从属地位，还使之成为现实了？他们说是的。色情让女性沉默，让她们更难对不情愿的性关系表示拒绝，让男人更难听见女人的拒绝了吗？他们说是的。色情是否对物化女性、边缘化女性，以及针对女性的性暴力负有责任？对以上问题，他们的回答都是肯定的。

不是只有女生发言，男生也说是，有几次倒是男生更强调他们的答案。一名年轻女性举例女权主义色情片作为反驳。"但是我们不看那些。"男生们说。他们看的是硬核的、充满攻击性的东西——现在网上免费的就是这些。我的男学生抱怨，他们在性爱中会被期望进行某些流程；一个学生问，认为性爱应该是爱意涌动、相互往来的，而不是支配与从属，是不是太不切实际了。我的女学生谈到色情剧本忽视女性的性快感，好奇这是否跟她们自己的生活中缺乏快感存在某些关系。"但如果没有色情片，"一位女性说，"我们怎么学会做爱呢？"

色情片对我的学生们意义重大，他们非常在意。像四十年前的反色情女权主义者一样，他们对色情的力量高度警觉，他们坚信色情的确对世界有影响。那次研讨会之后，我和我的研究生助教（她比我小几岁）聊了聊，我意识到了从一开始就应该显而易见的事情。我的学生属于真正在网络色情片中长大的第一代人。那个班级里几乎每一名男性第一次性经验都是在屏幕前，可能是他第一次想要的时候，也可能是他还不曾想要的时候。同时，班上的每一名女性，她们第一次的性经验即使不是在屏幕前，也是跟一个第一次性经验是在屏幕前的男孩子发生的。如此看来，她的经验也同样被屏幕所影响：屏幕教给他的东西，将会影响她。虽然今天我们几乎所有人都生活在一个色情无处不在的世界，但我的学生出生于20世纪的最后几年，是第一批在这个世界走向性成熟的人。

我的学生们不用去偷或私下传阅杂志和录像带，也不用东一眼西一眼地偷看。对他们来说，性爱就在眼前，呈现完整、解释清晰、分类明确地在屏幕里等待着他们。当我的学生接触到真实世界的性爱时——应该指出，比前几代青少年要晚——至少对直男直女来说，已经有了现成的剧本，它不仅指定了应以何种招数与姿势、发出何种声音去做或去要求，还规定了怎样才是适当的爱好、适当的欲望、适当的权力分配。我学生的心理是色情片的产物。反色情女权主义者的警告似乎迟来地在他们身上实现了：对我的学生来说，性爱就是色情片里那样。

在第一次关于色情的研讨会之后，一名学生在我办公时间里跑来找我。"那堂课让我理解了我一直以来的性爱。"她说。她的前男友一直告诉她，她做错了。"我现在明白了，他想让我像那些女人一样"——色情片里的女人。而她不是那样，她也不知道怎么才能变成那样，所以他甩了她。

我的学生，像20世纪70年代的反色情女权主义者一样，在色情的消费和男性对女性的不友好对待中，追溯出一条直线。"或早或晚，"麦金农在《言词而已》中写道，

> 消费者会想通过某种方式进而三维地体验色情文艺……作为色情文艺的消费者，教师们可能就无法将女学生当作与自己平等的人……医生们可能骚扰受了麻醉处理的女性，在她们生产的过程中观看和对她们施加痛苦，以此自娱……某些消费者无非是在浴室的墙上书写、

发泄。而有些消费者则是在司法判决上书写。某些消费者……也许是陪审团成员，也许是参议员司法委员会的一员……也许承担着向警方汇报家庭暴力状况的职责……也许在制作主流电影……某些消费者依据色情文艺的描写，性骚扰雇员和客户、调戏自己的女儿、殴打自己的妻子、嫖妓……有些消费者在联谊会和高速公路的休息处轮奸女性……有些消费者成了连环强奸犯和性杀人犯——色情文艺的使用和制作与这些行为脱不了干系。[27]*

这是一幅令人震惊的画面：色情是男性性侵犯的虚拟操练场。这可能是真的吗？抑或这样的画面本身也是一种性幻想，它将厌女症的来源简化成单一的一种，将许许多多各不相同的厌女症代理人简化为单一的主体：看色情片的人？

政治哲学家罗纳德·德沃金（Ronald Dworkin）（跟安德里亚·德沃金没关系）在一篇对《言词而已》的尖锐评论中断言，观看色情片根本没有普遍到足以产生麦金农和其他反色情女权主义者所声称的那样广泛的负面影响。德沃金写道，大众文化中如果存在对性别平等的阻

---

* 译文引用自[美] 凯瑟琳·麦金农，《言词而已》，广西师范大学出版社，2004 年，译者：王笑红。相较原文有改动。

碍，那应该是肥皂剧和广告。在 1993 年可能的确是这样，但现在就没那么有说服力了。2018 年，五大色情网站——PornHub、XVideos、BongaCams、xMaster 和 xnxx——每月的访问总量超过 60 亿。仅 PornHub 就声称它在 2017 年有 285 亿次访问。[28]

2010 年的一项元分析得出结论："色情消费与支持对女性暴力的态度之间存在明显的总体关系"。[29]这种联系在被归类为"暴力"的色情片中"尤其明显"，但在"非暴力"色情片中，只是足够具有统计学上的意义。[30]（麦金农和其他人可能想知道：我们该如何划分"暴力"与"非暴力"色情的界限？他用手扇她是暴力吗？他骂她贱女人是暴力吗？他射在她脸上是暴力吗？他跟她说她就喜欢这样，她就想要这样呢？如果她的拒绝最终变成了同意呢？）研究发现，经常看色情片的男人较不可能支持对女性的积极平权行动，[31]也较不可能与强奸受害者共情；[32]他们更有可能出现强奸意图，[33]更有可能实施性侵。[34]与此同时，一项关于联谊会参与者的研究发现，观看色情片的女性在看到其他女性被性侵时较不可能出手干预。[35]

批评者质疑这些相关性的强度：他们引用支持自己观点的研究，坚持成年人有区分幻想与现实的能力。他们提醒我们说，女性也看色情片：根据 PornHub 的数据，女性用户占其用户总数的 32%。（那么我们又一次要问，谁说女人不可能厌女呢？）最重要的是，他们提醒我们，这种相关性并不是因果关系：或许是已经开始倾向于对女性采取性暴力和贬低态度的男人更有可能看色情片。

衡量色情的意识形态影响之所以困难，也是因为缺乏关于年轻人色情消费习惯的可靠数据。大多数数据要么来自基督教反色情倡导者团体，他们热切地告诉你，你的孩子此刻正在上传她自己的色情影片；要么便来自像 PornHub 这样的网站，他们非常希望否认未满 18 岁的孩子正在访问他们的内容。2012 年悉尼大学对 800 名日常观看色情片的用户进行的研究发现，他们当中 43% 的人在 11 岁至 13 岁之间就开始看色情片了。[36] 在 2007 年对加拿大艾伯塔省 13 岁至 14 岁的学生进行的一项研究中，90% 的男孩称他们在访问有露骨性内容的媒体；35% 的人说他们看色情片的次数 "多得数不过来"。[37] 丽莎·安（Lisa Ann）是全世界最受欢迎的色情明星之一，现年 48 岁，是 "辣妈" 这一类型的资深演员。在乔恩·龙森关于互联网时代色情行业的播客节目《蝴蝶效应》（Jon Ronson, *The Butterfly Effect*）中，丽莎·安告诉龙森，在 20 世纪 90 年代，她在街上只被成年人认出来过。现在，有 "12 岁、13 岁、14 岁的孩子走上来……说 '我们能做爱吗？'" "我只是对他们说，听着，你在那些网站上看到的东西可能永远不会发生在你身上，所以不要要求女孩子做那些事，也不要认为这就是性真正的意义。"[38] 再过一代人或两代人，当地球上每个人都是在色情世界里走向性成熟时，这个世界会是什么样呢？

你做错了。我的学生说的话里最让我震惊的，不是她从前男友的色情浏览习惯和他对她的羞辱当中得出的因果关系，而是他做出那番羞辱的措辞。你做错了。对这个年轻人来说，色情片就是性行为的常规标准，她的女朋友被按照色情片来考核，并被判定为不合格。色情片不是性教育，但它又往往发挥着性教育的作用。2013年，英国儿童专员办公室发布了一份报告，这份报告包含对一些 14—18 岁男生的采访，以下是一种颇具代表性的年轻男生对色情的看法：[39]

> 你会学到怎么做爱，你会学到新的招式。
> 你得看看是怎么做的，别人是怎么做的……
> 你大概了解了该怎么做。
> 你去看可能就是为了……娱乐，但你看的时候又获得了不同的东西，一些你并不真正了解的东西。你就不断地获得、学习新的东西。我觉得大家看色情片的主要原因是想获取信息，做什么、怎么做，等等。

值得注意的是，在这些评论中，男孩们很少谈到利用色情片让自己兴奋。在他们自己的叙述中，他们找色情片看是为了"学习""了解""获得",而对象是"信息"或"做什么"。当然,他们也会兴奋:看色情片是"为了娱乐"。但这些男孩中有些大概还是处男,他们很快就将色情片当成了性爱的权威。同一项研究也采访了年轻女性,以下是一些女性的评论:

> 我觉得年轻人都在期待像色情片里那样的性爱。有这样一个标准,如果不是这样,那么性生活就不好。
>
> 这多少让男孩的幻想变得现实起来,因为那是真人。于是他们就认为始终就应该是这样……而那可能是带点侵略性的,带点强迫的。
>
> 它给了男孩们一种更糟糕的看法,类似于,女孩的形象。就像所有女孩都应该像那样,所有的女孩都想做爱。
>
> 我觉得这个年龄的男孩都非常幼稚,这个问题就变成了(你)能够信任谁,因为你明白,如果他们在看这类东西的话,你就真的不知道他们会如何对待你。

这些女孩没有把色情片当作性爱权威,她们的确能够分辨虚构当中的幻想。但她们知道,对男孩来说,色情片为"好"的性爱设定了"标准",他们依据色情片做出"始终就应该是这样"的假定（也就是"带点侵略性的，带点强迫的"），色情片制造了他们对女孩的"看法"与"形象"。

色情片充斥着关于性爱与女性的谎言——借用约翰·施托尔滕贝格（John Stoltenberg）的名言，"色情片充斥着关于女性的谎言"却"讲述了关于男人的真相"——但那又如何呢？告诉大家，尤其是告诉年轻人关于性爱的真相，是色情片的责任吗？为了让色情片及其制作者对其消费者的行为负责，仅证明色情片具有促进男性物化、贬低女性的作用是不够的。因为言论往往会产生无意的有害影响。如果我把"着火了"作为一个笑话的笑点来讲，它可能会让你把喝到嘴里的茶喷出来，这是我说的话造成的影响，但几乎算不上有害，我也无须承担什么责任。相较之下，假如我在人群聚集的电影院里大喊"着火了"，我就得为随之而来的踩踏事件负责了。因为踩踏事件不是一个随机或偶然的影响，而是我所实施的言论行为——警告——的自然结果。反色情女权主义的关键在于，色情并非恰好导致了女性的从属地位：它本身就是将女性置于从属地位的一种行为。具体而言，色情实施了允许让女性处于从属地位的言论行为，为女性赋予了一种次等的公民地位。就像我大喊"着火了"引发了踩踏事件，反色情女权主义者认为，色情对女性的影响不仅有那个意料之中的结果，这就是色情的全部意义所在。

要做到这一点，色情必须有权威。否则，它便能够将女性描绘为次等人，而不致真使其成为次等人；它便能够只描述女性的从属地位，而不致允许这一情形发生。女权主义哲学家雷·兰顿（Rae Langton）问道，色情片是更像一个被授予权威、能够做出决定性裁决的裁判，还是更像在场边发号施令的旁观者。"如果你认为，"兰顿写道，"色情言论是由权力较小的少数人发出的，他们是特别容易受到道德迫害的边缘群体"，那么你会回答，色情就像旁观者，发出的呼喊可能被采纳，也可能不被采纳，但因为没有权威，准确来说也就没有任何责任。"但如果你相信……色情制品的声音就是统治者的声音，答案就不是这样。"[40]

可以肯定，色情片制作者不像裁判，他们从未被赋予讲述关于性爱真相的权威。没有人选举或者委任他们。假使色情确实是"统治者"的声音，那也不是正式宣布的。无论色情有何权威，都是那些观众赋予的——那些信任色情片，让色情片告诉他们该"做什么"的男孩和男人。一些反色情女权主义的批评者说，这种事实上的权威还不足以让色情承担责任。单是因为男孩，大概还有一些女孩，把色情片当作性爱的权威，并不意味着它真的是权威。无论它有何种权力，都不是它主动寻求或被正式授予的。但这其实是在权威与权力之间划出了清晰的分界线，这或许属于更早的时代。但互联网模糊了权力与权威的区别。言论平台从前是在广播电台、电视节目、报纸、出版社之间分配的，如今已经过剩，可以无限使用，而且几乎免费。发言的个体即便没有被正式授予权威，也可以积累巨大的权力——我们习惯称之为"影响力"。如果有，我们应以什么样的标准来要求那些拥有这种权力的人？

色情明星斯托亚（Stoya）将自己的表演描述为"为旨在获取尽可能多的大众号召力的制作公司拍摄的二元性别异性恋向色情片"。[41] 在《纽约时报》的社论对页版上，她承认拥有权威，虽然她并没有主动寻取："我不想承担塑造年轻人思想的责任。但是由于这个国家的性教育体制形同虚设，并且任何一个能上网的人都能接触到无处不在的色情内容，我无论如何还是得承担这个责任。"她继续说，"有时候，我会为了这个夜里睡不着觉。"[42]

在政治话语中诉诸年轻一代往往是为反动的目的服务。呼吁保护孩子的纯真是基于对童年的幻想，而未被成人世界和成人的欲望所触及的童年既不存在，也从未存在过。对童年纯真的呼吁也往往略过中间的接续，在过去的事物与如今的事物之间——滚石乐队与麦莉·赛勒斯（Miley Cyrus），货架顶部的杂志与色情网站，在影院后排亲热与生殖器图片——划分出不合情理的悬殊区别。此外，大概可以说，是我们在处理社会世界的技术革新方面配置太低，而不是今天的青少年和年轻人。我这样说的意思不仅仅是孩子能更轻易地掌握 TikTok 和 Instagram 的符号学可能性。我的意思是，他们对性别化和种族化的权力运作非常敏感，而这种运作已经远超出大家曾经在政治主流中看到的东西。如果只因为我们自己还是孩子的时候无法应对这样的色情世界，就认为他们也不行，就大错特错了。像第二波女权运动中的反色情女权主义者一样，或许我的学生高估了色情的力量，对他们自己抵抗色情的能力太没信心了。

佩姬·奥伦斯坦的《女孩与性：在复杂新景观中行进》(Peggy Orenstein, *Girls & Sex: Navigating the Complicated New Landscape*，2016）是关于 21 世纪年轻人所面对的性现实的畅销书，她在书的开头描写了加州一所大型高中的回校欢迎大会。教务长在提醒大家出席，并警告不要碰酒和毒品以外，还直接对女生说："女士们，你们出去的时候，要自尊，顾及家庭体面，谨慎着装……这里不是让你们穿短裤、背心或露脐装的地方。你得问问自己：现在的着装让你奶奶来看，她会不会满意？"随后教务长换了话题，开始讨论性骚扰。这时一名高年级的拉丁裔年轻女生跳出来夺过话筒。"我认为你刚刚的言论有问题，极端性别歧视，并且促进了'强奸文化'，"她说，"如果我因为天气热而想穿背心短裤，我应当可以穿，这跟我对自己有多少'自尊'没有关系。你说的这些只是在继续指责这种受害者的循环。"其他学生欢呼起来。[43]

我的高中生活结束于2003年。当时女孩们的牛仔裤腰都很低，没有口袋，臀部很紧；T恤和毛衣都裁成短款，好露出打了脐钉的肚脐和耸起的髋骨（如果你有幸拥有）。我作为学生代表参加了一次教职工委员会会议，会上老师讨论了他们对女孩穿着的震惊。"我不明白男孩要是都盯着女孩的丁字裤看，他们还怎么学习二次方程。"我的数学老师抱怨道。我记得听到他说丁字裤这个词的时候，感到一阵恶心。男孩真的会为此分心吗？他们看上去挺好的。还是老师在自我投射？我怒不可遏，但当时我还没有掌握概念上的资源，没法清晰地指出什么——荡妇羞辱、受害者指责、强奸文化。我觉得我可能设法说了一些"学校应该是一个让学生能够安全地探索自我表达的地方""学习解二次方程是男孩自己的责任""也不见有人叫那些帅男孩套上头套免得女孩分心啊"之类的话。但或许，这些话我也只是在自己心里想了一遍。那次会议之后，教职工都觉得自己有权叫女孩把上衣拉下来、把牛仔裤拉上去了。

不像年幼时的我，奥伦斯坦在《女孩与性》当中论及的年轻女性完全知道该说什么。她们也不会跟曾经的我以及我所有的朋友一样，羞于自称女权主义者。我们该如何理解年轻女性当中女权意识的提升与她们似乎愈加恶化的性处境之间的关系：她们越来越被物化，对她们身体的期待越来越强，快感越来越少，按自己意愿来的性选择越来越少？[44] 或许女孩和年轻女性变得越来越女权，是由她们越发恶化的环境所致。又或许，如奥伦斯坦所说，女权意识在许多女性那里是一种虚假意识*的模式，这种虚假意识让她们以为自己是在反抗将她们置于从属地位的性制度，结果却正中这一制度的下怀。性赋权与自主权的话语是否掩盖了一些更黑暗、更不自由的东西？女权主义哲学家南希·鲍尔（Nancy Bauer）写到过，她问她的女性学生，为什么要"把周末的夜晚花在毫无回报地为醉醺醺的联谊会男生口交上"。"她们告诉我，她们享受这带给她们的权力感，"她写道，"你把自己打扮得漂漂亮亮，然后让一些男人无可抵抗地兴奋，这时候你就可以走开。但你并没有走开。"[45]

我最近就性问题在伦敦的一所学校访问了一群 17 岁的女孩。她们谈到了性教育和同意训练的重要性，谈到了酷儿的性，谈到了女性的快感。她们很聪明，有思想，有趣。但谈得越久就越明显，她们也很失望。一个女孩

<hr>

* 虚假意识（false consciousness）指无产阶级成员在不知不觉中误认了他们在社会中的真实地位，系统地误解了他们在资本主义社会生产关系中的真正利益，从而无法认识到资本主义社会中的不平等、压迫和剥削。女权主义中的虚假意识应是指女性误判了自己与男性的关系或在父权制中的位置，采取了对自己不利的立场，就如后文所说的，本以为性解放可以为自己赋权，结果更加物化了自己，反而服务于父权制的利益。

讲述了自己和女友的照片在学校被疯传后被迫出柜的事。她们都谈到了双标：允许男孩有性经验，但有性经验的女孩就是荡妇。她们说，女性自慰是禁忌。她们谈起那些在网上很好，现实中却很恶劣、在性当中充满攻击性的男孩。一个女孩用非常轻的声音说，色情片让男孩对女孩抱有不切实际的期待：这意味着他们不问你想要什么。她说，他们需要征得的全部同意，就是你不是处女这个事实。[46]

佐伊·赫勒（Zoë Heller）在一篇对《女孩与性》的评论中说奥伦斯坦是患了代际歇斯底里症：

> 历史已经告诉我们，对于中年人对年轻人习气的抱怨，要保持警惕。每个时代的父母都会为孩子的性作风惊掉下巴……在 20 世纪 50 年代，还有人相当肯定地认为，"保持稳定的男女朋友关系"这种堕落的新做法预示着道德的灾难。

虽然赫勒承认，奥伦斯坦"透露了严峻的、值得关注的关于美国女孩生活的信息"，但她指责奥伦斯坦未能避免"常常伴随这一类作品的夸大其词、简单化和杯弓蛇影的气息"。[47]

这些对母亲大惊小怪的抱怨固然有其道理，奥伦斯坦还出了一本书叫《灰姑娘吃了我的女儿》(*Cinderella Ate My Daughter*)，但叫我读奥伦斯坦的书的并不是一个有着糟糕历史记忆、容易激动的家长，而是一位年轻女性，刚刚大学毕业。她和她的女朋友们都读了奥伦斯坦的书，全都在谈这本书。她们说，奥伦斯坦描述的情况就是她们自己的情况：一种只有性爱没有约会的生活，女孩给予，男孩获取，赋权和身体自信的话语掩盖了一种深层次的失望与耻辱。这位年轻女性和她的朋友并没有将这些直接归罪于色情片，或许是因为，对于自身存在的固有特征，人们似乎很难去责怪。但她们在自己的生活中辨认出并感觉到，她们对性与性行为的思考方式，既不可避免又不充分，似乎是一个视野无法抵达的外部世界所强加的。

怎么办呢？

1972 年，首次有一部色情电影在主流影院大规模上映。《深喉》现在是一部邪典片经典，它讲述了女演员琳达·博尔曼［Linda Boreman，艺名琳达·拉芙蕾丝（Linda Lovelace）］寻求高潮的故事——由于她的阴蒂位置异常，她只能通过口交来达到高潮。在当时，这部影片被认为是对女性情欲的颂扬；影片上映后，博尔曼出版了一部色情回忆录，讲述了拍摄这部影片的解放性经历。这部电影依然是有史以来票房最高的色情电影之一；它在世界各地发行，并在美国各地影院每天放映多次。《纽约时报》评论人引用了一位色情片导演（一个"对电影感兴趣的大胡子年轻人"）的话，他说色情片女演员"拍这样的电影是因为她们享受其中，因为这样赚钱简单——我认为是这样的顺序。她们也是暴露狂。镜头让她们兴奋"。[48]

八年后，也就是 1980 年，博尔曼写下了另一部回忆录《折磨》（Ordeal），她在这本书中透露，自己是在经纪人、丈夫查克·特雷纳（Chuck Traynor）的强迫下参演了色情电影，从事卖淫，她同时遭到了特雷纳的强奸。博尔曼在这本书的媒体发布会上公开做出了这些指控，在她身边的是凯瑟琳·麦金农和安德里亚·德沃金。随后，德沃金和麦金农讨论了利用法律来打击色情的可能性。她们没有援引传统的论点反对色情，说色情淫秽、下流、违背大众标准，她们决定论证色情是一种性别歧视，它通过破坏女性身为同等公民的地位而剥夺她们的公民权利。

1983 年，麦金农和德沃金受邀为明尼阿波利斯起草一项反色情条例。该条例赋予女性（包括参演色情片的女性和没有参演的女性）就色情片对她们造成的伤害对色情片制作者提起民事诉讼的权利。明尼阿波利斯市议会通过了该条例，但市长最终以言论自由为由否决了它。1984 年，印第安纳波利斯通过了德沃金-麦金农条例的其中一个版本，但随后被第七巡回上诉法院以违宪为由驳回，这一决定得到了美国最高法院的确认。伊斯特布鲁克（Easterbrook）法官为第七巡回上诉法院写了意见。他说："我们接受这项立法的前提，对从属地位的描述往往会使从属地位永久化。女性的从属地位随之又会导致工作中的冒犯与低薪，家庭中的侮辱与伤害，街头的殴打与强奸。"但这"只是表明了色情作为言论的力量"。[49]

在美国这样的自由主义法域，说色情制品是言论，就是说色情制品应该得到特殊保护。言论自由与自由主义社会所珍视或声称珍视的许多事物有关：个体的自主权、政府的民主问责、个人良知的神圣不可侵犯、对差异与分歧的包容、对真理的追求。在美国，言论被给予了异常有力的保护，而"言论"这一概念本身也拥有异常宽泛的解释。1992年，最高法院一致决定依据第一修正案驳回明尼苏达州的一项犯罪条例，此前一名在黑人人家的草坪上烧十字架的白人少年曾被依据该条例指控。[50]圣保罗的《偏见犯罪条例》（Bias-Motivated Crime Ordinance）规定：

> 任何人在明知或有理由知道会引起他人基于种族、肤色、信仰、宗教或性别的愤怒、惊恐或仇恨的情况下，在公共或私人财产上加置符号、物品、称号、描述或涂鸦，包括但不限于燃烧的十字架或纳粹十字标志，属于扰乱社会治安的行为，应被处以轻罪。[51]

令撰写法院多数意见的斯卡利亚（Scalia）大法官感到不安的是，该条例根据其表达的观点（如黑人低劣）禁止某些"言论"（如焚烧十字架）。斯卡利亚认为，虽然这种观点可能令人反感，但它仍是一种观点，因此其表达须受到保护。斯卡利亚坚持认为，对言论采取限制，只能基于该言论所采取的形式——例如，明知不实的言论（诽谤、诋毁），或涉及为了制作而虐童的犯罪行为的言论（儿童色情制品）。不能以内容为由禁止或压制种族主义或性别歧视的言论，因为这样国家将干预思想的自由市场。法庭借用第一套要求戴手套的拳击规则得出结论，"圣保罗没有……权力在辩论的拳击场上允许一方进行自由式摔跤，同时要求另一方遵守昆斯伯里侯爵规则*"。换言之，在白人至上主义者和黑人之间关于种族平等的"辩论"中，国家不能选择任何一个立场。

法官和法律学者也调用了类似的论点反对德沃金-麦金农反色情条例。他们提出，该立法侵犯了主流色情片制作者表达其观点的权利——他们的观点是：女性是满足男性性用途的物品。由于德沃金-麦金农条例并不针对所有的色情资料，而只针对将女性当作去人性的性客体呈现，从而使女性陷于从属地位的色情资料，这些资料的歧视是基于内容而非形式。在厌女者和女权主义者之

---

* 即现代拳击的基本规则，规定了选手必须戴拳击手套、每场比赛中回合的划分等，因其制定者昆斯伯里侯爵得名。

间关于女性平等的辩论中，国家不能选择任何一个立场。

在《言词而已》当中，麦金农提出了两个理由驳斥这一论点。其一，在关于女性地位的这场辩论中，色情片做的"贡献"就是排除了女性在平等条件下进入辩论的可能性。麦金农说，色情片让女性噤声，剥夺了她们证实自身性经历的能力。色情教男人把女人的"不"当作"是"来听；对于说自己被骚扰或强奸的女人不加采信；把反抗当作羞怯，把羞怯当作邀请。色情片制作者行使言论自由的权利，损害了女性自身言论自由的权利。

其二，麦金农提出，色情制品不单只是表达了女性应被置于从属地位的观点——它不是"言词而已"。通过培养我们对色情及其在世界上的影响力的关注，我们会发现，它是一种施加从属地位的行为，其功能是实施所有女性相对于男性的二等公民地位。众多法官、律师和哲学家坚持把色情视为言论自由问题——是色情表达了什么，而不是色情造成了什么后果——这本身就暴露了他们隐含的男性视角，他们没能从众多女性的角度去看色情。麦金农写道，因为"社会生活中充满了在法律上被视作它们所构成的行为的言辞，第一修正案对此也毫无异议"。[52]麦金农说，试想有人冲一条经过训练的攻击犬大喊"杀！"，法律不会只把这视为一种观点的表达："我想让你死。"相反，法律会将此视为犯罪行为：下令攻击。逮捕狗主人的时候，是侵犯了他的言论自由吗？发起如果不是，麦金农问，为什么当男人创造出色情制品来下令对女人发起攻击，情况就不一样了呢？麦金农对自己的问题给出的答案是，法律是一种男性的制度，由男性创造，为男性服务。麦金农认为，"言论自由"仅仅是一种表面上的裁定原则，而事实上，它是一项可选择性使用的意识形态工具，可用来保护支配阶级的自由。（那些试图阐述并捍卫麦金农论点的女权主义哲学家一般而言都忽略了这样一点：对麦金农来说，问题不在于色情就形而上而言实际上是一种行动而非单纯的言论，而在于言论与行动之间的区别本身一直以来就是政治性的。）

　　这里包含了很多东西。最高法院关于焚烧十字架的裁决，就像它在联合公民诉联邦选举委员会案（*Citizens United v. Federal Election Commission*，2010）* 中关于政治开支是受保护的言论的裁决一样，表明了"言论自由"可以轻而易举地发挥其意识形态功能来支持现有的权力制度。

---

* 2007 年，保守派非营利性组织"联合公民"试图播放一部批评希拉里·克林顿的影片，并对其进行了广告宣传。但是《两党竞选改革法》规定，企业或工会在大选前 60 日或初选 30 日之内，不得资助跟竞选有关或诋毁候选人的言论。为了免于制裁，"联合公民"将联邦选举委员会诉至法庭。2008 年 1 月，哥伦比亚区地区法院判联合公民败诉；最高法院于 2008 年 8 月 18 日收到此案件的上诉。最高法院于 2010 年 1 月 21 日做出判决，认定《两党竞选改革法》中关于竞选最后阶段限制各种企业或组织以赢利或非赢利的目的资助候选人的相关条款违反了宪法第一修正案（……联邦不得通过法律限制言论自由）。该判决的支持者认为这符合言论自由的原则；反对者则认为这一判决将会造成大量金钱介入竞选活动，腐化民主政治。

但除了对社会平等的漠然，对色情施加法律限制慎之又慎还有其他的原因。在1992年对女王诉巴特勒案（*R. v. Butler*）的判决中，加拿大最高法院扩大了该国淫秽法的范围，将描述暴力的色情制品及"有辱人格或去人性化的"非暴力色情制品列为犯罪。[53] 为证明其决定的合理性，法院说，此类色情将女性置于从属地位，侵犯了她们的平等权利，援引了德沃金和麦金农在美国所强调的理由："这不是强大而邪恶的国家权力攻击可怜而无权的公民个体，"麦金农写道，"而是通过一项法律来支持一个相对无权的群体为平等而进行社会斗争。"[54] 没过几个月，加拿大警方从多伦多的快乐时光书店（Glad Day Bookshop）查获了一批《不良态度》（*Bad Attitude*）杂志，这是一本女同性恋色情小说杂志，"含有捆绑和暴力的直白性内容……不是加拿大人能够容忍其他加拿大人看到的"。安大略省高级法院援引巴特勒案，认定快乐时光书店犯下了淫秽罪——这是加拿大第一家男女同性恋书店。[55] 麦金农说巴特勒案的判决意在帮助"一个相对无权的群体为平等而进行社会斗争"，这是没错。但在实践中，它成了攻击性少数群体的幌子，主流色情片制作者倒是毫发无伤。在巴特勒案结案两年内的时间里，加拿大当时（也是世界上）最大的成人录像店老板兰迪·乔根森（Randy Jorgensen）开了20家新店，丝毫不受法律阻碍。[56]

普通的对于女权主义者"反色情"和"支持色情"

两大阵营的划分具有误导性。虽然第二波女权主义者当中有一些人为主流色情辩护，认为它是健康的人类性欲表达［埃伦·威利斯（Ellen Willis）在1979年写道，"在拒绝性压抑和虚伪的过程中"，色情"表达了一种激进性"[57]］，但大多数支持色情的女权主义者不完全认为色情是好的，而是认为立法反对色情不是明智之举。20世纪60年代，早期的反色情女权运动以抵制和抗议的形式，对色情的制作者和销售者采取了直接行动。相较之下，20世纪80年代初的反色情运动者呼吁国家权力的介入。她们自己承认，这意味着向一个根本上持男性观点的实体发出呼吁。那么当国家在女权主义的幌子下，采取了进一步使女性和性少数群体陷于从属地位的行动时，有什么令人意外的吗？

这个问题在20世纪70年代末和80年代初尤其具重要性，彼时美国反色情女权主义者正在开展运动。美国最高法院在罗诉韦德案（Roe v. Wade, 1973）中做出的堕胎合法化裁决代表了女权主义的重大胜利，但也引来了有组织的右翼反扑，他们将宗教保守派和新自由主义经济的支持者联合起来，产生了决定性的、持久的影响。新右派意识形态方案的核心是推翻女权主义取得的成就：不仅是堕胎合法化，还有避孕与节育措施的获得、性教育、同性恋权利以及劳动力市场中女性的大量进入。在此环境下，激进女权主义者对色情的批评与保守的意识形态正好吻合，这种意识形态区分了必须由国家管教的"坏"女人（性工作者、"福利女王"＊）和需要国家保护的"好"女人，并认为男人天性贪婪，需要由一夫一妻制婚姻和核心家庭制度来管教。纽约州萨福克县在对德沃金-麦金农条例的一个版本进行辩论时，对其进行了修订，将色情描述为"鸡奸"的主要原因，以及"对公民的健康、安全、道德和普遍福利的严重威胁"。[58]（麦金农称萨福克县的条例是个"四不像的杂种"，并曾为争取废除这一条例而斗争。）正是新右派的代表人物罗纳德·里根以总统身份命令司法部部长对色情制品的危害进行调查，麦金农和德沃金为该调查提供了专家证明。米斯委员会（Meese Commission）根据调查做出的长达 1960 页的报告重复了罗宾·摩根的声明，即"色情是理论，强奸是实践"[59]，然而没有说明出处。但摩根在同一篇文章中也警告大家，诉诸法律徒劳无益，这一点报告倒没有照抄：

> 我意识到……一种男性中心的文化在开始审查净化时，更可能先拿关于"女性盆腔自检"或包含歌颂女同性恋的抒情歌谣的图书开刀，

＊　福利女王（welfare queens）指通过欺骗手段超额领取福利金的女性。该词起源于 20 世纪 60 年代的美国，因罗纳德·里根在总统竞选中使用而被普。这是一个包含种族、阶级和性别偏见的污名标签，通常用来针对黑人单身母亲。它在美国贫困话语中被频繁使用，对贫困家庭的福利政策产生了非常负面的影响。

86

而不是从"看他撕裂她、宰了她"这样的内容入手……我对一个由男性运作的司法机构也不太信任……我觉得对某些男法官来说，审查归结起来就是在他们的长椅上坐好，单手读许多黄书。[60]

2014 年，英国政府通过一项法律有效禁止了以下性行为出现在英国制作的色情片中：

> 打屁股、抽打、攻击性的鞭打、使用任何"与暴力相关"的物体插入、身体或言语虐待（无论是否经双方同意）、尿色情（被称为"水运动"）、以非成年人的身份进行角色扮演、身体限制、羞辱、潮吹、勒颈、坐脸、拳交[61]

一眼看去，这份列表漫无目标得有些古怪。其中有一些性行为，你可能以为涉及让女性处于从属地位——打屁股、抽打、攻击性的鞭打、身体或言语虐待、身体限制、羞辱——但其实这些是女王调教类（femdom）色情片的特点，在这样的色情片中，女性对男性施加身体上的痛苦和精神上的羞辱。这份列表中有一项标志女性快感的行为，但几乎从未在主流色情片中出现过：潮吹。还有一种行为，除了对许多人来说显得贱以外，似乎没有什么问题：水运动。有"使用任何'与暴力相关'的物体的插入"。男人的阴茎算吗？可能不算。勒颈和坐脸（也跟女王调教类色情片有关）也在其中，显然是因为这些行为有可能"危及生命"，尽管我们不清楚有多少男人死于被女人坐脸。

你只有看还剩下些什么的时候，才能明白英国这份禁止性行为清单的意义在哪里：剩下的是按部就班的老派好直男色情片——斯托亚描述的那类色情片，在这类色情片里，一般是金发美女为男人口交，随后和男人性交，说她们喜欢极了，最后以男人达到高潮结束。这类色情片传达的信息是，女人就是用来泄欲的，她们喜欢如此，把她们绑起来、打她们，或者制服她们基本毫无必要。在英国列出的限制中，只有"以非成年人的身份进行角色扮演"这一项在主流色情片中占有很大比重，它经常出现在无处不在的"青少年"类别下。除此之外，被清单放过的，因而也是被官方认可的，是最主流的色情片，是让大多数人兴奋的色情片。但女权主义者批评色情片的全部意义就在于打破主流的逻辑：向大家表明，让大多数人兴奋，不代表它没问题。只禁止边缘的性行为是在强化主流性行为的霸权：强化主流的厌女症。

伊齐亚·毕尔巴鄂·乌鲁蒂亚（Itziar Bilbao Urrutia）是一名居住在伦敦，戴巴拉克拉瓦头套，挥着手枪，脚踩滑板的"女王"，她运营着一个名叫"都市小妞霸道牢房"（Urban Chick Supremacy Cell）的恋物癖网站，到目前为止，她都通过漏洞成功逃脱了2014年的这项法律。乌鲁蒂亚和她的团队斥责男人是资本主义父权制的同谋，同时束缚、捆绑他们，让他们流血（双方同意并收取费用或"女王税"）。有时，男人会被要求背诵女权主义文本。在大多数女王调教癖色情片中，男人会因为没能达到异性恋男性气概的要求，因为"娘娘腔"而被羞辱。而在乌鲁蒂亚的色情世界中，那些有钱的、成功的、掌握支配权的男人是蔑视的对象；娘娘腔才可能幸免。（这很瓦莱丽·索拉纳斯[*]。）2014年，英国对非常规色情行为的禁令出台时，乌鲁蒂亚说："这相当于大企业连锁商店通过把商品码成堆，向最蠢的普通大众推销，来压垮高街上的独立商店。不出五年，我们可能就只剩色情行业里的普利马克[†]销售的均码色情片了。"[62]

2013年，冰岛（《2012年全球性别差距报告》排名第一）考虑了一项提案，将其对色情制品的制作和销售的禁令扩大到包括互联网上的"暴力和仇恨"色情。提出该提案的内政部引用了一项调查结果：冰岛儿童首次观看色情片的平均年龄是11岁。部长的一位顾问说："对

---

[*] 瓦莱丽·索拉纳斯（Valerie Solanas），美国激进女权主义作家。《灭绝男人协会宣言》（SCUM Manifesto）是她最著名的作品，她在作品中呼吁女性"推翻政府，消除金钱系统，机构完全自动化，消灭男性"。

[†] 普利马克（Primark），一家总部位于爱尔兰都柏林的服装零售公司，在西欧和奥地利、美国有多家分店。

待裸体、性关系上，我们是一个进步、自由的社会，所以我们的做法不是反性，而是反暴力。这是为了儿童和性别平等，而不是要限制言论自由。"[63] 2013年的议会选举使立法工作停滞不前，但该计划包括了网络过滤、屏蔽网站，以及将使用冰岛信用卡在色情网站上进行支付的行为定为犯罪。该提案明确是出于性别考虑，它对"暴力和仇恨"的色情与其他内容做了区分。"都市小妞霸道牢房"会被排除出局。《深喉》会留下吗？

2011年，中国警方拘捕了32名写耽美同人小说（yaoi slash fiction）的作者，耽美同人小说是对一种来源于日本的色情文学类型的改编（大多数东南亚色情制品都起源于日本）。耽美同人描写的是对动漫角色间的同性恋幻想，作者和受众都是女性。[64]

2017年，英国政府承诺对色情实施"年龄禁令"。该提案受到广泛批评，被认为不可能有用，之后被悄无声息地放弃了[65]；它要求色情片观众上传护照或驾驶执照来证明自己的年龄，或在当地报刊经销点购买"色情通行证"。英国提议使用的一个年龄验证系统 AgeID，是由 PornHub、RedTube 和 YouPorn 的母公司 MindGeek 创建的。[66] MindGeek 在线上色情领域几乎占据着垄断地位。

澳大利亚的《电影和电脑游戏分级指南》禁止描绘拳交的色情电影，以及其他"恋物癖，如身体穿刺、使用烛蜡等物质、'黄金雨'、捆绑、打屁股"。残废理论家瑞安·桑尼克罗夫特（Ryan Thorneycroft）近来在学术期刊《色情研究》中抛出这样一个问题：如若不许拳交，那么"残端性交"（将人的手臂或腿的残肢插入阴道或肛门）的行为意味着什么？[67]

2018 年，尼泊尔为回应日益增加的对女性性侵犯事件的抗议，禁止了数字色情。被禁的 24000 个网站名单里包括那些鼓励性积极、性教育的网站，以及酷儿平台。[68]

2007 年，时任澳大利亚总理约翰·霍华德（John Howard）启动了一项"紧急"干预措施，这是为了回应北领地政府委托撰写的一份报告，该报告发现原住民社区虐待儿童案件的发生率很高。该报告呼吁增设社会服务，并对殖民暴力和剥夺财产的历史对当代原住民文化的塑造提高敏感性。然而，霍华德发动了对北领地的军事占领，并全面禁止了持有和传播色情制品。澳大利亚是 PornHub 网站上第九大色情消费国，其原住民只占总人口的 3%。澳大利亚人观看带有"粗暴性行为"标签的视频的频率比世界其他地区平均高出 88%。[69]但没有禁令禁止澳大利亚白人消费色情。

试图立法反对色情，就像试图立法反对性工作一样，伤害的始终是那些在经济上最依赖这一行当的女性。像 PornHub 这样的免费网站是由用户上传的盗版内容驱动的。虽然色情制作公司可以要求删除盗版资料，但实际上他们永远跟不上盗版上传的速度。反过来，专业色情制作者正眼睁睁看着利润缩水，免费色情网站每年从该行业中抽走约 20 亿美元。[70]金钱和权力从色情制作转移到技术盗版的成本主要由女性从业者所承担。今天，在世界最大的色情产业中心加利福尼亚的圣费尔南多谷，一个色情女演员平均在这个行业待四到六个月就会晋级，去从事高薪的硬核性行为，比如肛交，这比前几代的表演者都快得多。[71]

2020 年，新冠疫情大流行造成的大规模失业使得数以万计的新演员通过色情直播网站（cam sites）进入色情行业，在这些网站上，各种性别的"模特"为个人付费客户提供现场直播的性表演（以及大量的谈话治疗）。2020 年 3 月，CamSoda 的报告显示新模特的注册数增加了 37%；ManyVids 的报告显示有 69% 的增量。[72] OnlyFans 的报告称，仅 3 月的前两周，就有 6 万名新模特注册。[73]通常情况下，色情直播演员只能获得他们产生收益的一半左右。位于洛杉矶的色情直播网站 IsMyGirl 向拿不到病假工资、即将被解雇的麦当劳员工提供了一份特殊优惠："90% 的专属提成（扣除信用卡手续费后）。"该网站的创始人埃文·塞恩菲尔德（Evan Seinfeld）说："当然，这取决于他们能否做出好的内容，并知道如何与粉丝互动。原来住在汽车里，现在每月能赚到 1 万美元的女性大有人在，我们有很多这样的精彩故事。"[74]

就像世界各地的工人一样，麦当劳的前雇员如果能获得足够的失业福利、不与就业挂钩的医保，以及安全的住房、不需要住在车里，更不用说不抽走他们创收的50%作为利润的雇主，那么，他们的生活会好起来的。但是，如果这数万名新近失业、无家可归的女性转投色情行业，她们没有健康保险，或许还犯法，她们能过得更好吗？

无论法律怎么规定，色情制品都是会被制造、购买和出售的。对女权主义者来说最重要的，不应该是法律对色情制品怎么规定，而是法律能为在色情业工作的女性做什么，对她们有什么影响。

几年来，在我讲授色情问题的研讨会上，没有一个学生提出用立法来缓和色情的影响。这并不是因为我的学生热衷于言论自由，而是因为他们都是实用主义者。他们本能地知道，互联网是无法被控制的，封锁某些网站，让人们无法接触色情或许对年纪稍长、悟性较差的几代人有用，但对他们没用。他们知道他们不仅是消费者，而且越来越变成色情的制造者：此类立法实际针对的不会是拉里·弗林特*，而是年轻人，对他们来说，上传性爱视频与自拍是连续统一的。他们对性工作的定罪持

---

* 拉里·弗林特（Larry Flynt），美国企业家，拉里·弗林特出版集团总裁。他被英国的《竞技场》评为"色情行业最有权力50人"之首。

谨慎态度，不是因为他们愿意宽恕那些嫖客，而是因为他们知道，将性交易定罪，受伤害最大的是那些已经处于社会边缘的女性。

在色情问题上，我的学生认为必须用更好的言论来对抗不良言论。像斯托亚一样，他们把色情对他们和他们的生活构成的权威归咎于不充分的性教育。在他们看来，色情掌握了教育他们关于性的真相的权力，这不是因为国家没有立法，而是因为国家没有履行其基本的教育责任。

从某种意义上说，他们显然是对的。只有 25% 的英国年轻人表示接受过"好"或"非常好"的性教育。[75] 同时，只有 41% 的英国教师说他们接受过充分的性教育办法培训。[76] 截至 2020 年 9 月，英国的必修课程扩大到涵盖了同性关系、性侵犯和"色情文化素养"，而且一旦孩子年满 15 岁，父母不能够为孩子退选这类课程。一份请愿书征集了超过 11.8 万个签名来抗议这一变化，坚持认为"教授孩子性知识是父母的基本权利"。[77] 这些家长没能看到的是，他们的孩子已经在接受性教育了，还不是他们教的。

在美国，50 个州当中只有 30 个州指定进行性教育。即使在这些州，单独的学区也经常自行决定哪些教，哪些不教。[78] 这包括是否让学生了解禁欲以外的其他性选择：有 26 个州要求在进行性教育时必须强调禁欲。[79] 接受禁欲教育的女孩第一次发生性行为时更有可能是与年龄大得多的伴侣，并且更有可能在描述她们的第一次性行为时表达那非其所愿。[80] 在有数据可查的 37 个国家中，2011 年至 2016 年，在 15 岁至 24 岁这个年龄区间里，只有 36% 的男性和 30% 的女性了解过艾滋病毒预防的知识。[81]

我们需要更多、更好的性教育。但对教育的呼吁，与对法律的呼吁一样，通常基于对其变革力量的误解。如果按照柏拉图的理解方式来理解教育——教育是我们从出生开始接触的话语、图像、符号和转喻的总和——那么色情问题确实是一个教育问题。但是，当我们以其典型方式来理解"性教育"时——性教育是由学校实施的正式教学计划——那它能否对抗色情的意识形态力量就未可知了。谁来教老师？如果老师跟普通人没什么两样，很多都看色情片，包括大部分男老师（想想麦金农关于色情使男老师"无法将女学生当作与自己平等的人"的评论，再想想被注意到的丁字裤）。对于老师在谈论性的父权建构时面临困难的局面，我们有什么可惊讶的吗？无论提供多少"教师培训"，在缺乏全面的女权意识提升的情况下，这能有所改变吗？有哪个国家会为那样的事买单？

不像色情，正式的性教育才真的是言论，是事实而不是法律的虚构。它是由教师发出的言论，意在传递信息，说服学生。就性教育对年轻人的作用而言，它是通过呼吁他们运用智力来发挥作用的——要求他们慎重考虑、质疑和理解。在此，我们传统上理解的性教育目的并不在于以它擅长的方式去跟色情看齐。因为色情并不传递信息或说服或辩论。色情只训练。它在心理上刻下深深的凹痕，在性兴奋和选定的刺激之间建立强烈的联系，绕过了我们暂停、考虑和思考的那部分。这些联系借由重复而强化，巩固和复制了父权制为性差异指定的社会意义。对色情影片来说尤其如此，它利用了最具意识形态影响力的娱乐工具的力量：动态图像。电影（无论是否色情）不像静态图像、书籍或音频，无须我们做任何反馈——无须输入，亦不必苦心完成。它只需要我们愉快地投入注意力，我们不得不投入，也乐意投入。在色情影片前，想象止步并让位，被模拟的现实所替代。浏览窗口变成了一扇通向世界的窗，色情的世界，在这个世界里，光滑的身体为了其自身的快感发泄欲望。观看者所感受到的兴奋，观看者在自慰时对影片的使用，都是在那个世界所发生之事偶然附带的。色情影片作为一种影片所提供的乐趣，跟任何其他影片提供的乐趣一样：是视与听的乐趣。

只是，现实之中，没有色情世界，也没有通往色情世界的窗口，我们从色情中获得的快乐没有任何偶然性。色情是一种精心的建构，目的是让观众兴奋。其中的性行为可能是真的，快感有时也是真的，但这一点并不因此改变。显然，主流色情提供的乐趣是，看女人的身体被展示，其孔洞等待被一个接一个地插入。但除此之外，它还提供了自我认同的快乐。因为主流色情片描绘了一种十分特定的性模式——其中的女人整体上十分渴望男性对性权力的主张——并在其中为观众指定了一个特定的认同焦点。主流色情片是为男人制作的，这不仅仅是说消费色情片的绝大多数都是男人，而是指其视觉逻辑迫使观众将自己投射到"他的屏幕代理人"——这是劳拉·马尔维写于1975年的开创性文章《视觉快感与叙事电影》(Laura Mulvey, "Visual Pleasure and Narrative Cinema")中提出的说法——也就是男演员的身上。[82] 那些说色情是一种观点表达的公民自由主义者，比他们自己以为的更加正确。色情片中的镜头即便拍了男人的脸，也不会在男人的脸上停留；很多时候，机位这样安排是为了复现他的观点。拍男性身体的时候，那必定是积极活跃的，那是影片行动的代理人，是起推动作用的欲望与叙事进展的来源。男性身体唯一在屏幕上被安排了足够时长的是勃起的阴茎——那是观众阴茎的替身。（当然，这种代理阴茎要比观众自己的更大、更硬，但影片会让他忘记这一事实，起码在播放时间内暂时忘记。如马尔维所写："男性电影明星的迷人特质……与那些被凝视的色情客体不同，而与一种更完美、更完整、更强大的理想自我类似。"）典型的色情片都以阴茎射精结尾，几乎总是如此——按照《色情电影制作指南》（*Film Maker's Guide to Pornography*, 1977）给出的指导："如果你没有射精的镜头，你就像没拍这部片一样。"[83]——精液被射在女人的身体上，而她的身体从始至终处在镜头的凝视之下。如果观众把握好时间——不像在电影院里，在网上，你总是可以暂停、快进、后退——射在她脸上和乳房上的精液就会变得犹如是他自己的。

这其中的女性观众在哪里？主流色情的捍卫者喜欢提醒我们，主流色情有一大票消费者是女性。但这没有告诉我们色情对于观看色情的女性有何影响或毫无影响。我们可以假设她们看色情片也会兴奋。但是她们认同的是谁，认同的是什么？很显然，看主流色情片的女性认同的是她们在屏幕上看到的女人，那些性快感通过男性欲望的展示与满足而达成的女人，而此类满足一般借由身体与精神上的支配达成：命令、要求、驱使、殴打。如卡罗尔·克洛弗（Carol Clover）所说，这些观众将此"看在眼里"。[84]但色情片的女性观众也可认同屏幕里的男性，做一次命令、要求、驱使和殴打的人。埃伦·威利斯提出一个疑问："当女人被强奸的幻想激起性欲时，也许是她同时对强奸者和受害者都有认同感？"[85]威利斯的"也许"太弱了：这种性别颠倒的认同形式大概非常普遍，也许和传统的形式同样普遍。女性作为观众的认同可能在男性能动者（agent）和女性客体之间摇摆不定。[86] 许多女性为什么可能从幻想的角色颠倒中找寻到一些有益的东西——不仅仅是那些有性创伤史的女性——这是很容易理解的。因此，在强奸色情片当中，认同自愿进行非自愿性行为的女演员，或许也能找寻到一些有益的东西。

同样，在性关系中被客体化也可能存在有益的可能性。珍妮弗·纳什（Jennifer Nash）认为，如爱丽丝·沃克（Alice Walker）和帕特里夏·希尔·科林斯等女权主义者谴责以黑人女性为主角的色情片助长了黑人女性在种族与性别上的从属地位，这太过草率了。纳什说，因为此类描绘对白人男性观众和黑人女性观众来说，都可能是"把黑皮肤当作一种快感和性兴奋的来源来呈现"。[87]（不出现在色情片中可能与出现在色情片中一样是压迫的标志：相对而言，很少有色情片把美国原住民、土著或达利特女性作为性癖对象，这证明她们没有受到压迫吗？）纳什的论点与法律哲学家莱斯利·格林（Leslie Green）对主流男同色情片的讨论构成了呼应。尽管大多数主流男同色情片都在重复异性恋色情片中男性支配–女性从属的套路，但格林认为，它还是可以赋予男同性恋——他们一直以来都被剥夺了性欲望对象的身份，这是一种"母题体验"（motif experience）——"一种对自身客体性的强烈感受"。格林说，如没有此类感受，男"同性恋的性体验依然可以是精神的、政治的或智识的。但它不可能是热辣、湿润或富有乐趣的"。[88]

这些当然都是对的。反色情女权主义者假定屏幕里关于性别与种族支配的图像只能加重屏幕外的性别与种族支配，有些太过自信了。众所周知，不受控制的无意识在很大程度上破坏了这种简单直接：谁能肯定无意识将对有意识的头脑所判定的"好"与"坏"进行何种编排？话虽如此，有意思的是，即便有，也很少有反色情理论家提出，看强奸色情片的男人会认同被强奸的女人，或看跨种族色情片的男人会认同黑人女性。

我们仍可以追问：为何女性观众非要变成男人才能施展权力？为何具有女性气质的男同或黑人女性需要看到一个跟自己相似的人被摁着弯下身去才能知道有着女性气质或黑皮肤的他们是可欲的？我不是说这种需求不是真需求，或者具有性别和种族歧视的色情片不能被重新利用以服务于这种用途。我想问的是，为何一开始会存在这种需求，对于色情的力量可以在多大程度上被颠覆或转移，向我们透露了什么信息。我想问的是，我们有没有把压迫之下协商的需要与解放的标志相互混淆。

我还想请大家不要低估色情主流的力量。网络流行梗"第34条法则"声称"万物皆可色情化，没有例外"。确实如此，差不多就是这样。即便在最大的色情网站上，你也可以找到符合刁钻性癖的东西，甚或在政治上令人耳目一新的口味：由年长者或有明显残疾者出演的色情片、女攻男受的色情片、气球色情片、星际迷航色情片。但这并不意味着色情世界是一个秉承自由、包容独特欲望和个人怪癖的所在。色情像所有文化形式一样，有很强的趋向和主线。2017 年 PornHub 上最受欢迎的前 20 个明星几乎都是白人，只有两个例外；全部身材纤瘦，体格健全，偏向女性气质，顺性别，除毛除到像青春期尚未开始。[89] 排名第 17 位的派珀·佩里（Piper Perri）体重 90 磅，身高 4 英尺 10 英寸，* 正好是纳博科夫笔下洛丽塔的身高，巧合吗？她完美整齐的牙齿上戴着牙套，看起来不超过 14 岁。（建议第 35 条法则定为：任何在我们的性政治中被判定为丑的东西，在色情世界都可能大受欢迎。）

但免费的在线色情片不只是反映早已存在的性趣味。像 PornHub 这样的网站是由复杂的算法驱动的，其算法逻辑与支持 YouTube 和亚马逊的逻辑相同。这些算法根据它们收集的数据学习并塑造用户的偏好：不仅是搜索历史，还有他们的位置、性别和一天中最可能上网的时间。算法反过来给用户提供相应人群中其他人喜欢看的东西，使他们的性趣味相互一致。不仅如此，算法还会教用户以规定的类别去思考性本身。如《色情业》（The Pornography Industry）的作者希拉·塔兰特（Shira Tarrant）所观察到的："如果你对类似双口交这样的东西感兴趣，

---

* 约合 41 公斤，147 厘米。

把它输入浏览器，你会得到两个女人给一个男人口交的场面……你不太可能看到两个男人或两个人给一个女性口交。"她补充，"在线色情用户未必意识到他们的色情使用模式在很大程度上是由一家企业塑造的。"[90] 由于PornHub 的算法分类，那些过了拍"青少年"片的年纪，又还拍不了"辣妈"片的色情片女演员——也就是 23 岁到 30 岁之间的女演员——发现，现在要取得拍摄邀约变得极其困难。

色情的力量很强大。希望通过教育来瓦解它的想法对它所具有的力量还未能有足够的重视——不是它作为言论的力量，而是它作为影片的力量。女权主义色情片和独立酷儿色情片的创作者深知此理，但心照不宣。在某种意义上，他们提供的是一种性教育的替代形式，试图揭示并让人享受某些身体、行为与权力分配方式的性感，而这些并不遵从异性恋主义者、种族主义者和残疾歧视者的色情标准。1984 年，坎迪达·罗亚尔（Candida Royalle）成立了女性制作（Femme Productions）公司，这是第一家女权主义色情片制作公司。罗亚尔避免射精镜头（"我当演员的时候曾问过：'为什么要有这些镜头？'他们说：'为了证明这是真的。'"[91]），并在咨询了性治疗师如何避免强化强奸迷思后，将胁迫性行为的场景放在了演员之间关于同意的对话当中。

在罗亚尔的带领下，今天新一代的色情片制作者和表演者试图制作出抵制霸权阐释的色情片，重新塑造对于何种身体与行为能够唤起情欲，谁的快感比较重要的理解。（大家很容易忘了这一点，但是几乎在所有主流色情片当中，都是男人获得了真高潮，女人只是装的。）埃丽卡·卢斯特（Erika Lust）是常驻巴塞罗那的一位女权主义色情片导演和制片人，她认为，自己会进入独立色情片领域，要归功于琳达·威廉姆斯关于色情电影的学术专著《硬核：权力、快感和"对可视的狂热"》（Linda Williams, *Hard Core: Power, Pleasure, and the 'Frenzy of the Visible'*, 1989）。[92] 卢斯特的影片看起来很美，在叙事和情感上都很复杂，由一种寻求快乐的平等主义特质所推动。看预告片，你会以为她的电影是文艺片，在某种程度上也的确如此。

夏因·路易丝·休斯敦（Shine Louise Houston）是一位黑人酷儿色情片导演，有旧金山艺术学院的电影学位，她的电影《栖身之地》（*The Crash Pad*, 2005）是一部"女同性恋色情"邪典片经典。休斯敦以能动性地呈现酷儿和非白人群体的性事而闻名。她的演员可以共同决定他们想要做什么，而不用按剧本走，无论完成什么性行为，每个人都拿固定片酬；市场通常会强加一套严格的片酬等级：肛交的片酬高于阴道插入，双重插入高于单独插入，直人高于女同性恋，这样做是对这种市场的反抗。

休斯敦的在线系列影片 CrashPadSeries.com 中的演员以非二元性别 T 婆（non-binary butch femmes）、女巫（witches）、跨性别女同性恋（trans lesbians）、跨性别拉拉（transdykes）、"非人类女性"（'non-human women'）、熊族（bears）、性别酷儿独角兽（genderqueer unicorns）、不分偏 T 跨性别女孩非二元拉拉（butch futch trans girl enby dykes）、性教育推广大使（sex nerds）和女跨男施虐者性杂食动物（ftM sadist sexual omnivores）等各种各样的方式描述自己。这些剧集附有内容警告（涉及"双方同意的非自愿性行为"时），以及"幕后"镜头，展示演员拍摄后的回顾总结。

日本的色情业是全世界规模最大的色情业之一，跟其他地方一样，免费、无审查的色情片对其造成了很大冲击。[93] 但日本市场对女性导演为女性观众拍摄的色情片有很大的需求——即便导演还不是自觉的女权主义者。[94]

简言之，问题在于，女权主义色情电影和独立色情电影很少是免费的。即使它们免费——假设国家对导演和演员进行补贴，将此纳入性别和种族平等计划的一部分——它也很难作为正式的性教育传播。事实上，在许多司法管辖区，向 18 岁以下的人展示这类资料，甚至鼓励他们观看，都是非法的。（这对试图在学校里教"色情文化素养"的人来说也是一个大问题：你怎么教别人去阅读你没法给他们看的文本？）我的学生都超过 18 岁了，有些人热切地期待未来会有不一样的色情片。但许多人觉得，对他们来说已经太迟了，要重塑自己的欲望已经太晚了。互联网的孩子，拥有无限的多样性，但不知为何，他们发现所有可能性都已被排除，眼前只剩一种选择。

随着互联网色情业的崛起，我们越来越常听人说，年轻人需要的是更好的、更多样的性呈现。实现这样一件事情有许多困难，此外，还有一种更原则性的保留意见。要求更好的性呈现意味着保留屏幕的逻辑不动，在此逻辑下，性必定是被中介的；想象力被限于模仿，重复已被吸收的东西。或许，屏幕的逻辑在当下无可避免。若是如此，那么"更好的呈现"的确是我们所能期待的最佳方案。

但此处遗漏了一些东西。虽然制作成影片的性似乎打开了一个世界，让人看到性所能拥有的可能性，但很多时候，它也关闭了人们对于性的想象、让其失去活力、产生依赖性、懒惰、符码化。性的想象变成了一种模仿机器，无法产出属于自己的新东西。安德里亚·德沃金在《性交》（1987）中警告我们的正是这一点：

> 想象并非性幻想的同义词，性幻想只是一
> 种在昏沉的头脑中被循环重复播放的程序化的
> 带子——很可悲。想象是要找寻新的含义、新

的形式，复杂和可与之共情的价值与行为。富有想象力的人会被想象力推往一个充满可能性与冒险的世界，一个意义与选择的独特世界；而不是一个近乎贫瘠的符号垃圾场，此中之人操纵符号以唤起机械的反应。[95]

如果性教育追求的是赋予年轻人一种更勇敢的性想象力——带来"新的含义，新的形式"的能力——而不只是更好的"机械的反应"，那么我认为，它就必须是一种消极教育。它不应该断言自己是掌握性之真理的权威，而应当提醒年轻人，关于性是什么，以及未来可以如何，权威掌握在他们自己手上。性可以依旧如他们之前几代人所选择的那样：暴力、自私、不平等——如果他们选择如此。性也可以变成一件更快乐、更平等、更自由的事——前提是他们选择如此。我们不清楚这样的消极教育要如何实现。没有法律可起草，也没有简单明了的课程可推出。应遏止的不是更多的言论或图像，而是它们的攻击。或许这样，有关性的想象才能经过引导——哪怕只是短暂地——重获失去的力量。

性权利

2014 年 5 月 23 日,22 岁、从大学辍学的埃利奥特·罗杰（Elliot Rodger）成了全世界最著名的"非自愿独身者"*,在理论上男女均适用,但实际上它不是指一般的没有性生活的男性,而是指特定类型的没有性生活的男性:那种深信别人欠他性生活、被剥夺了他性生活的女性所激怒的人。罗杰在他的两个舍友王伟汉（Weihan Wang）和洪晟元（Cheng Hong）,以及他们的朋友陈乔治（George Chen）进入他在加利福尼亚州伊斯拉维斯塔市塞维利亚路的公寓时,挥刀刺死了他们。† 几小时后,他驱车来到加州大学圣巴巴拉分校校园附近的阿尔法斐联谊会会馆,在外面朝三名女性开枪,致两名女性凯瑟琳·库珀（Katherine Cooper）和薇罗妮卡·魏斯（Veronika Weiss）身亡。罗杰

---

* incel,全称是involuntary celibate。
† 受害者中文名依据已有中文报道翻译,在公开的报道中,洪晟元的英文拼写为Chengyuan Hong。

随后在伊斯拉维斯塔进行了疯狂的驾车枪击，在一家熟食店内的克里斯托弗·迈克尔斯-马丁内斯（Christopher Michaels-Martinez）被一颗子弹击中胸腔毙命，他也是加州大学圣巴巴拉分校的学生，另有 14 人受伤。罗杰最终在向自己的头部开枪后，让他的宝马双门跑车撞向一辆停在路边的汽车。他被警察发现时已经死亡。

在公寓内杀死 3 名男子之后，开车去阿尔法斐之前的几个小时里，罗杰去了星巴克，点了咖啡，并在他的YouTube 频道上传了一段视频，"埃利奥特·罗杰的报复"。他还通过邮件群发了一份 10.7 万字的回忆录兼宣言《我的扭曲世界：埃利奥特·罗杰的故事》，收件人包括他的父母和治疗师。这两份文件一起，透露了即将发生的残杀的细节及罗杰的动机。他在《我的扭曲世界》的开头解释："我只想融入社会，过上幸福的生活，但我遭到了抛弃和拒绝，被迫忍受孤独与毫无意义的生活，这一切都是因为人类女性无法看到我的价值。"

他继而开始描述他在英国享有特权且幸福的童年生活——罗杰是一位成功的英国电影导演之子，随后是他在洛杉矶享有特权但不幸的青春期，他是个个子不高、不善运动、害羞、古怪、没有朋友的孩子，对变"酷"渴望极了。他写到染金发（他有一半白人血统，另一半是马来西亚华人；金发的人"要英俊得多"）；在游戏《光环》系列和《魔兽世界》中寻找庇护所；在夏令营里被一个漂亮姑娘推开（"这是我第一次经历女性的残酷，它给我带来了无尽的创伤"）；被同龄人的性生活激怒（"为什么一个低级的黑人丑男能搞到一个白人女孩？为什么不是我？我那么英俊，而且我自己也是半个白人。我是英国贵族的后代，他是奴隶的后代"）；连续从学校和社区大学辍学；以及他幻想中的政治秩序，世界由他统治，性被宣布非法（"所有的女人必须像瘟疫一样被隔离"）。罗杰说，这一切导致的必然结果是，他要发起"对女人的战争"，他要在这场战争中"惩罚所有的女性"，因为她们剥夺了他的性权利。他将把阿尔法斐联谊会当作攻击目标，"那是加州大学圣巴巴拉分校里女孩最性感的联谊会"，因为这个会里有"体现了女性身上我所憎恨的一切的那种女孩……性感、漂亮的金发女孩……被惯出了毛病、冷酷无情、恶劣的贱女人"。他会向所有人证明他才是"更高一等的人"。

2017年年末，在线讨论论坛Reddit关闭了其拥有4万名成员的"非自愿独身者"支持小组，这个小组是为那些"缺少浪漫关系和性生活"的人开的。在采取这一行动之前，Reddit引入了一项新政策，禁止"鼓励、美化、煽动或呼吁暴力"的内容。起初是为孤独和性绝缘之人提供支持的小组，后来已经变成了这样一个论坛：用户不仅对女性和跟女性睡觉的"非单身者"与"正常人"发泄愤怒，还频频鼓吹强奸。第二个非自愿独身者

Reddit 群组"真非自愿独身者"（Truecels）也在网站政策修改之后被禁。群组的侧边栏上写着："不鼓励或煽动暴力或其他非法活动，如强奸等。但如强奸量刑应该减轻或强奸应该合法化，以及放荡女人活该被强奸这类发言当然没问题。"

在罗杰杀人事件发生后不久，非自愿独身者就到这个男性空间来解释：女人（和女权主义）最终要对发生的事情负责。但凡有一个"恶毒的贱女人"愿意跟埃利奥特·罗杰搞，他也不必非要去杀人。女权主义评论者很快指出了理应是明摆着的道理：没有女人有义务跟罗杰上床；他对于性权利理所应得的感觉是父权意识形态的一个典型案例；他的行为是在这种理所应得的感觉遭到挫败后可预见的反应，虽然十分极端。他们可能还会补充，女权主义远非罗杰的敌人，女权主义更可能是抵制那个让他因为自己矮、笨拙、缺乏男子气概、混种族而感到自己不如别人的体制的主要力量。他的宣言表明，欺负他的绝大多数是男孩，而不是女孩：他们把他塞到储物柜里，叫他"屌丝"，取笑他还是个处男。但是女孩剥夺了他的性权利，因此，必须死的是女孩。

是否也可以说，罗杰的不可睡性（unfuckability）是女性内化父权制下的男性性吸引力标准的一个征兆？这个问题的答案因两件事而变得复杂。第一，罗杰是个讨人厌的人，促使他捅室友和他们的朋友总计 134 刀的，至

110

少有一部分是他对自己审美、道德和种族优越性的坚持，以及他身上的另外一些东西，无论是什么，而不是他没能符合异性恋男性气质的要求，女人都离他远远的。第二，多得是没有杀人嗜好的书呆子得到了性机会。事实上，父权制的不公正之处在于，它甚至使那些理应不具吸引力的男性类别都变得有吸引力了：怪胎、书呆子、柔弱的男人、老男人、长着一副"老爹身材"的男人，这是非自愿单身者和其他"男性权利运动者"注意不到的。同时也有性感女学生和性感教师，古灵精怪梦中女孩和辣妈，但她们都身材紧致并且火辣，只是同一标准范式经过微调的变体。〔我们能想象《智族》(*GQ*)登载一篇赞美"老妈身材"的文章吗？〕

就是说，罗杰想睡的那种女人——性感的联谊会金发女孩——一般来说不会与罗杰这号男人约会，甚至那些不讨人厌、不嗜杀的男人也够不上她们，至少直到他们在硅谷发迹之前是这样，这是事实。这与父权制所施加的严格的性别规范有关：甲等女都想找甲等男，这也是事实。同样是事实的是，罗杰的欲望——他对"被惯坏的、不可一世的金发荡妇"的色情执念——本身就是父权制运作的结果，"性感的金发荡妇"之所以成为所有女人的代名词也是如此。（男性空间中的许多人高兴地指出，罗杰甚至没有成功杀掉他渴望的那类女人，仿佛这最终确认了他"末等"的性地位：凯瑟琳·库珀和薇罗妮卡·魏斯不是来自德尔塔德尔塔德尔塔联谊会的"性感金发女孩",她们只是恰好路过阿尔法斐会馆。)在对埃利奥特·罗杰和更广泛的非自愿单身现象的女权主义评论中,已经有很多关于男性应得的性权利、物化和暴力的讨论。但到目前为止,关于欲望的分析还很少:男人的欲望、女人的欲望,以及意识形态对两者的塑造。

过去如果你想对欲望进行政治批判,你总会诉诸女权主义。几十年前,女权主义者几乎是唯一就性欲望——其对象与表达、癖好与幻想——如何受到压迫的塑造这一问题展开思考的。20 世纪 60 年代末和 70 年代的激进女权主义者呼吁我们放弃弗洛伊德的观点,后者认为性欲是"一种沿生理性别的分界线划分的与生俱来的、基本的、天然的、前政治的、无条件的本能欲望"(凯瑟琳·麦金农语)。[1] 她们敦促我们认识到,是父权制塑造了我们当前所知的性行为:一种以男性支配和女性从属为特征的实践,其构成性情绪,按照麦金农的表述,是"敌意与轻蔑,或主人对奴隶的兴奋,以及畏惧与软弱或奴隶对主人的兴奋"。[2] 对所谓的"反性"女权主义者来说,竟有女人似乎能够在这样的境况之下获得快感,就说明了情况有多么糟糕。对她们中的许多人来说,解决方案在于拒绝跟男人做爱和结婚。例如,1969 年由提-格雷丝·阿特金森(Ti-Grace Atkinson)在纽约成立的女性解放

112

团体"女权主义者们"（The Feminists）就是这样，她们实施的一项组规是，只允许不超过 1/3 的成员处于婚姻状态或与男人同居。这一定额表明"女权主义者们"坚信，女权主义"不仅要处理女性想要什么的问题"，更需要"为女人想要什么带来改变"。[3]细胞 16（Cell 16）是 1968 年成立于波士顿的一个团体，该团体奉行性别分离和独身主义，练习空手道。入团的第一步就是读瓦莱丽·索拉纳斯的《灭绝男人协会宣言》，索拉纳斯宣称：

> 女性可以轻而易举地让性欲消除，让自己
> 完全冷静、理智、自由，比她能想到的还要轻
> 易……当女性超越了自己的身体……由生殖器
> 构成自我的男性就会消失。[4]

细胞 16 的创始人罗克珊·邓巴-奥尔蒂斯（Roxanne Dunbar-Ortiz）的观察与索拉纳斯相呼应，"经历过完整的性场景，随后因为选择和反感，成为独身主义者的人，是最清醒的人"。[5]

虽然 20 世纪 60 年代末和 70 年代初的所有激进女权主义者都认为性是一种父权制建构，但一些人从一开始就反对女性的欲望必须与她们的政治观点保持一致的想法。如艾丽斯·埃科尔斯在她关于美国激进女权主义的研究《敢做坏女人》（Alice Echols, *Daring to be Bad*）中详细

描述的那样，自称"支持女性"的女权主义者将跟男人做爱和结婚视为一种合理的欲望，同时对大多数女人来说，这也是一种战略需要——为了获取政治权力或单单只是生存——而不是父权思想灌输的征兆。女人需要的，不是从对异性恋婚姻的虚妄欲念中解放出来，而是异性恋婚姻能够以更平等的条件被重新构想。[6] 由舒拉米斯·费尔斯通和埃伦·威利斯于1969年成立的激进女权主义团体红袜子（Redstockings）的宣言坚称："女性的屈从不是洗脑、愚蠢或精神疾病的结果，而是持续的、日常的来自男性的压力造成的。我们不需要改变自己，而是要改变男人。"[7] 因此，在红袜子和其他支持女性的女权主义者看来，应该拒绝"个人解决方案"（personal solutionism），即认为革命的可能性包含在细胞16和"女权主义者们"等团体的分离主义做法当中。对支持女性的女权主义者来说，此类激进主义预设了一种虚假的划分，女人被分成了"真"女权与蒙昧无知的女性，后者在她们与男人的关系中背叛了革命事业。在支持女性的女权主义者看来，所有女性都参与协商与调和的行为，真正的解放需要结构性的转变而非个人的转变。据报道，一位著名的红袜子曾在一次会议上宣称："革命之前我们不会离开保留地！"[8]*（她们选择这个比喻，或许可以表明，像大多数

---

* "离开保留地"描述的是被迫迁移的本土美国人离开被指定的居住地点，后来引申为"摆脱控制、不遵循常规"，白人使用这个短语很有冒犯性。

激进女权团体一样，红袜子绝大多数都是白人。）

支持女性的女权主义者同样担心，反性的女权主义者在驱除父权的狂热中，会成为否定女性情欲的同谋。这并非毫无依据。埃伦·威利斯回忆，提-格雷丝·阿特金森在参加一次红袜子的会议时，以"非常高人一等的"语气说，性欲"只存在于我的脑子里"。[9]不过，虽然她们坚持女性性欲是真实的，但支持女性的女权主义者对捍卫异性恋界限之外的欲望的合法性又兴趣索然。她们认为异性恋婚姻既是实际的需要，又是本能的渴望，并指控女同性恋是"性战场"的逃兵，在疏远主流女性。一位退出红袜子的女同性恋注意到，这个团体"在谈及女同性恋时，就没那么支持女性了"。[10]

支持女性的女权主义者这种恐同倾向，一反常态地与反性女权主义者不谋而合，许多反性女权主义者将女同性恋视为"认同男性的"、对于其他女性的性威胁。当女同性恋女权主义者开始大声主张她们的性别身份与政治立场的一致性时，是在将女同性恋主义框定为一种政治团结问题，而非一种与生俱来的性取向。1971年在华盛顿特区成立的激进女同性恋团体"怒"（The Furies）宣称："女同性恋主义并非性倾向问题，而是一个政治选择问题，是每个想要……结束男性至上主义的女性必须做的选择。"[11]因此，反性女权主义者独身主义的情况被重

115

新提出来作为女同性恋主义的支持论据，尽管是非常特殊的一种。随着政治上的女同性恋开始被视为妇女解放运动先锋，支持女性的女权主义者像曾经指控反性女权主义者一样，指控她们相比政治对抗，其实对个人转变更感兴趣。政治上的女同性恋则反过来指控支持女性的女权主义者在为男性权力提供支撑。

　　类似的模式也在英国上演。1970年，首届全国妇女解放运动会议在牛津的拉斯金学院举行。一开始，英国的第二波运动在智识上和政治上都由朱丽叶·米切尔（Juliet Mitchell）、萨利·亚历山大（Sally Alexander）和希拉·罗博特姆（Sheila Rowbotham）等社会主义女权主义者占主导，她们认为反对资本主义剥削是女性解放的核心，而男性左派则是重要的盟友，即使不够完美。一些女权主义者提出异议，建立了分离主义的妇女之家和团体。但直到1977年，社会主义女权主义者和那些将男人而非资本主义视为最主要敌人的女权主义者之间才出现了一次决定性的割裂。在召开于伦敦的第九次妇女解放运动会议上，希拉·杰弗里斯提交了一份题为《革命女权主义的需要》（"The Need for Revolutionary Feminism"）的论文，她在其中指责社会主义女权主义者没有认识到女性受压迫的基础是男性的暴力，而非资本主义的剥削，并指责她们提出诸如让社会提供儿童照料这样的"改良主义的"要求。[12]"妇女解放运动是且应当被视为一种威胁，"

杰弗里斯说，"我看不出把它搞得像男女混合的特百惠直销会*，让参加的男人煮咖啡有什么用处。"[13] 少数发声的英国女权主义者聚集在杰弗里斯周围，组成了像利兹革命女权主义小组（Leeds Revolutionary Feminist Group）这样的分离主义团体，该团体因其小册子《政治女同性恋主义：反对异性恋的理由》（"Political Lesbianism:The Case against Heterosexuality"）而出名。在接下来一年于伯明翰召开的会议上，革命女权主义者提交了一份提案，建议废除妇女解放运动在此前会议上提出并致力的六项要求，理由是"我们向父权制国家——向男人，我们的敌人——提出任何要求都是非常荒谬的"。[14] 该提案被从全体会议的议程中删除——革命女权主义者声称这是有意的。它最终被朗读出来时，遭到了社会主义女权主义者的激烈反对，反过来，这又导致革命女权主义者以打断其他发言者和唱歌来抗议。两派人随后激烈地争吵，讨论男性性暴力是"男性至上主义"还是如阶级压迫等其他社会弊病所产生的症状，以及女同性恋的性行为是否应该得到女权主义者的特别保护。会议进行到后来，喊叫声中几乎听不清任何发言；麦克风被从发言者手中夺走；许多女性在沮丧和厌恶中离开。伯明翰会议是全国妇女解放运动

---

* 特百惠直销会（Tupperware party），一种在某人家中举办的营销活动，由家居用品特百惠开发。主办者因举办该活动而获得一定的奖励，其客人有机会观看展示的特百惠产品，并订购特定产品。

的第十次，也是最后一次会议。[15]

随着妇女解放运动在 20 世纪 70 年代和 80 年代的展开，这些战线变得更加分明了。自 20 世纪 70 年代中期以来，美国的反性女权主义者越来越关注色情问题，在一定程度上，英国的革命女权主义者也是，对一些女权主义者来说，这就象征了整个父权制。（反色情女权主义者延续了女权主义恐同的主题，总体上也带着恨意反对女同性恋虐恋，她们认为这是对父权制动力学的重述。）许多女权主义者发现对色情问题的过分关注令人不安，其中最著名的数埃伦·威利斯，其原因与支持女性的女权主义者反对激进的独身主义类似：也就是说，这可能正中了压抑女性情欲倾向的下怀。但许多女权主义者也想与支持女性的路线保持距离，后者认为大多数女性理想的状态是单偶制的异性婚姻。威利斯穿行于支持女性和反性女权主义这两级之间，引领了后来被称为"支持性"或"性积极"的女权主义发展方向。在她 1981 年的经典文章《欲望视野：妇女运动是支持性的吗？》（"Lust Horizons: Is the Women's Movement Pro-Sex?"）当中，威利斯提出，支持女性和反性女权主义都强化了保守的观念，即男人渴望性，而女人只是忍受性，这种观念的"主要社会功能"是限制女性在卧室之外（或街巷）领域的自主权。威利斯写道，这两种形式的女权主义都要求"女性接受以一种虚假的道德优越感来替代性快感，接受以对男性性自由施加限制来替代真正的权力"。[16] 威利斯和其他支持性的女权主义者从同时代的 LGBT 权利运动中得到启发，坚持认为，女性本身就是性的主体，她们的同意行为——说"是"和"不"——在道德上具有决定性。

自威利斯开始，支持性的女权主义观点一直在获得诉诸交叉性的女权主义的支持。父权压迫是受种族和阶级影响的，对这一点的思考使女权主义者不愿制订普遍的解决办法，包括普遍的性政策。平等进入职场权利的要求，对白人中产女性来说更有共鸣，因为她们历来被期待留在家里，而黑人劳工阶级女性对此则没那么有共鸣，因为她们一直都被期待与男人一同工作。同样，在性关系中自我物化，对于凭借其白人身份已然遵循女性美貌范式的女性是一回事，对于黑皮肤、棕色皮肤的女性或跨性别女性又是另一回事。诉诸交叉性也加深了女权主义者对虚假意识思维的不安，所谓虚假意识，即认为与男人做爱、结婚的女人已经内化了父权制。大家普遍认为，当前最重要的是相信女性说的话。如果一个女人说她很享受在色情业工作，或享受收费跟男人做爱，或享受参与强奸幻想，或享受穿细高跟，甚至说她不仅享受这些事情，而且认为它们是解放的，是她的女权主义实践的一部分；那么许多女权主义者认为，我们必须信任她。这不仅仅是一种认识上的主张：一个女人讲述她自己的经历，给了我们强有力但并非不可辩驳、相信

119

确实如此的理由。这也是，或者说主要是一种伦理主张：一种太随意地贩卖自欺欺人的概念的女权主义，可能会支配本该被它解放的主体。

到目前为止，威利斯在《欲望视野》中提出的观点依然保持着持久的生命力。20 世纪 80 年代以降，不对女性性欲进行道德化，坚持这些欲望实施的行为只受到同意界限的道德约束的女权主义一直是潮流所向。性不再在道德上构成问题或不成问题；相反，它只关乎想要或不想要。在此意义上，性的规范就跟资本主义自由交换的规范一样。重要的不是什么条件产生了供求关系的动力学——为什么有些人需要出售他们的劳动，而另一些人则购买劳动；重要的只是买方和卖方都同意转让。不过，说性积极代表了自由主义对女权主义的收编，就有些太轻飘飘了。一代又一代的女权主义者和男女同性恋活动家，为将性从羞耻、污名、胁迫、虐待和不必要的痛苦中解放出来，进行了艰苦的斗争。对这一计划来说，重要的是强调，外部对性行为的理解是有限度的，性行为可以拥有不被公众视角所理解的私人含义，有些时候，我们必须相信某一次特定的性行为是可以的，即便在我们无法想象它有什么可能性的时候。因此，女权主义便发觉自己不但在质疑自由主义对公共与私人的区分，也在坚持这种区分。

然而，如果对性积极与自由主义之间的趋同视若无睹，不管多么无意，都太不真诚了，这两者有一种共同的不愿审视我们欲望形成过程的倾向。第三波女权主义者说，性工作就是工作，并可能是比大多数女性从事的体力劳动更好的工作，这是没错。性工作者需要的是法律和物质上的保护、安全和保障，而不是救援或改造，这也没错。但是，要理解性工作是什么样的工作——究竟是什么样的身体和心理行为被买卖，以及为什么付出劳动的绝大多数是女性，而支付报酬的绝大多数是男性——我们肯定要对男性欲望的政治形成做出解释。并且，我们肯定也要对其他形式的女性工作给出与之相关的解释:教书、护理、照料、母职。说性工作"只是工作"，是忘记了所有的工作——男人的工作、女人的工作——都从不只是工作:它也是有性别的。

威利斯在《欲望视野》中总结道，对她来说，"不言而喻的是，自主同意的伴侣有权利选择他们的性癖好"，女权主义中"不应容许威权式道德主义存在"。然而她接着又说，"一场激进的运动必须让视野⋯⋯超越选择权，继续关注根本的问题。我们为何要选择我们所选择的?如果我们拥有真正的选择，我们会选择什么?"这对威利斯来说似乎是一次非同寻常的逆转。在阐述了将我们自由选择性偏好的权利（无论它是什么）当作不动点，不应受到道德审问的伦理理由之后，威利斯告诉我们，一种"真正激进的"女权主义追问的问题，恰恰可能是引发"威权式道德主义"的问题：如果女性能够真正自由地选择，她们的性选择会是什么样？有人可能会觉得威利斯在一方面往前推进了一步，另一方面又后退了一步。但或许，她对两个方面都有所推进。她告诉我们，女权主义的任务是：一方面，将我们自由做出性选择的权利当作不言而喻的；另一方面，正如"反性"和女同性恋女权主义者一直在说的，也要看到为什么这样的选择在父权制下几乎谈不上是自由的。我的意思是，在我们急于实施前者的时候，女权主义者可能会忘记后者。

当我们把同意看作对伦理上可行的性行为的唯一限制时，我们就被推向了对性偏好的自然化，在此前提下，强奸幻想就成了一种原始事实，而不是一种政治事实。但也不仅仅是强奸幻想。想想"性感金发荡妇"和东亚女人可睡性最高，相对而言黑人女性和亚洲男性没有可睡性这些说法，以及对黑人男性性能力的盲目痴迷和恐惧，对残疾人、跨性别者和肥胖身体表现出来的性厌恶。这些关于"可睡性"的事实都是政治事实，不是说谁的身体被视为在性的角度上可睡（在此意义上，黑人女性、跨性别女性和残疾女性都太有可睡性了），而是谁的身体能给那些跟他们睡的人带来地位。这些事实是一种真正关注交叉性的女权主义应当要求我们认真思考的。但是，脱离了威利斯对于关注矛盾性的呼吁，性积极的视角有可能使这些事实中立化，只将它们看作前政治的既定事实。换句话说，性积极的视角不仅有可能掩盖厌女症，还可能掩盖种族主义、残疾歧视、恐跨和其他压迫性的体制，这些体制都可以借由看似无害的"个人选择"机制潜入卧室。

"Grindr 上的美好肉体大多是遮着脸的亚洲男人。"我的一个同性恋朋友说。第二天，我在 Facebook 上看到 Grindr 开始了一个叫"我擦？"（What the Flip?）的网络系列短视频。在三分钟的第一集里，一个相貌英俊、一头蓝发的东亚男人和一个衣着讲究、长相好看的白人男性互换了 Grindr 个人简介。结果不出所料地残酷。现在用着亚裔男简介的白男几乎无人问津，有人找他时，也是那种满嘴说着他们是"米饭皇后"*，喜欢"擅长做 0"的亚裔男的男人。当他无视他们的信息时，随之而来的就是汹涌的谩骂。与此同时，亚洲男人的收件箱涌入了大量仰慕者。事后谈起，白男表达了他的震惊，而亚裔男无可奈何但强作轻松。"你可能不是每个人的菜，但你一定会是某个人的菜。"白男无力地说，随后他们抱了抱彼此。下一集是一个肌肉明显的瑞恩·高斯林型男人跟一个长相漂亮、圆胖身材的男人交换简介。另一集则是一

---

* 米饭皇后（Rice Queens），只喜欢亚裔男人的其他族裔的男同性恋。

个女性化的男人跟一个肌肉男互换简介。结果都没能出人所料。[17]

在"我擦?"中，明显的讽刺是，Grindr本质上鼓励其用户根据粗暴的身份标志将世界划分为可行的性对象和不可行的性对象——从性关系的"底线"与"要求"来思考。Grindr这样做直接地加深了歧视的常规，我们的性欲原本就已经朝着这样的方向发展了。但线上约会——尤其是Tinder和Grindr的抽象界面，把吸引力压缩成一些基本要点：脸、身高、体重、年龄、种族、风趣幽默的个人标语——可以说是集目前的性关系形态中最糟的东西于一身，并在屏幕上将其制度化了。[18]

"我擦?"的一个预设是，这是一个男同性恋特有的问题：男同社群太肤浅、太肉体法西斯主义、太爱评判了。我生活里的男同性恋总是在说类似这样的话；他们无论是实施者还是受害者（多数人认为自己两者都是），都对此感到难受。对此，我不以为然。我们能想象像Bumble或Tinder这样以异性恋为主的约会软件，创造出鼓励直人"社群"直面其性种族歧视或肥胖恐惧症的系列短视频吗？如果多半不可能，并非因为直人不是肉体法西斯主义者或性种族歧视者；而是因为直人（或者我是否应该说，身体健全的顺性别白种直人）并不习惯去思考他们的性行为有什么问题。相较之下，即便长相英俊、皮肤白皙、富有、身体健全，男同也都知道我们跟谁做爱，如何做爱，是一个政治问题。

当然，将我们的性偏好置于政治审查之下会带来危害。我们希望女权主义能够审视欲望的来源，但不应有荡妇羞辱、假正经或自我否定：不要告诉个体的女性，她们并不真正知道自己想要什么，或者不能在同意的界限内享受她们确实想要的东西。鉴于任何对欲望批判的开放都将不可避免地导致威权道德主义，一些女权主义者认为这是不可能的事。[我们可以认为，这样的女权主义者是在论证一种"恐惧的性积极"，就像朱迪丝·施克莱（Judith Shklar）论证"恐惧的自由主义"一样——也就是说，一种由对威权方案的恐惧所驱动的自由主义。[19]]但将欲望重新政治化也有风险，这将鼓励一种应得的性权利的话语。谈论那些在性领域遭到不公正的边缘化或排挤的人，可能会引出这些人拥有性权利的想法，他们的权利被那些不愿与之做爱的人侵犯了。这种观点令人颇为恼火：没有人有义务与任何人做爱。这也是不言而喻的。当然，这也是埃利奥特·罗杰，以及将其奉为烈士的愤怒的非自愿独身军团拒绝理解的。在现已解散的Reddit 小组，一条标题为"非自愿单身者强奸女人应该合法化"的帖子解释说："没有饥饿的人该为偷窃食物而入狱，也没有性饥渴的人该为强奸女人而入狱。"这是一种令人作呕的假逻辑等价，透露了存在于父权制核心的暴力的错误观念。一些男人出于政治上成问题的原因被排除出性领域——或许其中包括一些被驱使着在匿名论坛上发泄绝望的男人——但在他们的不幸变质为一种愤怒，怒火指向"拒绝"跟他们上床的女人，却不指向塑造欲望（他们自己的和其他人的）的体制时，他们就越过界线，进入了道德的丑恶与混乱之中。

丽贝卡·索尔尼特在她敏锐的文章《男人向我解释洛丽塔》（Rebecca Solnit, "Men Explain Lolita to Me"）中提醒我们，"除非别人想跟你做爱，否则你不能与其做爱"，正如"除非别人想跟你分享他们的三明治，否则你不能分享他们的三明治"。[20] 吃不到别人的三明治"也不是一种压迫"，索尔尼特说。这个类比阐明了问题，但同样让问题变得复杂。假设你上小学的孩子从学校回来告诉你，其他孩子都相互分享三明治，但没有人分给她。再进一步假设，你的孩子是棕色皮肤，或者胖，或者是残障者，或英语说得不怎么好，你猜测这可能是她被排除出分享三明治的活动的原因。突然间，说其他孩子都没有义务跟你的孩子分享三明治似乎就不充分了，尽管这可能是事实。

性不是三明治。正如没有人会真心想要出于怜悯的性交（mercy fuck），肯定不想要来自种族主义者或恐跨者出于怜悯的性交——虽然你的孩子不希望别人分她三明治是出于怜悯，但我们不会认为老师鼓励其他学生分三明治给你女儿，或建立一套平等的分享政策是一种胁迫。但是，如果一个国家对其公民的性偏好与实践进行类似的干预，譬如鼓励我们平等地"分享"性，可能会被认为是十足的威权主义。[乌托邦社会主义者夏尔·傅立叶（Charles Fourier）提议为每个人提供有保障的"最低性生活"，类似于有保障的基本收入，不论年龄或身体状况；傅立叶认为，只有当性剥夺被消除之后，浪漫关系才能真正自由。这种社会服务将由"多情的贵族"提供，傅立叶说，他们"知道如何将爱情让位于荣誉的要求"。[21]] 当然，这些干预措施的形式很重要：例如，残疾活动家长期以来一直呼吁在学校开展更具包容性的性教育，许多人支持能够保障广告和媒体内容多样性的法规出台。但认为这样的措施足以改变我们的性欲望，将其从歧视的习惯中完全解放出来，就天真了。虽然你可以合情合理地要求一群孩子包容地分享他们的三明治，但你不能对性采取同样的做法。在一种情况下可行的做法，在另一种情况中则未必。性不是三明治。实际上它跟任何其他东西都不相似。没有任何一件事如此因政治而撕裂，又那么私人，不可侵犯。无论好坏，我们都必须找到办法就性本身去看待性。

在当代女权主义当中，这些议题多联系跨性别女性进行讨论，她们通常面临来自同性恋顺性别女性的排斥，后者同时又主张严肃地将跨性别女性也视为女性。这种现象被跨性别色情片女演员、活动家德鲁·德沃（Drew DeVeaux）命名为"棉天花板"——内裤的棉。如许多跨性别女性所注意到的，这个表述里包含着深切的悲哀。"玻璃天花板"意味着对女性基于其工作而获得晋升的权利的侵犯，"棉天花板"描述了一种权利的缺乏，但这并不是任何人有义务给予的。然而，单单对一名跨性别女性、一名残障女性或一个亚洲男人说，"没有人必须要跟你做爱"，是对一些关键问题的忽略。不存在"每个人都有权享有他想要的"那种应得的性权利，但个人偏好很少只是个人的——不要屌，不要娘，不要胖子，不要黑人，不要阿拉伯人，不要亚裔，不要印度人，猛男寻猛男。

在2018年给 *n+1* 杂志写的一篇文章中，女权主义者、跨性别理论家安德烈亚·朗·朱（Andrea Long Chu）提出，跨性别的经验与我们惯常想象的完全相反，"表达的不是一种身份的真相，而是一种欲望的力量"。她说，做一个跨性别者，不是"关于我是谁，而是关于我想要什么"。她接着写道：

> 我为什么进行性别重置：为了八卦和恭维，口红和睫毛膏，为了能在看电影时哭，为了成为某个人的女朋友，为了让她付账或帮我拿包，为了银行出纳和有线电视工作人员仁慈的沙文

主义（benevolent chauvinism），为了远距离女性友谊在电话中的亲密，为了在洗手间补妆时像基督一样两边各站一个罪人，为了性玩具，为了让自己觉得性感，为了被 T 搭讪，为了探听到该小心哪个女同性恋这类秘密，为了超短牛仔裤、比基尼上衣和各种各样的裙子，还有，我的上帝，为了乳房。但你现在开始明白欲望的问题了：我们很少想要我们应该想要的东西。[22]

朱清楚意识到，这一宣告有可能支持了反跨女权者的论点：跨性别女性所认为的女性身份就是传统女性身份的外在，并且将两者混在了一起，因此强化了父权制的支配力量。许多跨性别女性对这一指控的回应是，坚持跨性别与身份有关，而非与欲望有关：关于已经成为一个女人，而非想要成为一个女人。（一旦你将跨性别女人只当作女性看待，抱怨她们巩固了性别刻板印象，就开始显得招人怨愤了，因为你很少听到有人抱怨顺性别女性"过度女性化"。）与此相反，朱的回应是坚持跨性别女性源于一种想要拥有她们目前无法拥有的东西的欲望：不仅是某种形而上的"女性"类别的抽象成员资格，而且是一种文化所建构的、压迫性的女性气质的具体外在——超短牛仔裤、比基尼上衣和"仁慈的沙文主义"。在朱看来，跨性别女性的身份认同获得尊重并得到实际支持的权利，是建立在"强迫欲望符合政治原则没有任何好处"的前提下的。她说，这才是"政治女同性恋主义作为一个失败的方案真正的教训"。[23] 换言之，真正解放的女权主义，需要的是完全去除激进女权主义对欲望进行政治批判的企图。

这一论点是双向的。假如欲望必须被免于政治批判，那么排斥和边缘化跨性别女性的欲望也应如此：不仅是对某些类型身体的色情欲望，还有不与那些"错的"女人分享女性身份的欲望。如朱所表明的，身份与欲望的二元划分肯定是错误的；无论如何，跨性别者的权利不应以此为基础，就像同性恋者的权利不应建立在同性恋是天生的而非选择的这种观点上（这说的是谁是同性恋，而非同性恋想要什么）。但完全放弃对欲望进行政治批判的女权主义，对那些大概是最需要女权主义的女性所遭受的排斥与误认的不公待遇，也给不出什么解释。

那么，问题就在于，如何停留在一个矛盾暧昧之处，让我们既能够承认没有人有义务对任何人有欲望，也没有人有权利被欲望，又能够承认谁被欲望、谁不被欲望依然是一个政治问题，一个通常被以更为普遍的支配与排斥的模式所回答的问题。对比显著但不令人意外的一点是，男性往往以主张对女性身体应得的权利来回应在性领域中的边缘化，而那些抗议他人在性领域中边缘化她们的女性，谈的不是权利，而是赋权。或者说，如果她们的确谈到了应得的权利，也是被尊重的权利，而不是对他人身体的权利。也就是说，黑人、肥胖者和残障女性中的激进自爱运动（radical self-lovemovements）实际上是在要求我们不将性偏好视为完全固定。"黑即是美"和"大即是美"不仅仅是赋权的口号，也是对我们的价值观进行重估的建议。林迪·韦斯特（Lindy West）描述了她研究肥胖女性照片的经验，并自问在客观上认为这些身体都很美会是怎么样的状态——这些身体此前让她充满了羞耻和自我厌恶。她说，这不是一个理论问题，而是一个感知问题：一种侧眼观看某些身体的方式，有自己的，也有他人的，慢慢邀请和诱导一种从厌恶到欣赏的完全转变。[24] 激进自爱运动提出的问题不是我们是否有性的权利（没有），而是是否有义务尽我们所能，改变我们的欲望。[25]

要认真对待这个问题，需要我们认识到，固定不变的性偏好这个观点本身是政治性的，不是形而上的。出于一种好的政治策略，我们将他人的偏好视作不可侵犯：我们理所当然地对谈论人们真正想要什么，或某个理想化版本的他们可能会想要什么保持警惕。我们知道，威权主义就潜存于此。在性领域当中尤其如此，一直以来都有人援引真实或理想的欲望来作为强奸女性和男同性恋的借口。但事实是，我们的性偏好可以改变，也确实

131

在改变，有时是在我们意愿的作用之下——虽不是自动的，但也不是不可能。况且，性欲望并不总是干脆利落地遵循我们对它的感知，一代又一代的男女同性恋都证明了这一点。欲望可能令我们惊喜，将我们引向一个我们从未想过要去的地方，或者引向一个我们从未想过会对之萌生欲望或爱意的人。在最好的情况下——这样的情况或许是基于我们最好的期盼——欲望可以与政治为我们做的选择反其道而行，为自己做出选择。[26]

尾声：欲望的政治

1. 2014年夏天，埃利奥特·罗杰的宣言出现在网络上以后，我开始写这篇最终成为《性权利》的文章。我跟其他读了他的宣言的人一样，被这种自恋的愤怒、厌女和阶级驱动的理所应得的权利感，以及种族化的自我厌恶的奇特混合所震惊。我最初的念头是直接提供一份对这篇宣言的细读，把它当作一份反映相互交叉、数症并发的政治病态的文本来读——其中涉及厌女、阶级主义、种族主义。但随着评论越来越多，后来最让我感兴趣的变成了其他女权主义者对这份文本的解读，以及她们更一般化地解释罗杰现象的方式。

2. 最常见的女权主义的看法是，罗杰是厌女式"应得的权利"的具体体现：更确切地说，是当这种应得的权利感受挫时，不可避免地将会爆发的暴力的体现。这当然是正确的，而且考虑到许多主流评论者拒绝将罗杰视作厌女者，这一点很值得指出。（他们问，他迫切地想被女人爱，他怎么会恨女人呢？他最后杀的男人比女人多，他的连环杀戮怎么可能是厌女的暴力行为？罗杰难道不是既恨查德，又恨斯泰茜吗？*诸如此类。）不过，这样的回应让我注意到的一点是，它显然对罗杰所说的因为自己的种族、内向和缺乏典型的男性气质而在性关系和浪漫关系中被边缘化不感兴趣。这种自我诊断无疑是错误的——至少，我们从罗杰的自大与杀气腾腾的愤怒中应该能够知道，他在社会中被边缘化是由多种因素决定的。这也是极其自利的：罗杰在哀叹自己孤独的同时，很乐于为女性的受欢迎程度和种族设定严格的等级——他迷恋"性感金发荡妇"，同时认为他比黑人男性更值得睡。但是，罗杰拿出的这种诊断，即种族主义和异性恋男性气质规范使他不受欢迎，原则上倒未必是错的。种族主义和异性恋规范的确可以延伸到浪漫与性的范围；事实上，正是在这个亲密的领域，在"个人偏好"的逻辑保护下，它们扎根最深。难道女权主义者对此没有什么要说的吗？

3. 女权主义者可能会指出一点，单是深入地思考这个问题，就很有可能陷入强奸犯的思考逻辑。《性权利》一文初次发表之后，一名女权主义者发推特说："我们能不

---

* 查德（Chad），一般在网络上使用，指自信又有魅力的男性。斯泰茜（Stacy），一般也在网络上使用，指漂亮但无趣、虚荣、没礼貌并只对性感兴趣的女性。

能别再讨论是否存在性权利了？当然不存在。存在的是不被强奸的权利。别庸人自扰了。完毕。"作为一个"小小的补充"，她又说，"关于一个人能在多大程度上从生活中——无论是在哪个领域——得到自己想要的，通常在很大程度上取决于运气、偶然性、特权和你无法控制的特质，这样的观察是最平庸无聊的。"[1]

4. 不存在性权利。（不这么想就是用强奸犯的逻辑思考。）但是观察我们社会现实中最丑恶的东西——种族主义、阶级歧视、残疾歧视、异性恋规范——如何塑造了谁是我们欲望与爱恋的对象，谁又不是，谁对我们产生欲望与爱恋，谁又不会，这是平庸无聊的吗？

5. 这对有色人种、劳工阶级、酷儿和残障者来说倒是新鲜事，他们认为他们所受的压迫，其较明显、较公开的层面，与使之成为可能并部分构成了它的较隐蔽、较私人的机制，包括俱乐部、约会软件、卧室和学校舞会的机制，两者之间有着明确的关系。

6. 我有一个朋友，她解释说，因为她是黑人，虽然长得漂亮，在其他时候很受欢迎，但在她上的那所白人占主导的预科学校里，她在约会时根本就"不在别人的考虑范围里"。

7. 这对一些女权主义者来说也是新鲜事，她们一直以来都在要求我们不要按我们所知的去看待性，不要把它当作某种原生的、前政治的既定事实，而应将其视为政治的影响，一种极轻易就可以被伪装成天生的东西。我们的任务是将性从压迫的扭曲中解放出来，而不是简单地将其分为自愿的（无问题的）和非自愿的（有问题的）。

8. 事实上，男性认为他们应得的性权利——错误地认为男人有性权利，一种他们可以强制行使的权利——如果不是一种被政治所塑造的性欲望范式，那它又是什么？我们能够在不敞开来对性进行政治批判的情况下，反对整体的男性所主张的对女性身体应得的性权利，反对对于热辣金发荡妇、性感东亚娃娃或脆弱的儿童身体的厌女式迷恋吗？

9. 将性从压迫的扭曲中解放出来，跟单单说每个人都可以渴望他们想要的任何东西或任何人并不一样。前者是一种激进的要求，后者是一种自由主义的要求。像许多自由主义的要求一样，第二种要求往往是由个人主义对社群的强制力量的怀疑所推动的。如果我的欲望必须被规训，那么谁来规训？如果我的欲望拒绝被规训，那么我会经历什么？

10. 我并不是说这样的担忧毫无依据。想要不被打扰并非不正常。

11. 只是，如果恰当地理解，让我们将性从压迫的扭曲中解放出来的激进要求完全不是有关欲望的规训。当我写下"欲望可以与政治为我们做的选择反其道而行，为自己做出选择"时，我所想象的并不是一种被正义的要

136

求所监管的欲望，而是一种免于不正义之困境的欲望。我想追问的是，如果我们在看向自己和他人的身体时，允许自己在政治不允许我们感受到欣赏、赞叹和欲望的地方感受到这些，可能会发生什么。此处存在一种规训，因为它要求我们关闭自我们出生以来就一直在我们耳边的声音，告诉我们何种身体、何种在世间的存在方式为值得，何者又不值得的声音。此处所规训的不是欲望本身，而是假定指导欲望的政治力量。

12. 在我的文章发表后，一名男同性恋者写信给我，谈及他十四年的丈夫——一个大块头的胖男人，他解释说，他深爱这个人，并且和对方有着令人满意的性生活。然而，他"不得不刻意和有意识地想办法，让他显得性感，如果这有用的话"。他继续写道，"虽然我们无法改变让我们兴奋的东西，但我们一方面可以转移可能妨碍我们在性爱中兴奋的东西，另一方面可以引导自己在性爱过程中将眼前发生的事色情化。"

13. 这是一种规训的行为，还是爱的举动呢？

14. 诗人、女权理论家阿德里安娜·里奇在她写于1980年的经典文章《强制性异性恋和女同性恋存在》（"Compulsory Heterosexuality and Lesbian Existence"）中，瞄准了在她看来已被大多数女权主义者接受的一种观点，即异性恋是人类生活的默认形式，而女同性恋最多只是一种性偏好，最差则是一种异常的性行为形式。[2] 里奇认为，

137

异性恋是一种政治体制，它通过心理内化，是的，也通过暴力的实施，迫使"直"女不得不以背离她们真实渴望的方式，规范她们的亲密关系、亲属关系和人际关系。里奇希望直女们思考她们与其他女性之间经历的亲密与共谋时刻，反思为了男人，将这些当作不成熟、不充分的关系放在一边的必要性。她问直女们，回想一下你第一次为了男性的关注而背叛你最好的朋友的时候。那是自然的吗？是不可避免的吗？还是男性支配的基础结构在要求你？男性支配最害怕的就是女性欲望的消失，以及随之而来的男性所假定的对女性身体、劳动、思想和心灵占有的终结。

15. 如果你对另一个女人的身体、脸庞、魅力、心态、才智的嫉妒，根本不是嫉妒——而是欲望呢？

16. 我写到过，问你自己这样的问题，是"不将性偏好视为完全固定"。但或许这样说更妥帖：连同它"偏好"的地位，我们也需要一并质疑。

17. 阿德里安娜·里奇写道："如果你认为自己是自由的、'天生的'异性恋，那么承认异性恋对女性来说可能根本不是一种'偏好'，而是一种不得不通过力量去强加、管理、组织、宣传和维持的东西，将是很大的一步。然而，不把异性恋作为一种制度来审视，就像不承认……资本主义或种族主义的等级制度是由各种各样的力量维持的，包括身体暴力和虚假意识。迈出这一步，质疑对女性来说，异性恋是否是一种'偏好'或'选择'，并开始随之而来的智识与情感工作，需要自我认同为异性恋的女权主义者拿出特殊的勇气。"[3]

18. 主张偏好的先天性和独立性有其政治用途。想想"天生如此"的观点对同性恋权利运动有多重要，以及"被困在错的身体里"对跨性别权利运动又有多重要。这两种思维方式都与女权主义的建构主义、反本质主义倾向相扞格——也与众多同性恋和跨性别者的经历相扞格——但在一个选择会带来指责，而天然条件不会的世界里，这两种思考方式都具有政治上的重要性。政治主张通常是辩证的，最好把它当作对当前规范性领域的回应来理解，将其置于它提出的那一刻，而不必延伸到某个我们所期待的未来。

19. 但固有偏好的意识形态也有其局限。2012 年，演员（如今已从政）辛西娅·尼克松（Cynthia Nixon）因为说自己成为同性恋是一种选择，而陷入了跟男女同性恋活动者的纷争。"我试过做直女，也试过做拉拉，"她说，"感觉做拉拉好一点。"或许此类对于"选择"的谈论曾经或如今依然被反同性恋十字军所利用。但是尼克松选择做同性恋——对男人和异性恋弃之不理，转而拥抱她认为更有价值、舒适的女同性恋——让她变得不同性恋（un-gay）了吗？［威廉·威尔克森在《暧昧与性》（William Wilkerson, *Ambiguity and Sexuality*）中写道："尽管我们认为我们的感觉在出柜之前一直存在，但我们忘记了，在这个记忆的过程中，我们的记忆会根据它们如今变成的样貌来重新构建此前的感觉。"[4] 对许多女人来说，男人完全不是一个选择：如果被迫进入一段异性恋生活，她们将感到永远地受挫。但哪个直女没有过这种受挫感呢？西尔维娅·费代里奇[*]注意到女同性恋所付出的"孤立与排斥"的代价，代表直女们问："但我们真能承受得了跟男人的关系吗？"[5]

20. 要认真对待里奇和费代里奇的观点，需要我们重新思考老生常谈的女权主义对"政治"女同性恋和"真正的"女同性恋的区分。（一位女同性恋哲学家最近写信给我说，虽然她"承认……政治女同性恋的现象"，但她会"区分它和基于欲望的女同性恋"。）当然，20世纪70年代和80年代，的确有许多女权主义者出于自觉的政治原因而采取了女同性恋的生活方式。但是有多少女同性恋关系在某种重要的意义上不是政治性的呢？不是在深层次上尊重女性可在异性恋男性支配剧本之外所拥有的，尊重她们的结合呢？（这并不是说女性之间的关系可以完全存在于那一剧本之外。）厌女者喜欢说女同性恋只是放弃了男人。那又如何呢？

---

[*]　西尔维娅·费代里奇（Silvia Federici），意大利和美国的学者、教师、活动家，激进的自治主义、女权主义、马克思主义者。著有《卡利班与女巫》(Caliban and the Witch)、《女巫、猎巫与女人》(Witches, Witch-Hunting, and Women) 等。

21. 如果就是这样，安德烈亚·朗·朱坚称的政治女同性恋主义是一个失败的方案又是从什么意义上说呢？

22. 朱在一次采访中对《性权利》一文做了详尽回复。她承认我所担忧的现象："显然像'不要胖子，不要娘，不要亚裔'是一种由来已久的欲望，并且是一种政治态度，可以参考政治进程来描述：帝国主义、白人至上主义，还有比如女性这一性别在世界历史上遭到的否定。"但是对于我们可以或应该对此做什么的想法，她坚决拒绝。"我受不了身体积极，"她说，指的是我对林迪·韦斯特的讨论，"我受不了。这让我厌恶。这是道德说教。要想出一种办法告诉人们改变他们的欲望，但又不采用道德说教的方式，真他妈的难啊。"[6]

23. "告诉人们要改变他们的欲望"和自问我们想要什么，我们为什么想要，我们想要的东西是什么之间，是否没有区别？欲望的转变一定要是一个规训计划（执意按照我们的政治态度改变我们的欲望），还是说它可以是一个解放性的计划（让我们的欲望从政治中解放出来）？

24. 奥德雷·洛德在1978年写道："我们受到的教育使我们恐惧我们内心肯定的答案，我们最深的渴望。但是，一旦认识到这一点，那些无法让我们的未来有所提升的欲望便会失去其力量，并可能被改变。对我们欲望的恐惧使我受到怀疑，并无分好坏地变得强烈，因为压制任何真相，都是在给予它令人无可忍受的力量。无论我们可能在自己内心发现怎样的扭曲，对于我们无法超越这些扭曲的恐惧，使我们驯服、忠实又听话，并陷在外部的定义当中。"[7]

25. 大家是什么时候开始不谈道德，转而谈道德化的？说我们在道德化，是说我们越过了合理的道德边界，错误地向他人强加我们"个人的"选择和看法。卧室里向来无伦理吗？那么俱乐部呢？约会软件呢？学校舞会呢？如桑德拉·李·巴特基在《女性气质与支配》(Sandra Lee Bartky, *Femininity and Domination*, 1990)里写到的，假定政治不适用于这些地方，"本质上是以一种自由主义的回应方式来面对激进主义的对性的批判，就此而论，它完全没能参与这一批判。"[8]

26. 朱认为她与我的主要分歧如下："我的担忧是，对于压迫者欲望的道德主义可能会成为另一种道德主义的空壳公司，压抑的仍是被压迫者的欲望。"我想她的意思是，对欲望的政治批判太容易被调用来针对那些本身已遭边缘化的人：拒绝和非白男睡觉的男同性恋，只想和浅色皮肤的黑人女性约会的黑人男性，想要所有父权女性气质外在的跨性别女性（朱的例子）。但这是在压迫者与被压迫者之间预设了一个错误的二分法，好像在一个维度上被压迫，就能免除我们可能压迫其他人的可能性。难道黑人女性无权要求黑人男性对他们的性种族主义负责吗——甚至，她们无权对黑人男性抱有比对白人男性更

142

高的期望吗？这些黑人女性该被指责为道德化吗？

27. 我对于改变欲望的讨论在另一重意义上被认为是道德化，是因为它太关注个人责任了吗？种族主义、阶级歧视、残疾歧视、异性恋规范——我们学会了说这些是结构性问题，结构性问题需要结构性的解决方案。这当然没错。短视地关注个人行为是资产阶级道德的特征，其意识形态功能是转移对我们所参与的更广泛的不正义制度的关注，这也没错。（用朱的话来说，个人主义的道德可能会成为制度性不正义的空壳公司。）但是说一个问题是结构性的，并不等于我们没有责任去思考我们作为个体如何牵涉其中，或者我们该如何处理这个问题。

28. 早一代的女权主义者深知这个道理。激进女权主义者重新思考她们工作、育儿、争论、决策、生活与爱的方式，并非因为她们是资产阶级道德家。[9] 她们并没有困惑于她们想要的东西的结构性本质，也没有困惑于这对她们作为女性的要求。的确，"个人的"有多少是"政治的"这个问题常常让她们区分阵营：女权主义是否需要分离主义、女同性恋、公共财产、集体育儿、家庭关系的解体、女性气质的终结。也的确，如果走得太远，预兆性政治（prefigurative politics）——一种坚持让个人像已经进入未来世界一样行事的政治——不仅会疏远那些不符合要求的人，而且对那些符合要求的人来说，这也成了一个终点。最坏的可能性是，预兆性政治允许其实践者用个人转变代替集体的政治转变。换句话说，它成了一种自由主义政治。但一种拒绝预兆的政治同样如此。说我们想改变政治世界，但又说我们自己不想改变，这是什么意思？

29. 那么此时出现了一个真正的问题：我们如何参与对性的政治批判，而又不落进人人有权得到性（"性权利"）的厌女逻辑，或陷入一种规训而非解放的道德威权主义？我们如何在不必恐惧"可能在自己内心发现的扭曲"（奥德雷·洛德语）的情况下，处理我们的欲望？我们又如何以不必向内求诸己，不必用个人方案代替政治方案的方式做到如此呢？我认为，这个问题的答案是一个实践性的答案——像哲学家喜欢说的，这不是个知道如是（knowing-that）的问题，而是一个知道如何（knowing-how）的问题。知道如何，是要通过生活实验去寻找的，而不能通过理论研究。[10]

30. 在《性权利》中，我谈到"'性感金发荡妇'和东亚女人可睡性最高，相对而言，黑人女性和亚洲男性没有可睡性"。在推特上，一位读者，也是一位黑人女性，就此向我提出批评："你把黑人女性的不可睡性写成了一个政治事实——我想知道这有什么经得住推敲的依据？你似乎是把一般的可睡性，与具体的社会依据你睡不同的人给予你不同的奖励（金发荡妇 vs 黑人女性）混为一谈了。"[11]

31. 我谈"可睡性"与"不可睡性"，不是在讨论某种前政治的、与生俱来的可欲性（desirability）。我讨论的是被我们的性政治所建构的可欲性，它实施了一套种族化的等级，将白人女性置于棕色皮肤或黑色皮肤的女性之上，在棕色皮肤或黑色皮肤的女性当中，肤色较浅的又被置于肤色较深的之上，如此等等。可睡性［如同凯瑟琳·麦金农所说的"可强奸性"（rapeability）］，正是"社会依据你睡不同的人给予你不同的奖励"的产物。并不存在"一般的可睡性"，如果它的意思是某种前政治的、前社会的可欲性的话。同样地，也不存在"一般的可强奸性"：某些女性的身体可以被强奸，有某些女性的身体可以被睡，那是因为这些身体被主导的文化规范指定了这样的身份地位。可睡的身体，像可强奸的身体一样，在此意义上，是一种不折不扣的建构。

32. 即便如此（我觉得这才是那条推特真正想说的），关于"可睡性"这个概念，依然有某些可化约的东西。在某种重要的意义上，棕色皮肤和黑色皮肤女性的身体，尤当其属于那些赤贫、被监禁、无证件的女性时，是极其可睡的，远远比白人女性的身体可睡性高。因为这些身体可以被侵犯。不必受罚，没有后果。黑人女性的身体被编排为性欲旺盛，招惹并要求着男人给予性关注，同时能赋予男性的社会地位却低于他们通过得到白人女性所谓纯洁、清白的身体所获得的。［这一点的反面是，从社会角度讲，对黑人女性身体的侵犯很少完全够得上侵

145

犯。犯下连环强奸案的警察丹尼尔·霍尔茨克劳（Daniel Holtzclaw）在把一连串贫穷的黑人女性选定为他的受害者时，很清楚自己在干什么。] 事实是，所有女性的身体都在一种意义或另一种意义上具有极高的可睡性。

33. 可睡性完全不是什么应该更公平地加以分配的好处。它根本就不是好处。社会学家和游戏评论家凯瑟琳·克罗斯（Katherine Cross）写道："对一些白人男性来说，亚洲女性在他们的可欲等级中处于顶端。但这些女性从中得到了什么？令人窒息的温顺的刻板印象，歧视，虐待。这些都是位列他人等级排序之中的代价。"[12]

34. 我收到的关于《性权利》的邮件中，有一封来自一个悉尼男人——这个国家因种族歧视而臭名昭著，这个城市又有多元的文化。他来自斯里兰卡，被一对白人父母收养。"我向你保证，"他说，"我不像成为你文章基础的那个混种族孩子一样是个变态，在被拒绝后，假定别人一定是因为他的种族，从而对那些白人大开杀戒。我很理智，能够接受我的命运，然后努力地充分利用我短暂的人生。"他说，作为一个非白人男性，约会困难得令人心碎。他说，一些人，其中包括亚裔女性，在约会简介上把"白人""只限白男""不要印度裔"列为偏好。他说，他曾在一条标题为"为什么菲律宾人喜欢白人"的 YouTube 视频下发表过批评性的评论，一名白人女性回复说："想开点，真相都是伤人的。"他说他深感孤独，他的其他亚裔朋友也是，他培养了各种各样的兴趣爱好"来抵挡不受欢迎的幽灵"。他说，许多"白男—少数族裔女在一起肯定是因为他们相爱"，但他想问，有些是不是"殖民征服和拯救的重演"。"而如果是呢?"他说，"这当然是他们的权利。这是双方同意的。我们这些少数族裔男性就是要想开点。而且，如果我们足够好，她们也会选择跟我们在一起。爱是不受审查的，即使在它具有政治性的时候。"他说，"我当然认为自己没有性权利，我也不认为自己有爱的权利。但这不意味着它不伤人。"他说，"我想我应该有感到受伤的权利。"他说，"我没遇到过太多承认我们这些少数族裔男性面临的困境的女人，无论是少数族裔还是其他。她们只是认为我们都很落后。修养是在白人身上才能发现的东西。"

35. 2018 年，NPR（美国全国公共广播电台）播客《看不见的力量》（*Invisibilia*）的联合主持人邵友薇（Yowei Shaw）发起了一次故事征集："白人男性与亚裔女性情侣，以及他们的家庭可能有怎样的故事"。[13] 邵说，她感兴趣的是"探索在亚裔女性当中被内化的白人至上观念……想在节目里探讨：整体的文化是如何在欲望这件如此私人、看似无意识的事情上留下印记的? 权力如何塑造了我们的恋爱关系? 我们有可能调整自己的性欲望吗? 如何调整? 这是我们应当呼吁大家一起做的事情吗?"邵注意到，这个话题"极其敏感，处理的时候必须非常小心，关注其中的细微之处"。她立刻遭到了来自亚裔美国女性的反诘。"天呐，"记者希瑟·金（Heather Chin）在推特上说，"这报道角度就跟直接从 reddit、4chan 和其他 AAPI[*]非自愿独身男的留言板上拿来的一样。"[14] 金指的是"男权亚裔"[†]：打着反种族歧视旗号（效仿愤怒的白人男性的策略）对与白男约会、结婚的亚裔女性进行恶毒的厌女式谩骂的亚洲男性。

36. 2018 年，小说家伍绮诗（Celeste Ng）为 *The Cut* 写了一篇题为《当亚裔女性因嫁给非亚裔男性而遭骚扰》的文章。[15] 该文以一封伍绮诗收到的邮件开头。邮件的主题句是，"我是你的大粉丝"，但接下来的内容是："最想看你的儿子因为你内化的自我厌恶一天天变成精神病。你那长着亚洲脸的儿子长大了会知道他妈认为他很丑，而他爸也不可能认同他。"伍绮诗在推特上分享了这封邮件之后，其他因身处"白男亚女"[‡]关系而成为目标的女性也发起了主动回应。作家克里斯蒂娜·谭（Christine Tan）收到一封邮件，对方保证要"杀一大堆白人浑蛋和他们身边出卖自己的亚裔婊子……割了他们小孩的脑袋，砸到水泥路面上"。一些跟伍绮诗对话的亚裔女性被追着说，她们的混血孩子会成为下一个埃利奥特·罗杰。

---

* Asian American/Pacific Islander 的缩略，意为亚裔美国人/太平洋岛居民。

† MRAsians，Men's Rights Asians 的缩略。

‡ WMAF，white male/Asian female 的缩略。

148

37. reddit 的子版块 r/AZNidentity 是一个"泛亚洲社群……反对所有形式的反亚裔主义",里面有数万名成员,它就是大多数这种"反白男亚女"网络霸凌的源头。在2016年的一篇版主帖子中,AZNidentity 告诉其用户要注意"跟那些自我厌恶、崇拜白人的败类亚女公开对线"和"日常黑整个亚女群体"两者的区别。[16]"如果你要批判亚女,"后文说道,"劝退她们的错误行为,从更全面的角度看待社会动力学和对付她们的办法,这完全可以……然而有几个人一直做得特别过火。"帖子说,但是这个社区不会"特别花力气去迎合亚女。我们也不会进行自我审查,来避免伤害她们或其他人的感情……我们可以批判亚女。我们可以指出她们有多蠢。她们屈服于白人的洗脑……我们的理想是为亚裔创造更好的生活。"

38. 这里有很多值得注意的地方,尤其是他们承认,一个"泛亚洲"论坛实际上是一个亚洲男性专属的论坛。同样理所当然的是,亚洲女性作为白人至上主义的执行者,在各方面都是占支配地位的亚裔阶层,而亚洲男性是她们的受害者。也许白人确实在想象中认为——这也是世界上大部分人的想象——亚裔男性算不上完完全全的男人。但这未能阻止亚洲男性像所有其他种族的男人一样控制、剥削、挫败、殴打和强奸亚裔女性。

39. 总体上是黑人女性在指责黑人男性的性种族主义:他们偏好白人或肤色较浅的黑人女性。此处,我们有一个相对的从属群体（黑人女性）在追究一个相对的支配群体（黑人男性）的责任。亚裔的一般模式则是反过来，相对的支配者（亚裔男性）在指责相对的从属者（亚裔女性）。在黑人社群中，这种反对性种族主义的斗争，即使有，也很少成为应得的性权利的借口。黑人女性知道如何在不要求被欲望的前提下去谈论欲望的政治形成。对于直男，包括亚裔直男，厌女的诱惑、应得权利的诱惑以及行使虚构的"权利"的诱惑历来生生不息。

40. 韦斯利·杨（Wesley Yang）在其发表于 *n+1* 杂志上的著名文章中描述了看 23 岁的弗吉尼亚理工大学大规模谋杀案凶手赵承熙（Seung-Hui Cho）的照片时的感受："你看到一张跟你看起来很像的脸。你知道你跟这张脸有一些共同的存在性知识。你们都知道，脸上被叠加一个文化符码是什么样的处境，如果这个符码让你感到羞辱，让你感到被否认，感到失去自己的男子气概，那么你将带着一种混合好奇与戒备的心情，来面对这个符码的每一种可见反射……赵承熙的脸。一张毫不起眼的韩国人的脸——闪光的小眼睛，棕色调的皮肤，小而饱满的嘴唇，眉毛高高挑起，鼻子上架着一副歪歪扭扭的眼镜。确切地说，这不是一张丑陋的脸，这不是一张粗制滥造的脸。这只是一张与这个国家女性的欲望毫无关系的脸。"[17] 2007年 4 月 16 日，赵承熙带着两把半自动手枪，杀死 32 人，打伤 17 人，然后对自己的脑袋开了枪。

41. 十年后，在《时尚先生》(*Esquire*) 对加拿大心理学家、男权运动的英雄乔丹·彼得森（Jordan Peterson）的一份介绍中，杨针对彼得森的批评者为彼得森做了辩护："喜欢乔丹·彼得森的年轻男性喜欢他的原因，正是那些聪明人鄙视他的原因。他给予了他们某种……文化想要从他们那里剥夺的东西。在一个越来越将他们的天然倾向——冒险、刺激、身体挑战、不受约束的竞争——视作与官僚化的后女权世界的平和、中性理想格格不入的世界，他给了他们一种目的感。"[18] 我想问杨：不正是这种"天然的"男性气质的意识形态——一种天性爱冒险、爱刺激、好竞争、喜欢支配的男性气质；一种对细瘦、没有朋友、脸上长痘的东亚男孩来说永远无法完全企及的男性气质——催生了赵承熙吗？

42. 在《全美超模大赛》(*America's Next Top Model*) 第六季中，一位韩裔美国选手说"亚洲模特太少了"，她想"打破这个壁垒"。而几分钟后，她宣布她"不喜欢亚裔男人"。［泰拉·班克斯（Tyra Banks）的快速反应令人钦佩，她指出了其中的对立："你先是说'我是亚裔，我很强大，我是韩国人'，接着又说'去他妈的韩国男孩，我想要白人男孩'。"］在澳大利亚约会节目《我们约会吧》(*Take Me Out*) 的一集节目里，两位亚裔女性解释了她们对一位亚洲"单身汉"的拒绝。"我算是有类似'不约亚裔'这样的原则吧。你看起来有点像我的兄弟了。"其中一人说。

"对不起，我的原则也是'不约亚裔'，"另一位附和道，"我不想别人误会我们是兄弟姐妹。"2018 年 5 月，一名丈夫是白人的亚裔女性在 Instagram 上发布了一张她和自己宝宝的照片，并写道："我一直梦想有一个金发碧眼的宝宝，别人一直说，你开什么玩笑，你是个彻头彻尾的中国人！好吧，这些人现在给爷爬，我也有一个长着蓝眼睛的白人宝宝啦。"在邵友薇的播客《看不见的力量》其中一集"非常冒犯的浪漫喜剧"中，一名年轻的亚裔美国人描述了自己在 12 岁时听到他的姐姐告诉母亲，她永远不会和亚裔男人约会，因为他们没有吸引力。[19] 2015 年，伍绮诗发推特说："老实说，我不常觉得亚裔男人有魅力（他们让我想起我的表兄弟）。"[20] 伍绮诗随后道歉，解释说，这条推特本意是自我剖析，而不是一种自我厌恶的表达：因为她唯一认识的亚裔就是她的表兄弟，所以她没有培养出对亚裔男性的爱慕。[21]

43. 在给《纽约时报》写的一篇评论文章中，奥德莉亚·林（Audrea Lim）详细介绍了盛行到透着怪异的另类右翼男性与亚裔美国女性约会、结婚的现象。[22] 美国越南裔媒体名人提拉·特基拉（Tila Tequila）的一张照片显示，她在理查德·斯宾塞（Richard Spencer）主持的一场白人至上主义会议之前的晚宴上行纳粹礼，林在讨论这张照片的时候写道，它"唤起了我的一些记忆，当时我还是一个在绝大多数学生是白人的学校里读书的 14 岁亚裔女孩，我想变得有趣、冷静沉着、被人喜欢。我本能地知道，这意味着要疏远其他亚裔孩子，尤其是那些书呆子和专心学习的孩子。当一个朋友评价我不太像亚洲人，说我是白人，'因为我很酷'时，我知道我成功了"。

44. 我也有朋友开玩笑说我"基本上是个白人"。或许这不是玩笑话。

45. 我认识许多生活在西方国家的东亚和南亚女性，她们不愿意嫁给我们的母亲、祖母和姑姑阿姨所嫁的那种男人。有时候，当我们说亚裔男人让我们想起自己的表兄弟时，我们是在说：我们对这些男孩和男人的教养方式太了解了。一个问题是：亚裔女性难道没有权利做出这样的选择吗？另一个问题是：为什么会认为白人男孩和男人被教养得更好？难道修养是在白人身上才能发现的东西吗？

46. 我因为那篇《性权利》在推特上受到了"性别批判"女同性恋女权主义者的一连串猛攻，她们指责我赞同"棉天花板"的逻辑。我觉得这有一点讽刺，因为我将"棉天花板"的概念判定为必须拒绝的应得性权利逻辑的一部分。我写道，"'棉天花板'描述了一种权利的缺乏，但这并不是任何人有义务给予的。"我说，需要的不是应得权利的话语，而是赋权与尊重的话语。

47. 显然，一些女同性恋女权主义者希望抵制任何可能的对白人与顺性别女同性恋的类比：白人视不睡黑人为原则，顺性别女同性恋则视不睡跨性别女性为原则。（好吧，是一些女同性恋女权主义者希望抵制，另一些则想论证性种族主义毫无问题。）她们坚称，女同性恋的本质是天然地被天生具有女性身体和女性生殖器的人所吸引。倘若如此，那么性种族主义者和排跨的女同性恋者之间的类比就不能成立：前者所做的是一个政治上可疑的选择，后者的行为则是出于自然的、固定的、因此无可指责的倾向。

48. 我觉得这种将性取向简化为生殖器——尤其是天生的生殖器——的做法令人费解。有人是天然就被阴茎或阴道吸引的吗？还是我们先被在这个世界上的存在形式（包括身体的形式）所吸引，而后才学会将其与身体的某些特定部位联系起来？

49. 想想那些对阴道表达厌恶并以此为乐的男同性恋。想想"白金星男同性恋"这个概念：通过剖宫产出生，从未与母亲的阴道有过身体接触的男同性恋。这是一种天生的、因此可被允许的反感的表达，还是一种习得的、刻意的厌女？

50. 在最近的《跨性别倡导者》（The TransAdvocate）的采访中，克里斯坦·威廉姆斯（Cristan Williams）问凯瑟琳·麦金农："你怎样与那些热情地告诉你，为了让女性获得解放，'女性'需要首先被定义为一个离散的生物学群体的人共处？"麦金农回答："男性支配的社会历来将女性定义为一个离散的生物学群体。如果这能带来解放，我们早就自由了。"[23]

51. 并不是说我们可以随意改变我们受什么样的有性身体吸引。也不是说要否认，对一些女性（包括一些跨性别女性）来说，阴茎可能是男性权力和暴力的象征，因此对她们来说，阴茎不可能是可行的欲望对象。从某种意义上说，关键的问题是，对于有阴茎的女性的性厌恶，最好的解释是不正当的跨性别恐惧，还是正当的对男性的戒心。但这正是排跨女权主义者不愿意做出的区分。

52. 2015 年，南卡罗来纳州查尔斯顿，迪伦·鲁夫（Dylann Roof）在加入一个黑人教堂里众人的《圣经》学习后，枪杀了 9 个人，他在屠杀期间宣称："我必须这样做，因为你们全都在强奸我们的女人。"

53. 2017 年 12 月 7 日，新墨西哥州，威廉·艾奇逊（William Atchison）在他的高中母校射杀了两名学生，随后自杀身亡。对他尸体的解剖显示，他身上有诸多墨迹：纳粹十字、"SS""BUILD WALL"和"群体中的甲等男性"的缩略"AMOG"*。他的网名是"埃利奥特·罗杰"。

54. 2018 年情人节，佛罗里达州帕克兰，尼古拉斯·克鲁兹（Nikolas Cruz）于玛乔丽·斯通曼·道格拉斯高中枪

---

* "SS"，（希特勒／党魁）直辖党卫队（Schutzstaffel）的缩略。"BUILD WALL"，建立围墙，唐纳德·特朗普在竞选中多次呼吁建立边境围墙。"AMOG"的全拼为"alpha male of the group"。

杀了 17 名学生和教职工。克鲁兹是个白人至上主义者和枪支狂热者（也是特朗普的支持者），曾在社交媒体上幻想策划一场校园枪击案，他同时是一名女性仇恨者。他跟踪并骚扰过一位前女友，威胁要杀死她和她的新男友。在一条 YouTube 视频的评论中，克鲁兹曾发誓："埃利奥特·罗杰不会被遗忘。"

55. 2018 年 4 月 23 日，多伦多，在我的文章初次发表的一个月后，25 岁的阿列克·米纳西安（Alek Minassian）驾驶面包车冲进一条人流繁忙的人行道，造成 10 人死亡，6 人受伤。袭击发生前，米纳西安在 Facebook 上发文："非自愿独身者的反抗开始了！我们要打倒所有查德和斯泰茜！最高绅士埃利奥特·罗杰万岁！"

56. 2018 年 6 月 28 日，马里兰州，贾罗德·拉莫斯（Jarrod Ramos）在《首都报》（The Capital）新闻编辑部枪杀 5 人。六年前，因《首都报》曾对他骚扰一名前高中同学并认罪一事做了报道，他对《首都报》提出诽谤诉讼。他在 Facebook 上加她的好友，问她是否记得他，而她并不记得。一番来回之后，他显然开始觉得，她对他的信息回复太慢。他叫她自杀，并威胁说她需要保护令。

57. 2018 年 7 月 18 日晚上，艾奥瓦州布鲁克林，艾奥瓦大学二年级学生莫莉·蒂贝茨（Mollie Tibbetts）在家附近慢跑时失踪。随后监控录像显示，一名名叫克里斯蒂安·巴赫纳·里韦拉（Cristhian Bahena Rivera）的男子驾驶汽车跟踪蒂贝茨。里韦拉最终承认谋杀了蒂贝茨，并带警方找到了她的尸体，她的尸体被埋在一片地里，上面盖着玉米壳。尸检记录的死因是"多处锐器击伤"。里韦拉是一名墨西哥农场工人，他17岁时移民到美国。谈到蒂贝茨被谋杀一案，唐纳德·特朗普说："一个人从墨西哥非法入境并杀了她。我们需要建墙，我们需要改变我们的移民法，我们需要改变我们的边境法。"

58. 墙能让被埃利奥特·罗杰、迪伦·鲁夫、威廉·艾奇逊、尼古拉斯·克鲁兹和贾罗德·拉莫斯所杀的39人免于一死吗？

59. 2018年8月16日，俄克拉荷马州卢瑟，一名14岁的男孩在一场高中集会上用一把四英寸的折叠刀无声地、反复地捅一名同龄女孩，造成她手臂、上背部、腰部和头部受伤。她曾跟他说，她不想跟他谈恋爱，说她"希望跟他做朋友"。

60. 2018年11月2日，佛罗里达州塔拉哈西，40岁的斯科特·拜尔勒（ScottBeierle），一名退伍军人，曾经的马里兰州安妮阿伦德尔县公立学校体系内的老师，在一家瑜伽馆向6人开枪，致两名女性死亡。拜尔勒曾在一系列 YouTube 视频中抱怨被女性拒绝，对埃利奥特·罗杰表达同情，并大谈跨种族关系的危害。他曾在2012年和2016年两次因抓女人的屁股而被捕，并因问学生是否"怕痒"以及触摸她胸罩线以下的腹部而被开除教职。

61. 2020 年 2 月 19 日，德国哈瑙，43 岁的托比亚斯·拉特延（Tobias Rathjen）在两家水烟吧向 14 人开枪，致 9 人死亡。随后他回到自己的公寓，枪杀了自己的母亲并自尽。拉特延将他的宣言上传到了自己的个人网站，他呼吁消灭来自穆斯林占主体的国家的移民。一位研究激进主义的专家说，这份宣言"疯狂地混合了阴谋论、种族主义和非自愿独身者意识形态"。

62. 2020 年 2 月 24 日，多伦多，一个姓名未知的 17 岁男孩在一家按摩院用砍刀袭击了三人，对一名女性造成致命伤害。加拿大当局将嫌疑人与非自愿独身者亚文化联系起来，并以恐怖主义的罪名对他提起指控。

63. 2021 年 3 月 16 日，佐治亚州亚特兰大市，数家按摩店遭到疯狂袭击，8 人被枪杀，其中有 6 人为东亚裔女性。枪击事件发生后，对于被控谋杀罪的嫌疑人罗伯特·阿龙·朗（Robert Aaron Long）究竟是出于厌女还是种族仇恨的动机而犯罪，存在激烈的辩论。朗本人提到他的"性瘾"（为此，他在一个福音派机构接受"治疗"），并解释，他希望能通过对水疗中心发动袭击来给其他男人带来"帮助"。我们可以认为，那些由此推断种族因素对于朗的行为无关紧要的人忽略了这样一点：反东亚种族主义跟对东亚女性的性癖是纠缠在一起的。

64. "非自愿独身者"一词由阿兰娜（Alana）所创，她是一个从没约过会的"书呆子酷儿女性"，她想要为自己和像她这样的人的孤独命名。20 世纪 90 年代末，阿兰娜在加拿大渥太华读大学时，创建了一个名为"阿兰娜的非自愿独身者项目"的全文字网站。这是一个无论年轻年老、男女直弯都可以加入的论坛和支持社群。他们称自己为"invcels"，后来在一位论坛成员的建议下去掉了"v"。他们相互交换处理腼腆、尴尬、抑郁和自我厌恶的建议。阿兰娜说，有些男性会将女性当作物品来谈论，但没有出现今天的"非自愿独身者"论坛所特有的、暴力的应得权利感。最终，阿兰娜进入了一段感情并离开了论坛，将版主的工作交给了另一位社群成员。直到近二十年后，当她在《琼斯母亲》（*Mother Jones*）杂志上读到一篇关于埃利奥特·罗杰的文章时，才偶然了解到非自愿独身运动如今的发展。今天，非自愿独身者声称不存在女性非自愿独身者，或"femcels"。

65. 阿兰娜的故事让我想起了植物生理学家阿瑟·高尔斯顿（Arthur Galston），他在研究生时期发现了三碘苯甲酸（2,3,5-triiodobenzoic acid）可以用来加速大豆生长。在发表于 1943 年的论文《开花生理学，以大豆的花蕾形成为具体参照》（*Physiology of flowering, with especial reference to floral initiation in soybeans*）的一个脚注中，高尔斯顿指出，过量的三碘苯甲酸将导致大豆植株落叶。美国军方注意到了这一点，并于 1945 年开始生产和测试三碘苯甲酸，以作为空中落叶剂使用，并计划，如果第二次世界大战持续，他们将在日本使用该药剂。它后来成了橙剂的化学基础，在越南战争期间被美国用来毁掉了超过450万英亩的土地。高尔斯顿发现他的研究被如此利用后，发起了一场激烈的运动，以终止将橙剂作为军事武器使用。他最终说服了尼克松在1971年停止使用这项武器。

66. 在多伦多面包车袭击案发生五天之后，阿兰娜创建了一个名为"爱而非愤怒"（Love Not Anger）的网站。这一项目旨在收集并推广关于如何最好地支持那些"不被爱的孤独者"的研究。阿兰娜写道，正是"孤独与性别歧视、厌女症、特权和应得权利感的结合，导致许多男性对于无法从女性那里获得性而怒不可遏"。该项目自2019年11月后就停摆了，阿兰娜说，退出改善了（她的）心理健康。

67. 令人为难的问题是：在性或浪漫关系中被边缘化，什么时候是压迫的体现，什么时候它又只是运气不佳的问题，或者一个生活中的小悲剧？（我在大学一年级的时候，有个教授说，让我们失望至极的是，即使在后资本主义的乌托邦中，心碎的感觉也会存在。）不漂亮的人、长得矮的人、习惯性腼腆的人是被压迫的阶层吗？

68. 我们可能试图通过区分渴慕某人的理由的好坏来划定界限，以判定那些不受欢迎的理由是或不是压迫的体现。但什么才是好的渴慕他人的理由？如不是她的身体，那么她的思想呢？她的灵魂之美呢？我们的灵魂之美是我们说了算的吗？它重要吗？它应该重要吗？

69. reddit 子版块 r/trufemcels 是一个为渴望长期关系但找寻不到的女性提供支持的论坛。里面有很多 30 岁上下的女人，她们从没接过吻，没有过性经验，也没有过男朋友。反复出现的一个话题是非自愿独身男性的虚伪，他们声称因为长得丑或不善社交而找不到爱与性，但他们又明确对在常规意义上不具吸引力或不善社交的女性不感兴趣。（女性非自愿独身者说此类男性不是真非自愿独身者，而是自愿独身者——volcels。）女性非自愿独身者指出，大多数这样的男人真正想要的不是爱情或亲密关系，而是伴随着吸引性感白人女性而来的社会地位。我留意到，在一个非自愿独身者论坛上，当成员们讨论为何非自愿独身者对非高阶的女性不感兴趣时，有个人说："你是因为有人不想睡真正的腌臜货而不乐意吗？"

70. "女性慕强择偶"是非自愿独身者、男权亚裔、泡学家（pickup artists）和乔丹·彼得森信徒的词典当中的一个核心术语。他们认为大部分女性人口只与男性人口中的一小部分做爱。（用彼得森的话说："女性在同等阶层之间或向上与支配阶层配对，男性则在同等阶层之间或向下配对。"[24]）按照一个男性空间博主的说法，被外逃式慕强择偶留下的"乙等男""是极端慕强的性市场上负债累累的中产，进入苗条、纯洁、有女人味、年轻的白人女性世界的票价已经急速飙升，超出了他们的消费能

161

力"，他继续写道，"这些长期存在的性关系、恋爱与婚姻的不平等，使得愤怒的年轻人发起反抗几乎成为必然。特朗普的当选是这类完全有正当理由感到愤怒的年轻人发起反抗的第一枪。如果特朗普失败了，接下来的仗就不是那么容易打了。大便自由派（Shitlibs）和戴猫耳帽的（pussyhatters）*很快就会了解什么是真正的痛苦。"[25]

71. 愤怒的非自愿独身者和为特朗普投票的"愤怒的年轻人"这一类比很能说明问题。在这两种情形中，愤怒表面上都是因为不平等，实际上则往往是因为白人男性特权面临丧失的威胁。我们如今知道，某些特朗普支持者抗议的其实是：为什么白人过得没有黑人和拉丁裔好？与此类似，非自愿独身者抗议的其实是：为什么白人必须跟低一等的女人凑合——那些不"苗条"、不"纯洁"、没有"女人味"、不"年轻"也不是"白人"的女性？此处抗议的不是不平等或不公正，只是抗议假定应得之权利的丧失。

72. 况且，在这两种情况下——因种族而愤愤不平的特朗普支持者和非自愿独身者——他们所认定的现实都是一种迷思。美国白人过得不比黑人或拉丁裔美国人差，事实与此相反——虽然过得差的白人在绝对意义上比从

---

* Pussy既可以指女性生殖器，也可以指小猫咪。2017年妇女节游行中，游行者戴粉色的猫耳帽抗议特朗普就职，这是对Pussy一词的去污名化，将其变为一种赋权，猫耳帽由此流行开来。"戴猫耳帽的"就是指这类女性权利支持者。

前要差，在这方面，他们的确有正当理由感到不满。（这是如今大家已经非常熟悉，甚至谈厌了的辩论的根源，是什么促使特朗普的低收入白人支持者为他投票：是种族对立还是经济的不稳定。无论完整答案是什么——大概应该从拒绝种族与经济焦虑之间的清晰区分开始——我们都应当记住，构成特朗普赞助基础的是富有的乡村商人，以及在 2016 年和 2020 年投票给他的大多数是高收入选民。[26]）与此同时，也不是少数男性吸引走了大多数女性的性关注，大批量的男性当"饿汉"。如凯瑟琳·克罗斯所写的："社会的可欲等级塑造了有性魅力者的形象和不具性魅力者的形象。这跟谁拥有性生活和谁没有性生活并不严格相关。"[27]

73. 至少在美国、英国、欧洲和日本，年轻人的性生活总体而言比上一代人年轻人要少。[28]但调查显示，是女性明显比男性更有可能没有性生活，而男性更有可能在过去一年有两个或以上性伴侣。2016 年，只有 0.8% 的美国男性有 10 个以上的性伴侣：查德非常非常少。18 岁以上的美国异性恋男性，从未发生过性行为，并且不是因为宗教原因而独身的，比例约为 1.3%。这些人中有许多是还没有谈过恋爱的年轻的成年人，事实上还没有离开父母。[29]

74. 同样，这不是什么意料之外的事。无论他们嘴上怎么说，非自愿独身者的愤怒不是因为分配的不平等，而是因为他们感受到（或者说误以为）自己理当享有的性地位被妨碍了。

75. 当然，非自愿独身者和支持特朗普的愤怒白男之间的相似之处不止于此。在非自愿单身者、泡学家和男权亚裔的世界与帮助特朗普上台的极右运动之间，有着直接的联系。[30] 受挫的白人男性的仇恨政治是男性空间的刺激因素，也为更公开的族裔民族主义的仇恨政治提供了意识形态的和有形的通道：从玩家门、红药丸与乔丹·彼得森到团结右翼、骄傲男孩和百分之三人 [*]。因参与 2021年 1 月 6 日国会大厦骚乱而被捕的男性中有这样两个人，一个是"约会和恋爱战略家"和"女性心理学"专家帕特里克·斯特德曼（Patrick Stedman），另一个是又名"布拉德假日"的 YouTube 博主塞缪尔·费希尔（Samuel Fisher），他在自己的频道承诺"帮男人钓到高质量女孩"。在冲进国会大厦的两个月前，斯特德曼发推特说："你的问题不在于特朗普，你的问题在于男性能量。"[31]

76. 在多伦多面包车袭击案之后，《纽约时报》保守派天

[*] 玩家门（Gamergate）是一场针对游戏行业女性的在线骚扰运动，骚扰形式包括人肉搜索、强奸威胁和死亡威胁；最初通过使用标签 #GamerGate 进行，在游戏文化中宣扬性别歧视和反进步主义。红药丸（Red Pill）也是 Reddit 上的一个子版块，名字来源于《黑客帝国》——吞下红药丸后可以看清真相；对其中活跃的男性来说，世界的真相就是男人是女人的受害者，板块内容主要为如何活用泡学和伸张男性权利。团结右翼（Unite the Right），一个白人至上主义者团体。骄傲男孩（Proud Boys），一个成员基本为白人民族主义男性，提倡暴力的新法西斯主义极右翼组织。百分之三人（Three Percenters），活跃于美国与加拿大的极右翼和自由主义反政府民兵组织。

主教专栏作家罗斯·杜塔特发表了题为《性的再分配》（Ross Douthat, "The Redistribution of Sex"）的文章。[32] 文章开头说，"有时，极端分子、激进分子和怪人比体面、温和、理智的人更能看清世界。"杜塔特说，乔治梅森大学的经济学家罗宾·汉森（Robin Hanson）就是这样一个"天才怪人"。在多伦多面包车袭击案发生后不久，汉森在他的博客上问道，为什么进步人士只顾着财富的再分配，而不顾性资源的再分配。许多人公开反对他——Slate 杂志刊发了一篇题为《罗宾·汉森是美国最恐怖的经济学家吗？》的文章。但财富再分配的反对者汉森指控进步人士虚伪。他的问题是：如果财富的不平等是一种亟待纠正的不正义，为什么性的不平等不是？

77. 性资源"再分配"的观点是有问题的，至少有以下两个理由：第一，如我此前所说，非自愿独身者不是因为缺乏性生活而愤怒，而是因为他们感觉到了性地位的丧失。第二，谈"再分配"是直接召唤胁迫的幽灵。

78. 许多女权主义者回应汉森，任何对性进行再分配的提议实际上都是在提议强奸妇女。汉森的回答是提供其他有效的性资源再分配方法：给得不到性的男人发钱，让他们花钱召妓，或者鼓励婚前独身的传统规范，以及乔丹·彼得森所说的"强制一夫一妻制"。讽刺的是，这些提议和强奸一样，都是胁迫性的。女人出卖性，总体来说是因为她们需要钱；给得不到性的男人发钱，让他们用钱买性，假定的是有女人需要以卖淫为生。至于（要求女性）恢复婚前独身的传统和强制（女人）一夫一妻制：这跟强奸的胁迫有多大差别呢？

79. 包括劳丽·彭妮（Laurie Penny）和贾克琳·弗里德曼（Jaclyn Friedman）在内的一些女权主义评论者对杜塔特和汉森的回应是，分配性的观点本身就将女性视为商品。[33]这些女权主义者转而提出，这只是强调了性的资本主义逻辑，非自愿独身的现象就是其症状。如丽贝卡·索尔尼特所说："性是一种商品，积累这种商品将提高男人的地位，每个男人都有积累的权利，但女人以某种神秘的方式妨碍了这种积累，因此她们既是敌人，也是商品。"索尔尼特说，非自愿独身者"愤怒于自身的低等地位，却不质疑分配地位的制度，反而以一种痛苦而非人的方式将我们所有人商品化"。[34]

80. 索尔尼特是对的，非自愿独身者渴望地位——与高层次的女性发生性关系所赋予的地位，以及他们认为的要得到高层次女性必须具有的地位。与此同时，非自愿独身者恨透了性的商品化，想要从中解脱出来。性被市场关系所支配这一观点，以及与高层次女性间的性爱竟不是满含爱意的白给，也令他们恨得牙痒。这就是非自愿独身现象核心的深层矛盾：他们反对性市场，因为他们自认在其中是失败者，与此同时，他们又执着于构造这一市场的地位等级制度。

81. 在此，非自愿独身者呈现了两种病症的相互冲突。一方面是有时被称为新自由主义的病症：将越来越多的生活领域同化为市场逻辑。另一方面是父权制之病，在资本主义社会当中，它使人常常将女性和家庭视为远离市场的庇护所，视为慷慨奉上关怀与爱的来源。父权制的这一视角无视了所有这些"自发的"奉献行为，以性别化的训练、婚姻的物质必要性、隐含的威胁等形式，对女性施加的要求。这两种倾向之间的张力并不意味着它们不能互相服务，或者它们不能形成一个有机的统一体。正如塞尔玛·詹姆斯、玛丽亚罗莎·达拉·科斯塔（Mariarosa Dalla Costa）和西尔维娅·费代里奇在 20 世纪 70 年代所指出的，亦如南希·弗雷泽（Nancy Fraser）后来所主张的，作为女性关怀场所的家庭，通过为男性提供对市场关系之高压的情感与性补偿，服务于资本主义。[35]此处的隐性成本是父权家庭的高压：这一成本主要由女性承担。非自愿独身者真正抱怨的是，没有女人为他们提供休憩的港湾，好让他们从其意识形态——坚持女性是赋予地位的商品——所支持的体制当中喘口气。

82. 罗斯·杜塔特在《纽约时报》专栏中讨论的另一个"极端分子、激进分子和怪人"就是我。虽然杜塔特承认，与汉森不同，我并没有暗示可能存在"性权利"，但他认为我们的文章都是"对晚期现代性生活逻辑的赞同"，他的意思是性革命"创造了新的赢家和输家"，带来了"取代旧等级的新等级"。在杜塔特的解读中，我为现状提供了一个乌托邦式的女权主义回应，在这一点上他是对的；而汉森提供了一个更符合自由主义技术商业趋势的解决方案——性爱机器人和 Instagram 色情片的时代。杜塔特本人更倾向于他所谓的"另一种保守的应对方式……即我们普遍的孤立、不快乐和死气沉沉或可通过恢复或改造以一夫一妻制、贞洁和永久为美德的旧观念，以及对独身者的特别尊重来解决"。

83. 但是，杜塔特保守的、带有宗教色彩的愿景，相比汉森承认由国家强制行使的性权利，并非真的是另一种方案。一夫一妻制婚姻、异性恋规范家庭和贞操的规范——像汉森提议政府为非自愿独身者提供补贴一样——是父权制基础结构的一部分，旨在确保男性拥有女性的身体与思想。从女权主义者的角度来看，是国家还是社会在强制行使男性应得的性权利并不重要——事实总是两者合谋。

84. 至于对独身者的特别尊重，这当然好极了，只要这种尊重不是给那些被教导厌恶自己欲望的男同性恋和女同性恋的安慰奖就行。

85. 杜塔特有一点说对了，正如激进女权主义者长久以来都在说的，20 世纪 60 年代的性革命让我们失望了。但它没有创造他所说的"新的赢家和输家"或取代旧等级的新等级。

86. 事实上，性革命了不起的地方在于揭示有多少东西仍未被改变，这也是为何它对一代激进女权主义者的政治活动有如此大的影响。明确拒绝的女人仍旧是欲迎还拒，出口表达同意仍旧被当作荡妇。黑人和深色皮肤的男人仍旧是强奸犯，强奸黑人和深色皮肤的女人仍旧不算强奸。那些女孩子仍旧是自找的。男孩子仍旧得学着给她们点颜色看看。

87. 那么性革命究竟解放了谁？

88. 我们从未自由过。

教与学的伦理

1992 年，威斯康星大学密尔沃基分校英语和比较文学专业的杰出教授简·盖洛普（Jane Gallop）被她的两名女研究生指控性骚扰。经过长时间的调查，大学发现盖洛普在与其中一名学生的关系中违反了禁止教员和学生之间"双方同意的情爱关系"的规定。她收到了温和的惩戒。五年后，盖洛普出版了一本书，《被指控性骚扰的女权主义者》（*Feminist Accused of Sexual Harassment*），为自己遭受的指控辩护。她说，是的，她在酒吧当着其他研究生的面跟其中一名女性亲热；她在一次会议中宣称，研究生是她的"性偏好"；她有意让教学关系变得充满张力、挑逗性和性意味；她曾与许多学生、研究生和本科生上过床，至少在 1982 年之前是这样，那之后她遇到了成为她生活伴侣的男人。更重要的是，她说，这一切一点错都没有：

师生之间最热烈的教学关系——并且我认
为这也是最具成效的——事实上就是一种"双
方同意的情爱关系"。如果学校决定不但要禁止
师生间的性关系，还要禁止"情爱关系"，那
么我们校园里要禁止的"双方同意的情爱关系"
就是教学本身。[1]

盖洛普暗示，教学在最理想的状态下就是一种情爱
的、情色的关系；允许这种关系以肉体的方式在性关系
中呈现出来又有何妨？盖洛普认为，反对师生之间的性
关系就是反对充满情色意味的教育——最好的那类教育。

20 世纪 80 年代初，美国大学开始不鼓励，有时甚至
禁止师生之间的性关系。（在美国之外，这样的禁令仍较
少见。我所任教的牛津大学的政策是："虽然大学不希望
规定其教职工的私人生活，但学校强烈建议教职工不要
与自己负责的学生建立密切的私人关系或亲密关系，并
提醒其注意可能导致的复杂情况。"）美国校园采用这类
政策是 20 世纪七八十年代女权运动反对性骚扰的结果。
虽然自 1964 年美国《民权法案》通过以来，"基于性别"
的就业歧视已被宣布违法，但六七十年代的女性在反对
工作场所性骚扰的斗争中仍在努力争取法律的支持。法
官们通常在裁决中认为，工作场所的性骚扰是"个人"

问题，或者这不是"基于性别"的歧视，而是基于其他原因，比如说，此人正好是那种不想和老板发生性关系的女人——这种特征区别于性别，不受反歧视法的保护。（一家法院依据相似逻辑，在一个女职工因不符合女性穿裙装的着装规定而被解雇的案件中判定雇主胜诉，理由是她不是因为性别而受到歧视，而是因为她是一名"喜欢穿裤装的"女性。[2]）

此一时期的女权主义者努力说服法庭理解如今对我们许多人来说显而易见的事实：性骚扰远不只是个人问题，或者一个与性别不相干的问题，性骚扰表达并强化了女性在政治上的从属地位。1974 年，环境保护局的行政助理保莉特·巴恩斯（Paulette Barnes）被解雇后不久，她对前雇主提起了性别歧视诉讼。她的老板道格拉斯·科斯特尔（Douglas Costle）在巴恩斯拒绝他持续的性挑逗后将其解雇。该案被驳回，但随后被送到哥伦比亚特区上诉法院复审。当时还是耶鲁大学法律系学生的凯瑟琳·麦金农将一篇仍在撰写的论文悄悄交给了参与上诉的一名法官助理——这篇论文最终变成了她的开创性著作《职业女性的性骚扰》（*The Sexual Harassment of Working Women*, 1979）[*]。法院裁定，发生在巴恩斯身上的事情构成性别歧视，因此违反了《民权法案》第七条。[3]

---

[*] 中文版书名为《性骚扰与性别歧视：职业女性困境剖析》，译者：赖慈芸、雷文玫、李金梅，出版社：时报文化，1993 年。

数年后，麦金农成了进步的纽黑文法律团体（New Haven Law Collective）的领导者之一，帮助一群耶鲁大学的本科生起诉大学——他们和他们的同学作为学生遭受了性骚扰，但学校没有采取任何措施。学生们输了官司，但亚历山大诉耶鲁大学案（*Alexander v. Yale*，1980）还是确立了性骚扰构成1972年《教育法修正案》第九条规定的性别歧视。这一裁决促使美国各地的大学制定了性骚扰法规与申诉程序。

依据法律定义，性骚扰涉及的是受害者"不想要"的性挑逗。这似乎不包含师生之间双方同意的关系——事实上，早期的性骚扰政策对这种关系保持了沉默。但到了1986年，美国最高法院裁定，同意原则不一定能够限制性骚扰。促使这一裁决出现的案件是美驰储蓄银行诉文森案（*Meritor Savings Bank v. Vinson*），案件中，一名年轻女子梅歇尔·文森（Mechelle Vinson）因"超额"休假而被其供职的银行解雇。文森的上司悉尼·泰勒（Sidney Taylor）在四年之前文森进入银行工作后不久，就开始要求文森与他发生性关系。起初她拒绝了，但由于害怕丢工作，最终屈服。据文森估计，她同意与泰勒发生性关系多达50次，并指证说她曾多次被泰勒强奸。（与之前的保莉特·巴恩斯及其他重要的性骚扰案件中的女性一样，[4]梅歇尔·文森是黑人；在美国，是黑人女性首当其冲地遭受着性骚扰，并承担着反性骚扰的法律斗争。）法院指出，文森同意老板的性要求并不意味着她欢迎这些要求，因为她的同意是由于害怕拒绝所带来的后果。

将美驰案的逻辑延伸到大学校园，现在可以说，教授是在性骚扰那些同意与之发生性关系的学生。毕竟，学生对此类关系的同意，可能不是出于自己真正的意愿，而是由于害怕。校方担心他们可能需要负的责任，便在20世纪80年代开始将性骚扰政策扩大到覆盖了师生间的自愿关系。1989年，估计只有17%的美国大学有关于此类自愿关系的政策；到2004年，这一数字为57%；[5]2014年，有调查发现这一数字上升到了84%。[6]2010年，耶鲁大学成为美国第一所全面禁止教职工与本科生发生关系的大学。（此前，耶鲁大学已经禁止教职工与他们督导或可能督导的学生发生关系，无论是本科生还是研究生。[7]这一政策是在1997年制定的，当时一名17岁的大一新生与其数学老师有了一段看似两厢情愿的恋爱关系，但用这名学生的话说，她感到被"背叛"和"利用"了。[8]）耶鲁大学实施全面禁令后，许多其他美国大学也迅速跟进效仿。2020年，伦敦大学学院成为第三所禁止师生发生关系的英国大学。[9]大学总是以教师和学生之间的权力差别来证明这些禁令的合理性——他们说，这种差别使人怀疑学生的同意是否有意义。[10]

校园性骚扰政策扩大到涵盖双方同意的师生关系是妇女解放运动遗产的一部分。然而，这种扩大一开始，一些女权主义者就斥责它是对其原则的深刻背叛。她们认为，否认女学生能够同意与其教授发生性关系，是将"不行也是行"的强奸犯逻辑倒置成了"行也是不行"的道德化逻辑。女大学生不是成年人吗？她们没有权利与自己喜欢的人发生性关系吗？这样的政策不是正中重新抬头的宗教右派的下怀吗？他们可太热衷于控制女人的性生活了。[正如安·斯尼托（Ann Snitow）、克里斯蒂娜·斯坦塞尔（Christine Stansell）和莎伦·汤普森（Sharon Thompson）在1981年写给阿德里安娜·里奇的一封温和的批评信中所说："在里根时代，我们很难承担浪漫化任何旧有的性行为道德规范的代价。"[11]] 20世纪八九十年代的一些女权主义者也反对这些政策强化了对教学关系的等级化、因而反女权主义的理解：一方是掌握权力的教授，一方是弱势的学生。（可预见的是，新禁令的男性反对者控诉这些政策代表了对个人自由的伪道学攻击；有一种理由更臭名昭著——这些政策忽略了年轻女性失贞于男教授的种种好处。[12]）但在过去的二十年里，这些论点声量渐弱，对师生间性关系的全面禁止几乎没有受到女权主义者的反击。[13] 女权主义者越发为被巨大的权力差别所影响的性关系当中的伦理问题而焦虑，这一结果是与此种焦虑并行的。当相对无权的一方同意与有权的一方发生性关系时，这是名副其实的同意吗？

毫无疑问，有时女学生会同意她们实际上不想发生的性关系，因为她们害怕拒绝的后果——低分数、乏善可陈的推荐信、导师的无视。但仍有许多学生做此举是出于真正的欲望。有一些教授的求爱与性邀请是非常受欢迎的。坚称师生之间的权力差别使其不可能存在同意，要么是把女学生看作孩子，本质上无法同意性行为，要么是认为她们在教授的耀眼魅力下莫名失去了行为能力。而哪个教授真的那么好？

但这不是说真心想发生的师生间性关系就没有问题。想象一下，一个教授愉快地接受了自己学生的热切迷恋，带她出去约会，与她发生性关系，把她变成女友，就如他此前对许许多多学生做过的那样。学生同意了，且不是因为害怕。我们真的准备说这种行为毫无问题吗？但是，如果有什么问题，而问题又不是没有同意，那么问题是什么？

建议这位教授与其和学生上床，不如教她点东西，是不是太刻板了，太无聊了？

在其对学生性骚扰投诉的正式回应中，简·盖洛普诉诸弗洛伊德的移情（transference）概念，病人往往无意识地将与童年时期的重要人物（通常是父母的其中一方）相关的情感投射到分析者身上。在很多情况下，其结果就是弗洛伊德所说的"移情之爱"，孩子奉献、迷恋和渴望取悦的目标从父母身上转移到了分析师身上。盖洛普说，移情"也是我们与真正发挥其影响力的老师的关系中不可避免的一部分"。[14]换句话说，爱上老师，是教育进展顺利的一个标志。

或许是这样。我们之中必定有许多人最终能成为教授，是因为有老师或不止一位老师——在高中、大学——激发了我们新的渴望和愿望。而我们这些从事教学的人很可能在学生身上辨认出某种类似于移情的东西，不仅是那些被我们激发了相似渴望的学生，还有那些在我们教学权威的行使中感受到对他们独立性的致命攻击，从而激发出过分的敌意而非（过分的）崇拜的学生。[15]即便如此，盖洛普也忽视了弗洛伊德的坚持：分析师是"绝对禁止"与他们的分析者发生恋爱关系或性关系的。[16]在弗洛伊德看来，如一位读者所说："分析师要回应，但不以同样的方式回应。"[17]也就是说，分析师不能对分析者做出爱意或敌意的回应，也不能把移情作为自己情感或身体满足的工具。（弗洛伊德为分析师提供了一个有益的提醒："病人爱上他是被分析情境所诱导的，并不是由于他的个人魅力。"[18]）相反，弗洛伊德说，分析师必须把移情关系作为治疗过程中的一项工具。他说，技巧熟练的分析师会通过让被分析者注意到移情的作用来达成这一目的，会"说服"她——我应该让这个表述回到模糊的状态——她的移情感受不过是一种被压抑的情感的投射。"这样一来，"弗洛伊德说，"移情就从最强有力的抵抗武器变成了分析治疗的最佳工具……这是分析技术中最困难也是最重要的部分。"[19]

对教授来说，对学生的移情之爱做出回应，又不以同样的方式做出回应，而是把它为教学过程所用，可以怎么做呢？大概需要教授"说服"学生，她对于他的欲望是一种投射：她所爱慕的其实完全不是这位教授，而是他所代表的东西。把弗洛伊德的话换成柏拉图的话来说就是，老师必须将学生对他的情欲能量引到正确的对象上：知识、真理、理智。（像弗洛伊德一样，柏拉图经常被援引来为师生性关系辩护，但事实上苏格拉底没有与学生发生性关系——这显然让一些人很扫兴。实际上，在《理想国》中，苏格拉底告诉我们，"如果他们要以正确的方式去爱与被爱"，"就不能让"哲学家−监护人和他们所教育的年轻男孩之间的关系"掺杂性快感"。[20]）只有坏老师才将学生的情欲能量往自己身上引。如弗洛伊德所说，"无论他如何珍视爱情的价值"，好老师应当"更加珍视帮助学生的机会"。[21]

弗洛伊德说，治疗师必须"说服"被分析者，她的移情感觉不是真正的对分析师的感觉，而只是投射，我们怎么理解这里的模糊性？这是否意味着分析师必须揭示真相，或说服被分析者相信一个谎言？弗洛伊德的回答介于两者之间。病人的移情其实是一种被压抑的情感的投射：分析师是作为一个符号被爱上的。但这并不减

178

损病人爱情的真实性，因为，弗洛伊德说，投射是"每一种爱情的本质特征"。[22] 移情之爱"或许相比日常生活中出现的爱情少了一些自由……它更清楚地显示出对婴儿期模式的依赖，更不易适应，更不可更改；但这就是全部，这完全不是本质。"[23] 或许，学生对教授的爱也是如此。我们可以说，她"其实"爱的是他所代表的东西，而不是这个男人本身。但谁是以别的方式爱上他人的？（普鲁斯特："我们为一个微笑、一个眼神、一个肩膀而坠入爱河。这就够了；然后，在充满希望或悲伤的漫长时间里，我们凭空捏造一个人，我们创造一个角色。"）

此处的差别，学生对教授的迷恋与任何人对任何他人的迷恋之间的差别只是一个程度问题，而非类型问题。师生恋的问题不在于他们之间是不是真正的浪漫爱情。许多教授都跟从前的学生结婚了（这一事实经常被师生恋的辩护者引用，仿佛我们的生活是一场莎士比亚喜剧，所有的结局都是终成眷属）。但是，正如弗洛伊德向我们表明的，问题不在于在教与学的语境之下，"真正"的浪漫爱是否可能，而是真正的教学是否可能。

或者，换种说法，问题在于老师作为老师，应当对学生展现出什么样的爱。在 1999 年的文章《拥抱自由：精神与解放》（"Embracing Freedom: Spirituality and Liberation"）当中，贝尔·胡克斯要求老师自问："我怎样才能爱这些陌生人，这些我在教室中看到的他人？"[24] 胡克斯所指的并非恋人之间排他的、要求忠诚的、两人之间的爱，而是某种更有距离、更节制、更对他人与世界敞开的爱。这并不一定是一种低一等的爱。

当我们谈论师生之间权力差别的时候，不单单是说老师对学生生活的发展更有影响力，学生对老师命运的影响则相对较小。事实上，如果以此方式来呈现，将招致这样的反驳：女学生其实掌握着所有权力，因为她们能让男教授被开除。[这是戴维·马梅特的《奥利安娜》（David Mamet, *Oleanna*）的前提。*]相反，师生恋的本质特征是深刻的认知上的不对等：老师了解并知道如何做某些事情，学生想要了解并知道如何做这些事情。他们的关系中隐含的承诺是，这种不对等将得到缩减：老师把自己的一些权力赋予学生，帮助她至少在某一方面变得更像他。当老师抓住学生对认知权力的渴望，将其变调为性的渴望，允许自身成为——或者更差劲，把自己塑造成——学生欲望的对象，他作为老师，就辜负了她。

以下是一个曾陷入师生恋的女学生的叙述：

> 很长一段时间里，我觉得自己很天真，很丢脸，很羞耻。他的同事都知道我帮他办的差

---

* 戏剧《奥利安娜》讲的是一位即将获得终身教职的大学教授约翰和一个寻求指导的女学生卡罗尔之间的性骚扰指控故事。

事是什么……他的许多同事也是我的教授，我在他们面前感到非常耻辱。有些知道实情的学生嘲讽我。我对他的情感依恋让我被人叫作"某教授的斗牛犬"，仿佛我不会为自己考虑，只会听命令护主。[25]

师生间的关系被颠倒了。这关系本该服务于她的需求；如今，在她的教授男朋友眼里，她要服务于他（帮他办差事，喂养他的自我）。在她所属的整个学术社群的眼中，她也变了——可能这是她以为的，但我们能认为她错了吗？她无法再把其他教授当作她的老师，他们现在是她男朋友的（爱评判的）同事。她可能仍然在读，但她真的还是一个学生吗？如果她退学，我们会觉得意外吗？

《被指控性骚扰的女权主义者》出版后，南加州大学英语教授詹姆斯·金凯德（James Kincaid）在《批评探索》（*Critical Inquiry*）杂志的一次讨论中为盖洛普的性骚扰指控辩护——在他看来，这一指控太无"趣"了。[26]金凯德以抄录他在上学期收到的一封学生来信开头：

亲爱的金凯德教授：

我从不做这样的事，但室友一直告诉我应该这样做，她说，如果你想的话，就去告诉他。所以我现在就来告诉你了。我真的很喜欢你的

181

课以及你解释事情的方式。我的意思是，我读过这些诗，但我看不出它们有什么意义，直到你谈论它们，它们才显出意义。这是因为你说话的方式与我在英语系见过的其他老师都不一样，他们可能比你懂得更多，却无法表达出来，让人理解，如果你明白我是什么意思的话。但是，当你说浪漫主义诗人书写情感，而不像17世纪的诗人（如蒲柏）那样不写情感，我立刻就明白了你的意思。我自己也有很多情感，虽然我算不上是一个诗人，哈哈。但无论如何，我只想说谢谢，希望你继续，因为我真的很喜欢。

金凯德把这张便条解读为调情，一种邀请，一种诱惑：

那张没有签名、发自内心的便条，表达了真实的渴望……我的仰慕者希望我继续，因为他或她很喜欢，他或她给我写这封信，也希望我喜欢。我会喜欢，他或她也会喜欢，我们会一起继续下去，因为喜欢和被喜欢以及不停地保持被人喜欢，对我们双方来说都很有趣。没有人触及终点线；没有人被赋予权力，也没有人成为受害者。如果我敏锐的学生和我逾越写信，把这一切发展成实际的关系，这不是因为我有东西要给予，他或她有东西要索取，或者反过来，而是因为我们喜欢并想要继续。身体的关系不是更进一步，只是不同维度。

金凯德的专业是解释以及教他人解释，假使如他所说，这不是一封来自年轻女学生的"发自内心的"信，那么他在这里干的事情将是对某一类"变态"心理分析阐释的讽刺。（金凯德坚持认为这个学生的性别是模糊的——"他或她"——但我们知道这是一名年轻女性，即便无法从信的语气判断，也能从作者宿舍室友的性别来判断。金凯德表现得好像这封信以及他的回应与性别无关，是什么意图呢？）

事实上，金凯德对这封信的解读是一种辜负，是对一种甜美、真挚的情感表达的色情化。这个学生第一次明白了诗歌的意义，她对这个教授肃然起敬，在她所有的教授中，只有这个教授有能力向她展示诗歌的意义。金凯德忽略了这一切，而是把注意力集中在最后一句话上，"希望你继续，因为我真的很喜欢"，把它变成了一个粗俗的含有性意味的双关。他在学生眼里很厉害，而她乐在其中，希望继续下去，别停下，就因为这很有趣。

但他的学生不是这么说的。她希望他"继续"，也就是继续这样的教学方式，不仅因为这让她乐在其中，虽然这是原因之一，而且因为这帮助她理解了诗歌的意义："我的意思是，我读过这些诗，但我看不出它们有什么意义，直到你谈论它们，它们才显出意义。"她希望自己拥有理解诗歌的能力，而不仅是看他运用这种能力的乐趣。金凯德坚持他学生的渴望当中存在意淫的部分，正是这种坚持让他说出那种想象的未来：他和他的学生"逾越写信，把这一切发展成实际的关系"，"没有人被赋予权力，也没有人成为受害者"。

作为《爱恋儿童：色情的儿童与维多利亚文化》（*Child-Loving: The Erotic Child and Victorian Culture*）的作者，金凯德和其学生之间没有权力上的差别吗？我想暂且放下（无趣的）制度上的权力问题不谈：谁给谁打分，谁给谁写推荐信，等等。这里还存在其他的权力差别。第一是认知上的权力。金凯德知道如何以一种让阅读有意义的方式阅读；学生缺乏这种能力（power），但希望拥有这种能力。金凯德对这封信的解读特别令人不安的部分原因是，这个学生在智识上并不成熟。金凯德说她"敏锐"，有一种操纵感，而且很残忍，给了她一个她想要的东西的幻影——老师本人的精熟技能。事实上，金凯德仅仅是复制了这封信，大概没有经过她的同意，因为他确信她不是那种会读《批评探索》的人。但如果她真的读了这封信呢？看到自己年轻时的诚挚恳切被当作性战利品，她会作何感想？

第二，金凯德不仅有解释诗歌的权力，而且有解释这个学生本人的权力。这是一种形而上的权力：也就是说，这种权力不仅能揭示真相，而且能制造真相。他告诉我们她的信中隐含着性意味，自然应当以性来满足——而性不过是"把这一切发展成实际的关系"。这个学生相信他有揭示纸上所写之事的真相的能力，如果金凯德把他的这种解读拿给学生本人看会怎么样？金凯德是否有权力制造这样一种真相，即她的信在某种意义上始终包含着性意味？

金凯德可能会反驳说，她的信就是带有性意味的，尽管是隐含的。不是说信里没有任何欲望的表达。它的开头就像一封告白信："我从不做这样的事……"这名学生说她也有"很多情感"，随即又自嘲（"哈哈"）。金凯德是特别的，与"其他老师都不一样"。他暗示，如果他想，他可以与这个学生发生关系——不需要任何胁迫、威胁或提出交换条件，这或许没错。或许他无须做更多的事，只要给她读一读华兹华斯，夸她"敏锐"，就能把她带进卧室。那又怎么样？我们真的相信金凯德不是故意性化这种交往，面对学生的意愿，他只是被动和顺从而已吗？

当然，很难根据一封信去解读某个人的内心想法。或许这名学生单纯只是欣赏他，想变得像他一样。或许她也不知道自己想要什么：想变得像他，还是想拥有他。或者她都想要，把拥有他当作变得像他的手段或象征。或者她认为她永远无法变得像他，于是退而求其次，渴望拥有他。甚至，她可能只是想跟他做爱，大谈诗歌只是一种引诱方式。无论这些可能性当中哪一种是对的，金凯德都很可能让这个学生同意跟他上床。无论这个学生的渴望始于何处——我是想变得像他，还是想拥有他？——对老师来说，顺势而为，将其引向第二个方向，都太容易了。同样地，当学生（错误地）认为，跟老师睡觉是一种变得像他的手段，或一种她已经跟他一样了的标志（他渴望我，那我肯定很有才华）。即使学生的渴望很明显是想成为像老师一样的人，老师也不难说服学生，她其实渴望的是他，或者和他睡觉是一种变得像他的方式。（还有比亲身体验更好的理解浪漫主义诗人"情感"的方式吗？）

无论学生的想法如何，金凯德作为一名教师，重点都应该是将学生的渴望从自己身上引开，并将其引向正确的对象：她的认知赋权。如果这已经是这名学生想要的，那么金凯德要做的就是保持克制，不要把她真诚地表达出来的学习渴望性化。如果这名学生对于自己的渴望感到矛盾或困惑，金凯德则必须再进一步，划定边界，把学生的渴望引向正确的方向。弗洛伊德认为，在精神分析中，这一点应当做得明确干脆，告诉病人，她体验到的是一种移情。在教学语境下，采取这一方法可能非常尴尬。（尽管师生之间的关系很亲密，但老师不应该去读学生的心思，即使我们可以。）但也有一些更微妙的转移学生能量的办法，悄然后退，把对自己的注意力引向一个观念、一篇文本、一种观看方式。而金凯德甚至都没有尝试去这样做，这使他未能成为他的学生所称赞的：一个好老师。

老师应当抵制诱惑，不该允许自己成为或把自己塑造成学生欲望的容器。不是说教学可以或应当完全免于自恋的满足，但享受你所点燃的学生的渴望（即便你已经将其从自己身上引开），和把自己变成渴望的对象，两者之间还是有差别的。这种自恋是良好教学之敌。性化是其最明显的表现形式，但它也可以采取其他形式。纽约大学德语和比较文学教授阿维塔尔·罗内尔（Avital Ronell）在 2018 年因性骚扰一名研究生而被停职，这一案件令人震惊的部分原因在于，她被指控实施的虐待行为中，本质上与性相关的非常少。她要求他花无限多的时间跟她在一起或与她通电话，要求他"围绕她的需要和需求安排自己的生活"，要求他"与朋友和家人保持距离"，要求他不许离开纽约。如果罗内尔没有碰他，没有给他发送性意味明确的信息，想必纽约大学就不会认为她违反第九条。但就其利用学生来满足自己自恋的需求而言，她也仍未能履行教师的职责。在此处，我们看到了课堂内性骚扰政策的一个局限。这些政策至多能禁止某些极为糟糕的教学行为，但它无法教我们如何教得好。

前面我问过，金凯德谈及学生时仿佛她可能是任何性别，这是出于什么意图？他不想面对的是什么？最明显的，也就是他实际描述出来的情况——年长的男教授，年轻的女学生——是最常见的师生恋形式。金凯德不想让我们看到他如此老套。他大概也不想让我们去思考，或者他自己也没有意识到，支撑这种老套关系的性别动力学。我的意思不仅是男孩和男人所经历的社会化使他们自认支配性感，而女孩和女人所经历的社会化使她们自认从属性感；或者一些男教授混合了应得的性权利与知识分子的自恋，把睡女学生视作迟来的奖赏，在此之前，因为青少年时肌肉或酷比好脑子更受赞赏，他们可能经历了一整个痛苦的青少年时期；还有最重要的，女性所经历的社会化使她们以特定的方式解释自己对所仰慕的男人的情感。

阿德里安娜·里奇将"强制异性恋"制度描述为一种政治结构，它强迫所有的女性，无论性向如何，都要以同父权制相符的方式调整自己与其他女性的关系。[27] 它的一种运作方式是默示女性，她们应当如何看待自己欣赏的女人，或者解释她们对其的感受。合适的方式是嫉妒，而非欣赏。你一定是想成为像她一样的人，绝不可能是你想拥有她。但如果对象是对她们具有强烈吸引力的男人时，情况则相反：你一定是想要拥有他，不可能是想成为像他一样的人。

雷吉娜·巴雷卡（Regina Barreca）在谈到那些最终当了教授的女性时问道："我们每一个人，是在哪一个时刻意识到，我们是想成为老师，而不是跟老师睡觉？"[28]巴雷卡认为，大多数女性默认将（男）老师在她身上激发出的渴望解释为对老师的渴望：如果她自己想成为老师，这便是她必须克服的一种解释。与此同时，男学生与其男教授的关系就像他们所经历的社会化一样：想成为像他们一样的人［其终极程度是想毁掉并取代他们：其自身的心理剧（psychic drama）来源］。男女在把老师视为模仿对象或吸引对象的可能性的差异，并不是某种自然的、原始的天性差异所带来的影响。它是性别化的社会化的结果。

需要明确的是：女教授和她的男学生睡觉，或者女教授和女学生睡觉，或者男教授和男学生睡觉，也是同等的教育的失败。[29]但是，对双方同意的师生性关系现象进行伦理上的评估，如果没有注意到其典型情况是男教授与女学生的性关系，就会错失某些重点。在此类情况下，教授的失败——也就是大多数师生双方同意的性关系的实际案例——不仅仅是未能将学生的情爱能量导向正确的对象。在父权制下，女性以一种特殊的方式被社会化，也就是说，以一种有利于父权制的方式经历社会化，这是一种对"拒绝利用"这一事实的失败。而且，同样重要的是，它使教育的好处平等分配给男性和女性这件事变得彻底不可能，从而再生产它赖以存在的动力模式。

阿德里安娜·里奇在1978年给女学生的老师所做的演讲中谈到了她所称的"男女同校"的"误导性概念"："以为女性和男性坐在同样的教室里，听同样的讲座，读同样的书，做同样的实验室实验，他们就是在接受平等的教育了。"[30] 因为女性不是在与男性同等的条件下进入或坐在教室里的。她们被认为智力水平较低，被鼓励少冒险，少些野心，得到的指导更少，所经历的社会化使她们更不自信，更不把自己当回事，被告知头脑聪明的迹象是性关系中的累赘，她们的自我价值取决于她们吸引男性性关注的能力。她们被培养成照料者、母亲和溺爱家人的妻子，而不是学者或知识分子。"如果深夜从图书馆走回家，对我来说很危险，因为我是女人，可能会被强奸，"里奇问道，"那么当我坐在图书馆里工作时，我能有多镇定、多愉快？"[31] 同样地，我们或许也可以问：如果我知道我的教授不（仅）把我当作要教的学生，而（且）把我当作一个要被睡的身体，那么坐在他的教室里，我能有多镇定、多愉快？

早期研究工作场所性骚扰的女权主义理论家认为，

工作场所性骚扰对女性生活造成的伤害不仅仅是偶然事件——也就是说，不仅仅是女性对男性某些行为模式的消极心理反应。相反，性骚扰的作用是以如下方式伤害女性：执行与强加她们作为女性和工人的从属角色。[32] 认为男教授对女学生进行性邀请的普遍做法，无论有多么无意识，其作用都是让女学生记住她们在大学里应有的地位，是言过其实吗？允许女性进入大学，不是为了让她们扮演学生或未来的教授的角色，而是扮演性战利品、提供赞美的女友、情感照料者、妻子、秘书的角色？认为这种做法不仅代表了教育的失败，而且强化了父权性别规范，是言过其实吗？

我的朋友，一个特别聪明的女学者，有一次向男同事解释，她的任何一个男同事，无论是学院还是研究生院，只要把一只手放在她的膝盖上，就等于"毁了"她。同事吃了一惊。他承认这样的行为非常讨厌，非常不对，是性骚扰的案例，但这样小小的一个举动怎么能毁掉任何人呢？她向他解释，他不知道的是，一个人的知识价值极度不稳定地依赖于男人的认可是什么滋味。

贝尔·胡克斯在《情欲、色情与教学过程》（"Eros, Eroticism and the Pedagogical Process"）中写她初当教授时的经历："没有人谈论教学中的身体问题。你在教室中应当如何处置你的身体？"[33] 你的身体应该怎么样或不应该怎么样，你应该对学生的身体做或不做什么，是大学教师通常不会谈论的事情。或者，当他们谈论这个问题时，讨论几乎总是由焦虑的行政人员以强制参加的性骚扰培训形式发起的——这种培训几乎丝毫不考虑教学关系的特殊性和特定性。工作场所得来的教训被照搬到课堂上，教学可能具有的特定的风险与特定的责任完全没有被考虑到。

有时这些对话是非正式的。我的一个朋友，一位年轻的法学教授，最近向我描述了与他的本科生共用一个健身房的尴尬。他说，他们可以随意看他的身体，而他"当然假装他们根本就没有身体"。我喜欢他说的"当然"：对他来说不言而喻的是，他不可能在做一个好老师的同时，有一丝一毫把他的学生当作潜在性伴侣的想法。[34]

但这一点对许多人来说并非不言而喻，有时会产生令人痛心的后果。另一位朋友，当他还是研究生时，得知他的一些女学生抱怨他在她们穿短裤或裙子上课时盯着她们的腿看，他感到非常羞愧。没有人告诉这位研究生，作为一个男人，在父权制之下进行教学对他来说可能意味着什么：如果他只是让他的凝视"自然地"投出，让他与学生的对话与互动"自然地"进行，他很可能无法平等地对待他的女学生和男学生。没有人告诉他，除非他停止自己"自然的"行为，否则他很可能最终无法把班上的女性完全当作学生，而是当作可以消费的身体、可以赢得的奖品、可以供其抽取的情感水库。更重要的是，没有人告诉他，他的女学生从一开始就是这样不平等地长大的，她们很可能顺着他这样的行为。结果是，他所教的年轻女性被辜负了。但是，这个研究生也一样，他自己的老师没有教他如何从事教学。

2019 年，丹妮尔·布拉德福德（Danielle Bradford）刚刚从剑桥大学毕业，就根据英国《平等法》（Equality Act）起诉了剑桥，因为校方对她投诉一名研究生导师持续性骚扰的处理严重失当。校方支持布拉德福德的申诉，但采取的唯一一行动是，首先坚持要求该导师给布拉德福德写道歉信，其次要求他不再与她接触——校方保证的这一条件，部分是通过限制布拉德福德（而不是骚扰者）进入某些校园建筑来实现的。与此同时，这名导师仍在给本科生上课。在推特上，布拉德福德控诉大学没有让骚扰她的人接受任何关于如何教学的培训。处理布拉德福德案件的公司是由安·奥利瓦里斯（Ann Olivarius）经营的，她是 1977 年起诉耶鲁大学不处理性骚扰投诉的女性之一，当时她还是耶鲁的本科生。这场诉讼开创了美国校园性骚扰监管的新时代。但在那个时代，即便以最好的方式去看，关于教学的性伦理的对话也是不完整的。布拉德福德的诉讼会带来改变吗？

在这一点上，大学教学与心理治疗行业之间的对比非常强烈。学习预见且克服移情的动力模式是治疗师培训的核心，培训还包括强调不要对病人的渴望做出同样回应的重要性。大学教授的培训不涉及这些；至少在美国，研究生和初级教授很少接受任何形式的教学培训。但在我看来，这种培训上的差异无法追溯到治疗与教学之间的根本差异。两种情况当中都有一种不对等的需求和信任关系；两种情况中都可能会出现强烈的情感；在这两种情况下，性都会破坏实践的目标。这两者没有什么明显的区别，使得师生之间的性关系可被允许，而治疗师与病人之间的性关系则不被允许。这种差异是历史的偶然性所致吗？弗洛伊德在20世纪初对心理分析的性伦理进行了体贴但毫不含糊的论述，为此后几乎所有的心理治疗流派制定了原则和规范。教育领域在这方面还没有出现弗洛伊德。也许最接近的是柏拉图，但他也很容易被误读。

或许现在还不算太晚。对校园性关系加强监管的趋势为教授们创造了一个机会，教授这个群体可以思考一下教学实践的目标，以及适于实现这些目标的行为规范。教授们有强烈的理由去认真对待这些事情：如果他们不自我监管——已经有这样的例子，他们就会受到上级部门的监管，随之而来的是各种各样的后果。自上而下的监管不太可能考虑到教学的伦理和心理复杂性；相反，它将反映出，行政人员希望明哲保身，而法律倾向于以工作场所的模式看待课堂。值得注意的是，当法律的确对治疗师与病人的关系进行监管时，几乎总是以治疗师自己接受的条件来进行：也就是说，治疗师作为治疗师，应当对作为病人的病人做什么的条件。大学教授要怎么做，才能引导行政人员和法律不仅要在熟悉的同意、胁迫和利益冲突层面进行思考，而且必须在大学教师作为教师应当对作为学生的学生做什么的层面上思考？我们要怎么做才能制定一种教育领域的性伦理？

我想象有这样一个学生，迷恋着她的教授，追求他，在他回应其关注时激动不已，跟他上床，与他约会，最终却意识到，她只是一连串这样的学生中最近的一个，他们之间的情事与其说是因为她有多么特别，不如说是因为他的虚荣。接下来是什么？她感觉到背叛和窘迫，再也没法去上他的课，或再也没法待在他的系里（她的系里）；她担心有哪个他的同事（她的老师）知道他们的关系，以及对方是否会把这当作她的把柄；她怀疑（怀疑得没错）自己学业上的成功会被归功于她与他的关系。承认吧，这是一种发生在许多女性身上，却几乎不会发生在男性身上的经验；并且，这不是因为某种性别劳动的天然分工，而是因为男性和女性被引入的性心理秩序，在这一秩序当中，男性能获得格外多的好处，女性则要遭受格外多的伤害。我想很明显，我们想象的这个年轻女性并没有受到教授的性骚扰。但难道她不是"基于性

195

别"而被剥夺了教育的利益吗？

虽然双方同意的师生性关系并不符合性骚扰的定义，但它们仍可算作性别歧视。因为可以预见，这种关系对女性的教育常常造成损害，且是非常严重的损害。[35] 而且这的确是基于性别的。根据传统的对性别歧视的法律理解，"基于性别"的歧视包括对女性和男性区别对待。显然，只与女学生发生性关系的男教授对待女学生和男学生是不同的。只与男学生发生性关系的男教授，或只与男学生发生性关系的女教授，也是如此。双性恋给这种对性别歧视的理解带来了一个问题。（如果一个老板同时对女下属和男下属下手，这就不是性别歧视了吗？）这是需要对"基于性别的歧视"提出另一种理解的一个原因。对凯瑟琳·麦金农、林·法利（Lin Farley）和其他性骚扰理论的女权主义先驱来说，性别歧视的本质不在于有差别的对待方式，而在于其所采取的对待方式复制了不平等。以对女秘书下手的老板来说，问题不在于老板没有同时对男下属下手，而在于他的性挑逗是她不想要的，如麦金农所说，"表达并加强了女性相对男性的社会不平等"。[36]

对于双方同意的师生性关系，我们也可以这样说吗？也许有一些男教授与他们的学生上床，但完全不是被他们的学生身份唤起欲望。也许吧。即便如此，我们真的相信，更典型的情况不是日常的异性恋欲望得到了师生

196

动力关系的情欲加强吗？我认识一名女性，她在大学时就开始和她的教授恋爱，大学毕业后还持续了好几年。最后和他分手时，她解释说："一个成年男人想和他的大一新生约会，肯定是有某种东西在作祟。"我认为，这"某种东西"，就是对性别化的支配的情欲寄望。

把师生性关系表达了什么的问题先放一边，要说明这制造了什么是很容易的。此类关系即便没有普遍地让女性的教育脱轨，从而对她们造成伤害，但也是常常如此。那些不再去上课，确信自己不适合学术生活，从大学或研究生院辍学的女性，显然就是这样。但这也适用于那些虽然选择留下，但往往低估自己智识程度的女性，当其他男教授对她们的劳动成果表现出兴趣，她们就会产生怀疑，并担心如果她们成功了，她们的成功会被归功于某个人或某些其他东西。这些关系有时（通常）是当事人想要的。但因为如此，其中的歧视性就减少了吗？

我是在进行道德化吗？文化上对师生性关系的迷恋中有某种色情的东西，它应当使我们怀疑对此进行监管的推动力。[37] 越轨不是监管的理由，尤其在涉及性的时候。但歧视确实有可能提供理由。重要的是师生恋对学生——通常是女学生——生活的影响，以及对女性这个阶级的生活与机遇的影响。然而事实是，在作为一种体制的父权制之下，女性无论走到哪里，都会受到"基于性别"

的歧视，包括大学。还能有别的可能性吗？对女权主义者来说，问题是，哪些形式的不平等我们要用法律来解决，哪些形式的不平等只能靠社会变革的力量来影响。

第九条和随之产生的性骚扰政策是监管工具，至少在官方看来，是为了使大学校园对待女性更加平等、公平和公正。但这在某种程度上，是借由让校园在其他方面更不公平和公正来达成的——许多女权主义者不愿意承认这一事实。有时这种不公正的受害者是女性。1984年，第一批针对双方同意关系的政策出现在美国校园的第二年，法院维持了对路易斯安那州立大学研究生克里斯汀·纳拉贡（Kristine Naragon）的处罚，因为她与一名非她所教的大一女生发生了恋爱关系。[38] 当时，路易斯安那州立大学并未正式禁止这种关系，但在学生家长不断投诉女同性恋关系后，纳拉贡受到了处罚。而同系的一位男教授与一个他负责作业评分的女学生有染，却没有受到任何处罚。

负责执行第九条的民权办公室并不追踪针对违反第九条的指控中与种族相关的数据。校园中的第九条办公室职员负责保护学生免受基于性别的歧视，但不负责基于种族、性倾向、移民身份或阶级的歧视。因此，依据第九条，在科尔盖特大学作为少数群体的黑人学生，却在性侵犯投诉对象中占有极高比例，这无关紧要；依据法律，其他可能发生这类事件的情形不在记录范围。[39]

哈佛大学的法学教授珍妮特·哈利多年来一直在记录校园性骚扰政策中看不见的代价，包括对有色人种、无正式文件的移民和跨性别学生的不公平的指控。她问道："当背景是大规模监禁、移民或跨性别积极的时候，左派如何去关心这些人，并积极拒绝第九条对他们的公平保护？"[40]

所以，我们必须追问：在法律上认定师生性关系为性别歧视——因此违反了第九条——能够让校园对所有女性、酷儿、移民、工作不稳定的人和有色人种更公平吗？还是会导致正当法律程序的进一步失效？——这本身就是不公平的，而由于它格外多地针对那些已经处在边缘的人，因此更加不公平。它是否会无意中加强那些热衷于以保护女性为幌子控制女性的文化保守派力量？它是否会被用作压制学术自由的手段？它是否会被当作一种最终归谬法——尽管错得离谱——如果需要的话，校园性骚扰政策就是表明女权主义者已经彻底失心疯的明确证据？

性骚扰法律的历史是一个调用法律为性别正义服务的故事。但这段历史也指出了法律的限制性。这些限制性究竟在哪里——在这些手伸不到的地方，法律必须停止尝试引导文化，而要殷切地等候文化——不是一个原则问题，而是一个政治问题。

我是在 2012 年开始写这篇文章的，那是我完成耶鲁大学的本科学位五年后，耶鲁大学对师生性关系实施全面禁止两年之后。当时我是哲学专业的研究生，相较其他学科，这门学科中充斥着性骚扰和师生双方同意的性关系。我当时非常震惊，且至今如此：在教授是否应该与学生发生性关系或约会的问题上，哲学家们的思考是多么有限。那些习惯于与优生学和酷刑的伦理问题（你可能认为这些问题更加清晰明确）进行思想缠斗的人，怎么会认为关于师生性关系，我们只要说这是双方同意的就行了？

　　许多哲学家更愿意只在于己无伤的地方看到复杂性。哲学是一门由男性主导的学科，这其中包括许多在女性面前感到或曾经感到毫无权力的男性，他们用自己的职业地位换取性，以此来获得他们应有的回报。我记得曾在一个匿名的哲学博客上，读到一位哲学家的评论，他问——我无法想象那是一位女性——为什么教授要求与学生发生性关系和要求跟她打网球之间要有任何区别。的确，为什么呢？"当你是女人，同时又是一名哲学家时，"法国哲学家米歇尔·勒·杜夫（Michèle Le Dœuff）写道，"成为一个女权主义者，就能有效地帮你理解发生在自己身上的事。"[41]

　　作为一名研究生，我想向我所在学科的男性解释，就像我在这里试图解释的一样，未征得同意并不是有问题的性行为的唯一指标；一次双方都同意的行为也可能是系统性的损害；教学关系伴随着某些责任，它可能超出我们作为人对于对方的责任。我想向他们解释，正是因为教学是或可能是一种充满情爱的经验，所以将其性化很可能是有害的。我想解释的是，克制自己不要与学生发生性关系，并不等同于把学生当成孩子。

现在我成了一名教授，我承认，其中有些观点已经不像曾经那样吸引我了。不是因为我认为它们错了——我依然认为它们是对的——而是因为我觉得，在某种意义上，它们已经不再必要了。作为老师，我看到我的本科生，有时候是我的研究生，尽管都很成熟、很聪明、很有自我指导能力，但在一种重要的意义上，他们仍然是孩子。这不是关于他们的法律、认知或道德地位的主张。他们完全有能力同意，并有权决定他们的人生进程，就像我有权决定我的人生进程一样。我只是认为，我的学生都还太稚嫩了。我不知道当我在他们的位置时，我有多么稚嫩，在教授眼里，我又有多么稚嫩——即便在我误以为自己是完全成熟的知识分子时，好心对我以此视之的教授眼里。有很多与我学生同龄的人，他们中的大多数人没有上过大学，也永远不会上大学，他们在某种意义上说，是成年人，而按照同样的标准，我的学生根本不是。我的学生的稚嫩与我所任教的这类机构有很大关系，这些机构全是这样的年轻人，由于他们的阶级和种族，他们被允许保持稚嫩，即便他们的许多同龄人都已被过分地要求快速长大。

我的学生，无论是本科生还是研究生，都很稚嫩，这与他们作为学生所处的特殊的边缘空间也有很大关系。他们的生活紧张、混乱、惊心动魄：开放，基本上还未成型。有时很难不羡慕他们。一些教授发现很难抗拒尝试并将自己同化为学生的诱惑。但对我来说，这似乎是显而易见的，我们必须后退，走开，留他们自己继续——不是说它作为一般的道德戒律显而易见，而是在一种特定的意义上：当我们与过去的自我对抗时，我们需要什么，这也是教学的一部分。简·汤普金斯在《学校里的生活》(Jane Tompkins, *A Life in School:What the Teacher Learned*, 1996) 中写道："生活就在我面前的教室里，在学生的脸上和身上。他们就是生活，我希望我们在课程持续期间，能共享生活，一起创造一些东西，然后满足于此。"[42]

成为新人教授的第一周，我参加了与本系教职工和研究生的晚宴。相比教职工，我的年纪更接近研究生，我记得跟他们在一起时感到非常轻松愉快。晚宴之后，酒还没喝完，大家都还很兴奋，系主任告诉我他要走了。他看了看桌子对面两个相互嬉闹的研究生，笑着说："当他们开始坐在对方身上时，我想就是时候回家了。"他是对的，我跟着他出来了，留我的学生自己继续。[43]

性、监狱主义与资本主义

我认识的一个黑人教授喜欢跟他的学生说，赢了以后该怎么做，他们得有一个计划。如果女权主义者赢了，他们该怎么做？这个问题会让很多人觉得是奢侈的假设。他们会说，女权主义者不掌握权力；相反，女权主义者从一个相对无权的位置"对权力说出真相"。只是，不管你愿不愿意，有些女权主义者握有相当大的权力。例如，那些帮助制定大学和工作场所的性骚扰政策、全球 NGO（非政府组织）的优先事项，以及国内和国际法律中妇女待遇的女权主义者就是如此。那些担任政治领导人和 CEO、融入现有权力体系的自诩的女权主义者就是如此。那些目标与政治右派一致（无论多么无心）的女权主义者也是如此：如 20 世纪七八十年代的反色情、反卖淫女权主义者，以及今日的排跨女权主义者。那些得以通过社交媒体，将公众注意力引到实施性虐待的男性的行为上的女权主义者，也掌握了越来越多的权力。可以肯定的是，这些掌握权力的女权主义者几乎都是富人，且通常是来自西方国家的白人。在此意义上，女权主义在其自己的等级中复制了世界的不平等。但是大多数女性仍处于相对无权的地位——北半球的劳工阶级与移民女性，南半球贫穷的棕色与黑色人种女性——这并不是否认一些女权主义者握有相当权力的理由。她们该如何运用权力？

2019 年 9 月，《卫报》报道了在德国科隆出现的由政府资助的"免下车妓院"（drive-thru brothels）：

> 位于城市边缘，最终是一种免下车性爱。顾客沿一条单行道开进去，进入一个大约两英亩的露天空间，性工作者在这里提供服务。一旦受雇，性工作者将陪同顾客进入一个半私密的停车棚。为了安全起见，每个车棚都允许性工作者在必要时轻松逃离——车棚的设计使司机那侧的门无法打开，但乘客的门可以——并且有一个紧急按钮可以呼救。有社会工作者在现场提供一个休息、取暖和获取服务的地方。[1]

位于伦敦、为"终结对妇女和儿童暴力"而设立的慈善机构 nia 的 CEO 卡伦·因加拉·史密斯（Karen Ingala Smith）在推特上转了这篇文章，并评论说："在我看来，这种免下车妓院的景象看起来太像牲口棚或者车库了，典型的对卖淫女性的非人化。"[2] 另一家致力于结束对妇女暴力的英国慈善机构 Making Herstory 发推特说："为了保障嫖客能轻易享用受尽虐待的贫穷的人口贩卖受害者，什么都做得出来了是吗?"[3] 文章的配图——一个大木棚，用彩色的金属隔板隔出一个个刚够汽车驶入的隔间——是对女权主义者敏感性的刺激。这一建筑的符号学使其功能变得明确：由女性向男性提供的匿名的、常规化的性服务。它的紧急按钮和逃生路线坦率地承认，一部分顾客会有暴力倾向。这一建筑表达了一切女权主义者所厌恶的男女关系的状况：它是男性在身体、性和经济上占主导地位的建造证明。

但如果我们以另一种方式解读这张图——不将其视为男女关系状态的象征，而是一种对此的务实回应——便可以觉察到一种想让世界对特定女性群体变得更宜居的冲动。一旦我们接受既定事实，即在目前的经济条件下，许多女性将被迫出卖性，而在目前的意识形态条件下，许多男性将成为买春者，剩下的最重要的问题就是：我们可以做些什么来加强女性在此类交易中的掌控权？科隆的一名性工作者妮科尔·舒尔策（Nicole Schulze）告诉《卫报》："我认为每个城市都应该有一个供性工作者工作、休息的安全空间。每个城市都应该有，因为每个城市都有卖淫存在。"

女权主义关于性工作的辩论往往涉及这两个层面的分析之间的张力：性工作的象征力量和它的现实。在象征层面上，卖淫被视为对父权制下女性境况的浓缩。妓女是女性从属地位的十足象征，就像嫖客是男性支配地位的十足象征一样。他们的性交易，明显由不平等所决定，往往伴随着暴力，代表了更普遍的男女之间的性关系状态。这样看来，为了所有女性的利益，妓女需要被拯救，嫖客需要被惩罚，而他们的性交易需要被制止。

反卖淫的女权主义者提议通过对性工作定罪来回应这一需要：使购买性的行为、有时也包括出售性的行为，变为非法。但总的来说，对性工作的定罪并不能帮助性工作者，更不能"拯救"她们。事实上我们知道，因为性工作者长久以来一直跟我们说，对性工作的法律限制让她们的生活变得更为艰难、危险，充斥更多暴力与不确定因素。[4] 在卖淫被视为犯罪的地方，如美国大部分地区，性工作者遭到嫖客和警察的强奸，而强奸犯不用因此受惩罚。在卖淫部分合法化的地方，如英国，为了安全而一起工作的女性会因为"开妓院"而被逮捕，而如果她们是移民，则会被驱逐出境。在卖淫合法化但受到国家严格管制的地方，如在德国与荷兰，男性管理者和妓院老鸨会发财，而那些无法满足许可要求的女性将混入灰色的职业罪犯行列，更容易遭到贩卖和强迫卖淫。在罚嫖不罚娼的地方，如"北欧模式"中，嫖客要求增加他们与性工作者的交易行为的隐私，迫使女性承担更大的风险来赚同样的钱。[5] 这些定罪的制度没有一个让性工作者这个阶层过得更好。

我不是说反卖淫的女权主义者——凯瑟琳·麦金农、安德里亚·德沃金、苏珊·布朗米勒、凯瑟琳·巴里（Kathleen Barry）、朱莉·宾德尔（Julie Bindel）、希拉·杰弗里斯——认为自己参与的是一种象征政治。远远不是：大多数反卖淫的女权主义者清楚地意识到许多性工作的严峻现实，并经受过这样的现实。〔我说"大多数"反卖淫女权主义者，是因为一些人自己承认对性工作者的福利漠不关心；例如朱莉·伯奇尔（Julie Burchill），她说，当"性战争胜利的时候，妓女应当因为她们对全体女性巨大的背叛而被当成通敌者枪毙"。[6]〕与此同时，性工作者坚称，反卖淫的努力让她们的生活变得更差，而没有更好。我们该如何看待这个问题？

反卖淫女权主义者对性工作的定罪有何情感寄托？使得她们对性工作者真诚的关心矛盾地止于拒绝倾听性工作者的说法？《反叛的妓女》（Molly Smith & Juno Mac, *Revolting Prostitutes*, 2018）是一本令人钦佩的对性工作者权利的辩护，作者莫莉·史密斯和朱诺·马克在开始写作时，与其他性工作者组了一个阅读小组，探讨反卖淫写作的历史，其中大部分作品是由女权主义者写的。书中写道，"对女性女权主义者来说"——

妓女的形象往往代表了父权制之下所有女性所遭受的创伤——女性的痛苦、女性所遭受的暴力的终极象征。因此，嫖客成了所有暴力男子的象征：他是对女性不加修饰的暴力的化身，是掠夺者的原型。我们对这种观点抱有深刻的共情。我们的生活也被性别暴力所塑造，我们理解惩罚这个象征着此种创伤的男人的政治冲动……当然，北欧模式的支持者认为卖淫是一种极不平等的交易——一种打着父权制以及白人至上主义、贫困和殖民主义烙印的交易，在这一点上他们是对的。那些男人从许多层面上说都是这些巨大权力差异的活生生的体现，对他们定罪，直觉上似乎是对的。[7]

在史密斯和马克看来，正是惩罚那些买春男人（作为个人，也作为所有暴力男性的替身）的愿望，解释了使性工作者的生存环境愈加恶劣的女权主义的矛盾之处。史密斯和马克理解这种愿望。她们不否认嫖客"从许多层面上说"是父权制贴切的象征。但她们坚持认为，必须在满足惩罚男人的愿望和为那些因生活所迫而出卖性的女性赋权之间做出选择。换一种说法就是，惩罚男人的心理满足，也许还有道德满足，只会以女性为代价——而且往往是那些生活最不稳定的女性。反卖淫的女权主义者通常自己不是性工作者，且往往抱有这样的幻想，认为此间不存在选择：在惩罚那些沉湎于父权制下应得权利的男性，和保障最贫困的女性的福利之间，会有一个令人满意的相交。这显然是忘了马克斯·韦伯（Max Weber）的警告，从事政治就是"与潜伏在每种暴力行为中的撒旦力量打交道"。[8] 就性工作者自己而言，在惩罚男性和她们自己的生存之间的选择是再清楚不过的。

象征当然重要：父权制不仅在身体上，也在语言与符号层面上建立其体系。但象征的要求可能会与真实的女性的要求形成冲突，她们得付账单、养孩子，有时还会被性交易中的男性买家施暴。当这些女性被施暴时，她们是否可以拥有追索权——还是说她们要被迫跟一个暴力的男人困在一个封闭的空间里，成为象征的战争中沉默的牺牲品？

或许我是过度简化了。我认为，反卖淫女权主义者致力于在象征的层面上惩罚沉湎于应得的性权利的男人，这使得她们不愿承认，在惩罚买春的男人和改善买春的女人的生存处境之间，是一个选择题。但是这些女权主义者可能会反驳说，她们回应的是另一个选择题，它同样真实，且往往被性工作者权利支持者所忽略：是选择让现在正在从事性交易的女性生活得好一点，还是选择实现一个不再有性交易的世界。几年前，法国反卖淫活动家成功以运动推动实施了一项处罚性交易买家的法律。当被问及处罚嫖客是否将使妓女更容易遭受伤害时，一位运动者说："当然会！我不怕说出来。但想想奴隶制的废除，它也让一些曾经为奴的人生活变得更差。我们需要考虑的是未来！"[9]

反卖淫的女权主义者称自己为"废除主义者"，有意调用了历史上的反奴隶制运动。性工作者不仅反对将性工作等同于奴隶制，而且不认为非法化是真正迈向消除的一步，无论是性工作还是奴隶制。在实践中，对性工作的部分或全部有罪化从来没有根除过卖淫活动。在每一种法律制度下，性工作都在蓬勃发展；不同的是性交易进行的条件，尤其是买家与性工作者是否受到国家强制权力的支配。只要女性需要钱来付账单、养孩子，只要性工作比现有的替代选择更好，只要女性的从属地位被色情化，就会有卖淫存在。在此意义上，对性工作定罪是一种象征性的废除：在法律上而不是在现实中剔除卖淫。2018 年，在反卖淫女权主义者的强烈施压下，西班牙法院宣布一个性工作者工会的章程无效，理由是性工作不是工作。该裁决不适用于那些在"绅士俱乐部"——即几乎全由男性经营的妓院——工作的女性。想为自己工作、不想为男人工作的西班牙性工作者不享有任何劳动保护，不能获得国家补助或社会保障，并且经常被警察依据模糊的公共安全法罚款。现在，她们不能组织工会。领导这场运动的西班牙反卖淫女权主义者的口号是"#SoyAbolicionista"（我是废除主义者）。但他们到底废除了什么？

一部分人致力于象征性地废除性工作，另一部分人则力图直接改善性工作者的生活，与两方之间的这种逻辑论证有着惊人相似之处的是关于堕胎的辩论，而性工作者和大多数反卖淫女权主义者对此都坚定地持支持意见。女权主义者长久以来都试图向反对堕胎的人解释，对堕胎定罪并不能减少实施的堕胎数量，但确实会增加因堕胎而死的女性的数量。[10] 真正要废除堕胎，大概需要对性教育（并非基于禁欲的目的）的大量投资；有效、安全和免费的避孕措施；国家保证的育儿假；以及普及儿童照管和产妇医保。当然，一些堕胎反对者实际上就是希望寻求堕胎的女性去死；前《大西洋》杂志（Atlantic）作家凯文·威廉森（Kevin Williamson）评论，他"完全赞同对堕胎处以其他犯罪的刑罚，高至并包括绞刑"。[11] 但是，如果大多数堕胎反对者说的话可以相信，那么他们关注的不是对女性的惩罚，而是对未出生的孩子的保护。无论一个人对于"未出生的孩子"代表一个需要保护的阶级这一观点持何种态度，相当清楚的是，对堕胎定罪并不能达到这一目的。如果是这样，那么我们可以说，反堕胎者也在从事一种象征政治，其目的，无论多么无意识，与其说是为了终止堕胎，不如说是为了在法律上宣告其废除。

性工作的去罪化会带来更好的结果吗？不是在改善当前性工作者处境的方面——我们在去罪化的案例中已经可以看明白了——而是在实现彻底废除性工作的方面？毕竟，在卖淫去罪化的国家，性产业的规模并没有大幅缩小，即使从事该行业的工作者的条件已经有所改善。[12]

史密斯和马克提出，"废除主义者"的称号或许该属于去罪化的支持者，因为，只有通过在政治上承认性工作者是劳动者——是法律需要保护，而不是谴责与拯救的对象——她们才能获得赋权，去拒绝她们不想要发生的性行为。[13]史密斯和马克在此援引了马克思主义女权主义者西尔维娅·费代里奇：20世纪70年代初，塞尔玛·詹姆斯和玛丽亚罗莎·达拉·科斯塔发起家务劳动工资运动，在此背景下，西尔维娅·费代里奇提出，将一件事称为"工作"是拒绝做这件事的第一步。[14]费代里奇认为，通过迫使社会承认女性无偿的生育劳动是资本主义生产的必要前提，家务劳动的工资将允许女性"拒绝被当作我们天性表达的工作，因此……拒绝的也正是资本为我们所创造的女性角色"。[15]对工资的要求打破了一个假象——家务劳动天然是女性的任务，是她们与生俱来的女性气质的表达；采取这样的做法，是"迫使资本以更有利于我们，从而更有利于（劳动）阶级团结的方式重组社会关系"。[16]在《女性、种族与阶级》（1981）中，安吉拉·戴维斯反驳了费代里奇和其他家务劳动工资女权主义者，她提出，家务劳动工资或可略微改善劳动阶级女性的命运，但其代价只会是进一步巩固她们作为家庭内部劳动者的角色。[17]"清洁女工、家政工、女用，"戴维斯写道，"这些女性比任何人都清楚以家务劳动换取工资意味着什么。"[18] 戴维斯说，家务劳动工作不会提升劳动阶级女性的社会地位，也无法为她们提供"精神上的解放"。[19] 这反而会"进一步合法化这种家庭内部奴隶制"。[20] 戴维斯问道，家务劳动工资真的能成为"一种解放女性的具体策略"吗？[21]

从更广阔的政治视野去看，费代里奇与戴维斯之间论争的争议点在于，哪些要求真正具有革命性，哪些要求只是改良主义，即，哪些要求是为摧毁统治制度奠定基础的，哪些只是通过缓解其最恶劣的症状来确保制度的控制。费代里奇将家务劳动工资视为革命性的要求，因为她说这将加强女性与资本主义和性别主义斗争的力量，反过来给予她们更多对社会生产与再生产过程的集体控制。她说，这一要求不仅是要求一样"东西"（钱），而且要求重塑社会关系的权力。此处费代里奇引用了安德烈·高兹，他在《改良与革命》（André Gorz, "Reform and Revolution", 1967）一文中写道，对改良者来说：

改良行动中重要的就只是"东西"——工

213

资、公共设施、养老金，等等——一些国家从上到下分配给被动保持分散的、对生产过程无能为力的个人的东西。

相较之下，对革命社会主义者来说，"每一个局部的改进，每一个改良的要求，都应当与一个旨在产生全球变化的总体方案相连接"。[22] 用高兹的话来说，戴维斯认为家务劳动工资运动本质上是改良主义，也仅仅是改良主义：向她支付工资是让被压迫的家庭主妇的生活变得稍稍可堪忍受，这将支持性别主义和资本主义。在戴维斯看来，真正革命性的要求将是"废除被当作女性个体的个人责任的家务劳动"：也就是说，社会化儿童照料、烹饪和清洁。[23]

在关于性工作的辩论中也有类似的逻辑论证。反卖淫和支持去罪化的女权主义者都声称其目标是终结产生性工作的制度，因此才有了哪一方有资格自称"废除主义者"的争论。史密斯和马克这样的去罪化支持者认为，加强性工作者的劳动能力，不仅仅是使她们的生活变得稍微好过一些；这将给予她们更多要求对经济和社会关系重组的权力，从而使她们不必再以性交易为生。以此看来，她们这一方是革命性的政治。尽管可能在反卖淫女权主义者看来，去罪化至多是一种改良措施，略微改善性工作者的生活的同时，也支持了父权制和新自由主义的性的商品化。

谁才是对的？坦诚地说，我们很难知道。如高兹写道："任何改良……都可能被资本主义抽空革命意义，并被重新吸收。"[24] 或许从长远来看，尽管性工作去罪化的激进支持者抱有种种良好意图，但这一方案将稳定性工作在资本主义社会中的地位。又或许，将性工作者变成与其他工种没有区别的劳动者，去罪化方案将损害而不能加强她们的反叛潜力。[25] 或许吧。同时，我们也不大有理由认为，将性工作者和她们的客人投进监狱，最终可以使性工作走向终结（现在肯定还没有）。不过，我们有种种理由认为，去罪化能够让那些出卖性的女性生活得更好。从这个角度看，选择将她们定罪就是选择让实际的女性陷入贫困，以此作为在名义上解放所有女性的一种假设可行的手段。这个选择再一次揭示，在反卖淫女权主义的逻辑深处，是对象征政治的投入。

但是我们可以仅仅为了论证，先假设我们知道，在改善当前参与性交易的女性的生活处境，和加速实现没有卖淫活动的未来之间，我们必须做出惨痛的选择。如果我们真的已知这一点，作为女权主义者，我们该如何继续？黑人女同性恋女权组织卡姆比河团体在其 1977 年 4 月的宣言中解释了其政治方法论：

　　在我们的政治实践中，我们不相信目的总

是能证明手段的正确性。许多反动和破坏性的行为都是以实现"正确"的政治目标为名进行的。作为女权主义者，我们不希望以政治的名义粗暴地对待别人。[26]

这一基本原则——把不"粗暴地对待"别人作为服务于政治目的的手段——意味着，任何在改善当前人们的生活与为更好的未来守住底线之间的选择，都必须以利于前者的方式解决。许多反卖淫女权主义者，也许是大多数，直接否认她们面临着这样的选择，心存幻想，坚持定罪能够在废除卖淫的同时帮助性工作者。但一些反卖淫女权主义者无疑知道存在这样的选择，并且准备接受让性工作者生活在贫困之中——如果这意味着她们能获得惩罚男人的心理满足，在法律上象征性地将卖淫抹除，或如她们所想象的，加速实现一个没有父权制的世界。这些女权主义者或许并不希望妓女被当成父权制的通敌者枪决。但无论如何，她们都很乐于粗暴地对待妓女。

2007 年，社会学家伊丽莎白·伯恩斯坦（Elizabeth Bernstein）创造了术语"监狱女权主义"（carceral feminism）以形容寻求通过国家强制权力——警察、刑事法庭、监狱——来实现性别正义的政治。[27] 在过去的五十年里，对卖淫、家庭暴力和强奸的监狱式回应在大多数国家已经越来越多地被当作常识接受。问题是，正如性工作这个具体案例所表明的，监狱"解决方案"往往会使那些处境已经最差的女性处境更差。这是因为监狱女权主义引导国家对那些遭受最多性别暴力的女性（贫困女性、移民女性、有色人种女性、低种姓女性），以及注定与她们的生活纠缠在一起的男人，行使强制权力。与此同时，监狱方法无法解决存在于这些犯罪根源处的社会现实——贫困、种族主义、种姓制度；正是这些社会现实使某些女性群体尤其容易遭受性别暴力。

2006 年，巴西通过了《玛丽亚·达佩尼亚法》（Maria da Penha law），该法以一位女性的名字命名，她是一名家暴幸存者，丈夫曾多次殴打并两次企图谋杀她，其中一次导致她腰部以下瘫痪；达佩尼亚花了二十年时间才使丈夫在一家巴西法院受审并被定罪。新法的通过在很大程度上是由于女权主义组织不断发起运动，该法对家庭暴力的行为人采取了强制性监禁，并为家暴案件的裁决设立了特别法庭。一些巴西学者指出，《玛丽亚·达佩尼亚法》的结果是家暴报警数量下降了。这并不是因为新法减少了家庭暴力的发生。这是因为尤容易遭受家暴的巴西贫困女性不再觉得她们可以向警察寻求帮助：她们担心伴侣将在骇人的条件下遭受监禁，并担心在没有国家经济支持的情况下，她们是否有能力独自维持家计。[28]

从 20 世纪 80 年代开始，一些美国女权主义者成功推动各州采取了"强制逮捕"政策，该政策要求警察在接到家暴报警时必须实施逮捕。正如许多黑人和拉丁裔女权主义者所预测的那样，这些政策增加了对有色人种女性的家暴发生率。[29]许多研究表明，逮捕后的报复性暴力与贫穷、失业、吸毒和酗酒有关，这些因素对黑人和拉丁裔社区的影响尤为严重。[30]1992年在密尔沃基进行的一项研究发现，强制逮捕政策减少了受雇白人男性的暴力行为，而增加了失业黑人男性的暴力行为："如果在密尔沃基这样的城市，被捕的黑人是白人的三倍——这是一个大体近似的数字——那么全面的强制逮捕政策防止了2504起主要针对白人女性的暴力行为，而代价是5409起主要针对黑人女性的暴力行为。"[31]事实上，在全世界范围内，男性失业都与针对女性的家庭暴力相挂钩。[32]但遭受虐待的贫困妇女通常不能求助国家来雇用她们的丈夫，或为她们提供离开丈夫所需的资金。相反，她们能提的要求只是将她们的丈夫关起来，可以理解，许多人不愿意这样做。当这些女性确实向监狱国家寻求了帮助，有时她们自己又会遭受直接的惩罚。在美国的强制和"双重逮捕"政策下，有色人种女性反而常常最终被逮捕，或者跟虐待她们的人一起被捕。[33]

1984年，贝尔·胡克斯写到女性解放运动的倾向——只关注可被称为女性的共同之处的东西：

联合与共情的冲动影响了共同的压迫这一
概念，虽然其目的是建立团结，但像"围绕你
自身的压迫组织起来"这样的口号给许多特权
女性提供了她们需要的借口，据此便能忽略她
们的社会地位与大量女性的社会地位之间的差
异。中产阶级白人女性得以使她们的利益成为
女权运动的首要关注点，并采用共同的修辞，
使她们的状况也等同于"压迫"……这是种族
与阶级特权的标志。[34]

表面上，"共同的压迫"的概念包含了一种全体女
性相互团结的承诺。富有的女性和贫穷的女性，公民和
难民，白人女性和黑色、棕色皮肤的女性，高种姓女性
和达利特女性：所有的女性都基于性别而受到压迫，这
将是她们共情与战略联合的基础。但是，恰恰是那些并
非为所有女性共有的伤害形式——那些部分女性因其财
富、种族、公民身份或种姓而可免除的伤害——对遭受
这些伤害的女性来说才是最痛苦的。一种只解决性别压
迫的女权主义所追求的策略，对那些性别只是造成其政
治困境的原因之一的女性来说派不上太大用场。贝尔·胡
克斯指出，把共同的压迫作为你的集结号，不仅是忽视，
而且促使了对处境最为悲惨的女性的压迫。

性别正义问题的监狱式解决法往往预设一个"纯

粹"的女性所受的"共同的压迫"的主体，不受阶级和种族等因素的干扰。认为性工作者会因为她的行业被定罪而得到帮助的想法，是基于这样的假设：她还有其他选择——也就是说，卖淫才是她的根本问题，而非其他，比如说，贫穷或移民法。同样，认定监禁是家庭暴力的解决办法的想法，并没有考虑那些命运与实施暴力的男性捆绑在一起的女性：那些女性在经济上依赖殴打她们的男人，警察、法院或监狱如何对待社区中男人也将对她们产生重大影响。

　　监狱式解决法也忽视了全世界超过 50 万的女性，她们自己也被监禁，并在监狱中遭受性虐待、暴力、羞辱、强制绝育和失去孩子。美国监狱里的女性占全世界的30%（相较之下，中国占 15%，俄罗斯占 7.5%），近几十年来，女性的监禁率以两倍于男性的速度增长。[35] 女性超比例的贫困意味着她们较难从审前羁押中将自己保释出来，这从而增加了与其主要照顾者分离的儿童的数量：在美国的监狱中，80% 的女性是母亲。[36] 泰国是唯一一个女性监禁率与美国不相上下的国家，80% 的女性是因非暴力的、与毒品相关的罪行入狱。[37] 在英国的耶尔伍德（Yarl's Wood，一个可以无限期关押女性的移民拘留中心），绝食抗议的被拘留者遭到内政部警告：她们的抗议可能会加速她们被驱逐出境。[38] 世界上绝大多数被监禁的女人都是穷人，受教育程度低，背景涉及暴力。许多主流女权主义者对这部分女性几乎只字不提，这并不奇怪，因为她们本身就在监狱系统里。

女权主义者拥抱"警察上街，男人入狱"的监狱解决方案时，为统治阶级拒绝解决大多数犯罪的最深层原因提供了借口：贫穷、种族支配、边界、种姓。[39]这些也是女性的不平等最深层的原因，因为正是这些力量及其必然结果——缺乏住房、医疗保健、教育、儿童照料、体面的工作——造成了女性的大部分苦难。在全球范围内，大多数女人都是穷人，大多数穷人都是女人。这就是为何被理解为反对"共同的压迫"的女权主义，与为所有女性的平等和尊严而奋斗的女权主义，是相分离的。关注女性所受的共同压迫的女权主义未能触及使大多数女性身陷贫困的力量，而是在现有的不平等结构中寻求性别平等的入场券。

20 世纪 70 年代以来，女权主义内部的重点发生了一场大转变，从改变社会经济生活转向确保女性在资本主义原有结构中的平等，转向监狱主义是此一转变的一部分。正如苏珊·沃特金斯（Susan Watkins）在 2018 年的《新左派评论》（*New Left Review*）中指出的，20 世纪 60 年代末和 70 年代英语世界的激进妇女解放主义者，就像社会民主的欧洲和去殖民化的第三世界中的同时代人一样，关注的是改变社会秩序，不仅是制造性别不平等的秩序，还有制造种族化和阶级不平等的秩序。[40] 他们要求普及儿童照料、医疗保健和教育；生殖的自主决定权和异性恋核心家庭的消亡；财富再分配、工会权利、无偿家务劳动的工资，以及生产资料的民主所有权。1974 年，纽约激进女权主义者团体出版了《强奸：第一本给女性的资料手册》(*Rape: The First Sourcebook for Women*)，书中写道："必须明确的是，强奸不是一个法律和秩序问题。女人不要求阉割，也不要求死刑……我们不想让强奸法更加具有惩罚性。"[41] 她们说，强奸只能通过"改变家庭、经济体系和男女的心理，使性剥削"成为"超乎想象之事"来消除。她们说，强奸"不是一个改良问题，而是一个革命问题"。[42]

但在美国，这种改变的要求很快让位于沃特金斯所称的"反歧视"范式，依据这一范式，女性真正的问题是她们没有在劳动力当中与男性处于平等地位——如贝蒂·弗里丹（Betty Friedan）的全美妇女组织所说，"使女性充分参与美国社会的主流"。[43] 这种女权主义投合了那些已经是美国资本主义受益者的女性，如今依然如此：她们富有，主要是白人，现在从繁重的家务中解放出来，成了医生、律师、银行家和学者。沃特金斯观察到，它也投合了美国右派，他们在反歧视范式中看到了所谓的"黑人问题"——一群深陷贫困、呼喊着要求种族与经济平等的人所制造的公共现象——的解决方案。从右派的角度来看，"问题"不在于如何实现这种平等，而在于如何避免打击共产主义和反殖民叛乱过程中产生的国际尴尬。[44]尼克松政府通过确保一些黑人男女进入职业中产阶级，开始了对黑人人口的分化。用尼克松的话说，在未来几十年里，将会有一个"黑人资本家"阶级，还会有一个庞大的黑人下层阶级，他们要受到一系列"战争"的规训——对毒品、犯罪和"福利女王"的战争。（这些战争就像随后到来的"反恐战争"一样，也是针对移民的，他们被认为是白人贫困的罪魁祸首。）这一战略是明白无误的监狱主义，它帮助美国在监狱人口规模上取得了世界第一。[45]同时，从20世纪70年代中期以来对"反歧视"女权主义的追求，暴露了新近获得赋权的、主要为白人的职业女性阶层，和贫困的、主要为非白人的移民女性阶层之间的分歧，后者接手了前者照顾孩子和家政清洁的任务。[46]

早期美国妇女解放运动的女权主义者，与欧洲和第三世界的女权主义者一样，总体上并不期望以国家的强制机器来解决性别暴力问题。她们对国家权力持怀疑态度，创立并运营着自己的基层强奸危机中心、家庭暴力庇护所和堕胎网络。[47]但到了20世纪80年代，主流女权主义者已经完全接受了把"法律和秩序"作为处理家庭暴力、卖淫、色情和强奸的方式。为何会有这种转变？它部分反映了这一时期美国更大的变化：对暴力犯罪的焦虑不断增加，[48] 与此同时，个人主义的意识形态被紧抓不放——这意味着公众倾向于认为犯罪是个人的失败，而不是社会的病态。1984 年，罗纳德·里根控诉，自由主义者向美国人兜售了这样一个谎言："个人的错误行为……总是由缺乏物质财富、穷困弱势的背景或恶劣的社会经济条件造成的。""难怪出现了一个新的特权阶层……"他说，"一个由惯犯和职业罪犯组成的阶层，认为自己有权利伤害他们的同胞且不受惩罚。"[49] 1989 年，当时还是纽约花花公子和房地产大亨的唐纳德·特朗普在包括《纽约时报》在内的该市四家报纸上刊登了全尺寸广告，呼吁对被诬陷在中央公园强奸一名女性的五名少年实施处决——他们是四名黑人和一名拉丁裔。（这些广告，虽然在其夸张和对国家暴力的狂热追捧中透露出鲜明的特朗普风格，但也提醒了我们，特朗普的政治是在美国更广泛的监狱主义历史背景之下形成的。）

因此，女权主义的监狱主义转向，是与战后美国不断变化的物质和意识形态环境相一致的。[50] 但这一时期的美国女权主义者也积极促进了监狱国家的发展，无论这是不是其本意。[51] 为了在主流中寻求合法性、获得资金，一些女权主义者成了"反暴力"专家，譬如咨询师、受害者支持者、项目管理者；但正如贝丝·里奇（Beth Richie）所说，他们此时发挥的作用让他们成了制度的辩护者，而不再是改变制度的能动者。[52] 与此同时，女权主义律师引导公众将性别暴力重新定义为法律和执法的问题。[53] 1976年，在布鲁诺诉科德（Bruno v. Codd）的集体诉讼案中，遭受殴打的女性有权要求警察干预的主张被提出。两年后，女权主义者参加了联邦民权委员会关于"虐妻"的听证会，为政府反殴打行为的举措，包括强制逮捕要求，奠定了基础。20世纪80年代，女权主义者与共和党人合作，提出了针对色情业者的民事立法；[54] 参与了一场儿童性虐待的道德恐慌，将无辜的日托工人送进了监狱；[55] 帮助建立包括青少年在内的性犯罪者登记册；[56] 并发起了一场通过加强刑事定罪来"废除"卖淫和性贩运的运动。[57] 1994年，比尔·克林顿签署了《暴力侵害妇女法》（Violence Against Women Act，该法案由参议员乔·拜登共同发起），这为调查和起诉针对女性的暴力犯罪提供了16亿美元。在制定和通过《暴力侵害妇女法》过程中发挥了关键作用的美国女权主义者为此欢欣鼓舞。它是两党共同参与的《暴力犯罪控制及执法法》（Violent Crime Control and Law Enforcement Act）的一部分，该法还新设了60项死刑罪，并取消了联邦对监狱教育计划的资助。两年后，克林顿兑现了他的竞选承诺，"结束我们所熟悉的福利"，使贫困女性及其子女更容易遭受暴力侵害。针对家庭暴力的"支持逮捕"法增加了监狱中贫困男女的数量。

这一切发生的背景是：冷战结束与第三世界债务飙升开启了一个美国霸权的时代。"全球"女权主义都带上了明显的美国特征。[58] 在社会主义和反殖民主义女权主义者建立世界新秩序的愿景当中，妇女解放与经济正义本应携手并进，但这让位给了一个新的优先事项：将世界女性纳入全球资本主义经济，由美国掌舵。西方政府、NGO 和私人基金为妇女的教育和保健投入资金，但这个同化项目中最重要的工具是小额信贷：扩大向世界贫困女性提供贷款。贫困女性说她们需要的是更多的公共服务——水、电和卫生设施，但这无人注意。[1984年，印度女权主义者德瓦基·贾殷（Devaki Jain）警告说："经济发展，这个神奇的公式……已经成了女性最大的敌人。"] 相反，最终决定是，女性赋权将通过由外国私营放贷人以 20% 的利率发放小额贷款来实现。在获得信贷的同时，贫困女性也得到了监狱国家的"保护"。1995 年，189 个国家在联合国第四次世界妇女大会上通过了《北京宣言》，将针对妇女的暴力列为其 12 个重要关注领域之一。它呼吁各国实施"刑事、民事、劳动和行政制裁……来惩罚和纠正对妇女实施暴力的错误行为"，并为"预防暴力和起诉罪犯"立法。[59]

虽然《北京宣言》也鼓励各国采取措施消除性别歧视的做法，并为女性提供谋生手段，但全球女性权利活动家关注的仍旧主要是对性别暴力的监狱式解决方案。[60] 通过将性别暴力框定为国家人权问题，这些活动家也为西方军事干预提供了借口。[61] 2001 年 11 月，劳拉·布什

（Laura Bush）在其丈夫入侵阿富汗开始"反恐战争"后不久所做的一次广播讲话中解释，"反恐斗争也是为女性的权利和尊严而战。"[62] 她没有提到美国在把阿富汗变成全世界女性处境最恶劣的地方之一所扮演的历史角色[63]——这一卓越成就一直保持到如今。[64] 经过几十年的外国军事干预，包括美国有史以来最长的战争，经济破坏使阿富汗人对自己的生活比于史有载的任何其他国家的人民都更绝望。[65] 女性付出了格外多的代价：90% 的阿富汗女性经历过家庭虐待，80% 的自杀者为女性。[66]

几十年来，世界上一部分女性的处境在某些方面得到了改善——拥有了更多的法律权利；在高等教育、精英职业、选举政治和媒体当中有了更多代表性；在获取生殖卫生保健方面得到改善；男女平等在上流社会中已被广泛认同；男人越来越愿意质疑性别的限制；非霸权主义的性行为接受度越来越高——与此同时，其他形式的不平等全面增加，特别是经济的不平等，这让女性主义陷入尴尬。我并不是说女性生活的改善不是真的，不是辛苦得来的，也不是说这些只对富有女性有利。事实并非如此。印度的贫困女性也需要丈夫明白他无权打她；她肯定能够在法庭上迎来属于她的胜利之日。如果她能凑齐学费的话，她理应能够送她的女儿去上大学；她的女儿肯定也要自由地去爱自己想爱的人。但这个女人也必须有办法确保她自己和家人的生存：不仅是土地、水、

227

食物，还要有安全、团结、社群。美国女权主义的历史，一段时间以来一直是全球最有力量的女权主义形式，是一段女性（一些女性）使用国家权力，最终超越国家权力，成功发挥作用的历史。但这也是一段资本主义国家以有助于维持自身运转的方式引导女性力量的历史——从根本上说，这些是对统治阶级构不成威胁的方式。

美国女权主义最新的一个转折点是 2017 年的 MeToo 运动，其推动力来自一个简单的事实，即所有职业女性，或近乎所有职业女性，都经历过性骚扰：口头猥亵、羞辱、抚摸、性威胁、蓄意妨碍。在社交媒体平台上，首先是美国，然后是其他国家，女性在其他女性的证词中辨认出自己的故事。"女性从她们自己私人生活中无法明确的挫折进入运动，"正如朱丽叶·米切尔在 1971 年所说，然后"发现，她们原以为的个人困局，是一种社会困境，因此是一个政治问题"。[67] 许多男人旁观这一切，并对其所见惊讶不已。但几乎就在同时，"#MeToo"作为一个通用的战斗口号的局限性开始显现。这个口号是由黑人反暴力运动者塔拉纳·伯克（Tarana Burke）在十多年前提出的。黑人女性对于被要求声援支持白人女性感到不满，因为她们自己对性骚扰的抗议长期以来一直被无视。当女演员罗丝·麦高恩（Rose McGowan）因发表她在哈维·温斯坦处遭受的对待，推特账号被封禁时，阿莉莎·米拉诺（Alyssa Milano）和其他白人女性以"#WomenBoycottTwitter"（女性抵制推特）为标签，呼吁女性抵制这一平台。阿娃·杜威内（Ava DuVernay）和罗克珊·盖伊（Roxane Gay）等许多拥有高知名度的黑人女性，指责白人女性的关注有选择性。[68] 媒体顾问和"#OscarsSoWhite"（奥斯卡太白）标签背后的女人阿普丽尔·赖因（April Reign）告诉《纽约时报》："如果要支持罗丝·麦高恩，这很好，你需要保持全面一致。所有女性要与所有女性站在一起。"[69]

但是，"#MeToo"作为一场大规模女性运动，其问题不仅仅是在关切与愤怒当中缺乏跨越种界限的"一致"。其根本问题在于预设任何此类运动必须以女性普遍具有的共同经验为基础。性骚扰是职业女性面临的一个现实。但对许多女性来说，被性骚扰并不是她们工作中最深刻的困境。像罗丝·麦高恩这样富有的白人女性，或者像阿娃·杜威内和罗克珊·盖伊这样境况较好的黑人女性，与打扫好莱坞洗手间的贫穷移民女性处境天差地别。这些女性遭受性骚扰时，被突出的只是她们不稳定的低薪工作的悲惨之处。因为好莱坞女演员的 MeToo 运动，这些女性如今在受到性骚扰时可以向"时候到了"法律辩护基金（Time's Up Legal Defense Fund）提出申请，发起诉讼。但是，当她们需要钱来逃离虐待她们的伴侣，她们生病的孩子需要医疗服务，或者移民局上门问她们要证件时，她们该向谁求助呢？[70] 很少有女权主义者认为骚扰应该被容忍，雇主不应被起诉，或者反性骚扰的法律在帮助包括贫困女性在内的职业女性方面不起作用。[71] 但是把惩罚坏男人作为主要目的的女权主义政治，永远不会是解放所有女性的女权主义，因为这掩盖了让大多数女性不得自由的原因。

MeToo 运动的女权主义者似乎整体而言都对国家的强制权力抱有很大的信心。她们抗议布罗克·特纳的性侵罪判轻了；拉里·纳萨尔（Larry Nassar）一案的审判中，法官似乎表达了希望他在狱中被强奸，她们为此庆祝；对哈维·温斯坦的判决结果出来时，她们也欢呼雀跃。她们支持在法律上和大学校园里采取更严格的性同意概念，并谴责批评这些新动向的人是为强奸辩护。很难责怪她们。几个世纪以来，男人不仅侵犯和侮辱女人，还利用国家的强制机器来加强他们这样做的权利。难道现在不是女人掌握一些这样的权力，表达她们的愤怒并复仇的时候吗？

只不过，你一旦开动了监狱主义的机器，它碾向谁就不由你选了。无论你喜欢与否，女权主义对监狱主义的拥抱，为系统提供了一副进步主义的面具，而这个系统的实际功能是阻止对物质不平等进行政治清算。[72] 这不是说不存在艰难的选择。有些贫困女性希望看到虐待她们的人进监狱，一如有些性工作者盼着暴力的嫖客被逮捕。一些反对监狱主义的人认为，没有人应该受惩罚，暴力决不能以更多的暴力来应对。但女权主义者不必做圣人。我的意思是，她们只须是现实主义者。也许有些男人应该受到惩罚。但是，女权主义者必须问一问，当她们要求更多的警察介入和更多的监狱时，她们发动的是什么，针对的是谁。[73]

2020 年 5 月，乔治·弗洛伊德（George Floyd）遭到明尼阿波利斯警察的谋杀，随后，媒体开始重新关注"黑人的命也是命"（Black Lives Matter）运动，这让许多人第一次了解到，警察以及它所构成的更大的监狱复合体，是可能被极大地缩小或彻底废除的。包括女权主义者在内的一些人对"取消警察经费"的呼吁感到不解，他们无法想象一个不受国家暴力权力管制的社会。如果没有警察，那么谁来执行法律与秩序？此处的假设是，宏观来讲，警察和监狱确实在为法律和秩序服务：诸如法外处决、非法监禁、强迫切除子宫和性暴力等是例外，而不是对待某些人时的常规。当然，也有一些人认为，无论如何，法律和秩序都理所当然会包含对穷人、有色人种和移民的不公正对待——这些人要么不配获得更好的待遇，要么其所受的不公待遇是为换取一个有序的社会付出的合理代价。

"如果没有警察，那么换谁来？"——这个问题也暴露了对废除主义传统的误解。对大多数废除主义思想家来说——在这一女权主义传统中，最著名的当属安吉拉·戴维斯和露丝·威尔逊·吉尔莫（Ruth Wilson Gilmore）——这一提议不是要让那些被迫生活在社会边缘的人的愤怒力量被直接释放出来，这是无须赘言的。在废除主义者看来，监狱办法以控制代替了供给："定罪与牢笼"被当成了"社会问题的笼统解决方案"。[74] 1971 年 6 月，戴维斯因被指控帮助武装黑人活动家而被逮捕，如她坐在马林县监狱里等待审判时所写，"必须诉诸这种镇压，反映了深刻的社会危机以及系统性的崩坏。"[75] 如果不依靠警察和监狱来处理社会危机的症状，而是正面应对危机，会怎么样呢？正如法律学者小詹姆斯·福曼（James Forman Jr.）所说，废除主义要求我们"想象一个没有监狱的世界，然后……努力尝试建立这样的世界"。[76] 这需要什么？这将涉及对毒品使用和性工作等活动的去罪化，众所周知，对这些活动定罪会加剧而不能减少暴力。[77] 这将涉及经济关系的调整，从而使生存犯罪——偷窃食物、越境、无家可归——失去理由。（乔治·弗洛伊德是在用假钞买烟之后被杀。彼时他刚失去工作。）这将涉及建立社会和政治安排，以满足那些无法得到满足就会产生人际暴力的需求：公共住房、医疗保健、教育和儿童照料；在按照民主原则组织的工作场所干体面的工作；有保障的基本

232

收入；由地方民主控制社区支出和优先事项；休闲、游戏和社交聚会空间；干净的空气和水。这将涉及创建一个尽可能寻求修复与和解的司法系统。吉尔莫解释说，废除"不是直接的不在场……废除是以另一种方式开启的社会生活的、有血有肉和实质的在场"。[78]

废除主义的传统认为，监狱主义是种族资本主义剥夺的一个幌子，而改变我们的社会和经济关系，至少能在一定程度上破坏监狱国家的逻辑和需要。因此，"取消警察经费"的呼吁中隐含的要求是对财富与权力从富人到穷人的大规模再分配。如早期妇女解放运动的激进女权主义者一样，"黑人生命运动"（Movement for Black Lives）的活动家和组织者对于在一个按照别人的条款建立的体系中寻找一席之地并无兴趣（虽然这不适用于他们的许多"盟友"）。该运动 2016 年的宣言"黑人生活的愿景"（A Vision for Black Lives）列出了六项要求，包括取消监禁机构经费，投资教育和健康，以及"为所有人争取经济正义，重建经济结构，确保我们的社群拥有集体的所有权，而不仅仅是使用权"。宣言在此呼应了 1969 年被警察和联邦调查局暗杀的黑豹党人弗雷德·汉普顿（Fred Hampton）："我们认为以火攻火不是上策，我们认为以水灭火才是上策……我们说，对于资本主义，我们不打算用黑人资本主义来对抗，而要用社会主义来对抗。"[79]

因此，"黑人生命运动"并不像一些左派批评家——

233

最引人注目的是马克思主义政治理论家阿道夫·里德（Adolph Reed）——所说的那样，是一个单纯寻求将黑人纳入资本主义统治秩序、催生少数幸运儿和大量失败者的运动。[80] 里德相当正确地反对对种族主义的反歧视办法，这种办法并不寻求真正的平等，而是如他和沃尔特·本·迈克尔斯（Walter Benn Michaels）所说，它寻求的是"均衡的不平等"（proportional *inequality*）[81]：即有色人种在不平等的经济体系中的各个层面都有比例均衡的代表。里德认为，反种族主义和女权主义一样，可以且经常以一种与资本主义相适应的形式出现。他没有说错。历史上，资本主义以各种方式依赖基于种族、种姓和性别的等级制度的建立——仅举一例，保证白人男性工人比他的妻子和黑人工友优越，从而让被剥削的白人男性工人顺服。但是，反歧视的逻辑也很好地服务了资本主义。性别歧视、种族歧视和反移民的歧视破坏了精英管理体制的顺利运作，可能会使资本失去最有才能的工人。反歧视措施提高了劳动力市场的效率，而其基本逻辑——一些人必须出卖自己的劳动力才能生存——丝毫未受触及。在乔治·弗洛伊德被谋杀后，谷歌、亚马逊、推特和耐克的 CEO 都呼吁他们的员工纪念"六月节"：在6月19日纪念美国奴隶制的结束。亚马逊 CEO 杰夫·贝索斯（Jeff Bezos）鼓励他的员工取消当天所有的会议——这对亚马逊的仓库工人来说并没有什么好处，因为在算法判断的

234

持续威胁下劳动，他们没有上厕所的时间，并常常引发重复性劳损。

里德和其他左派"身份政治"批评者倾向于认为，均衡的不平等是反种族主义政治所能追求的最好结果。[82]如果这是正确的，美国及其他种族分化的社会可能就没希望了。美国历史上没有大规模的工人阶级运动，这貌似与白人种族主义和排外主义有很大的关系，而这本身就是阶级对立的历史产物。[83]正如 W. E. B. 杜波依斯在《美国的黑人重建》（W.E.B.Du Bois, *Black Reconstruction in America*, 1935）中所说，白人的种族优越性是对资本主义给白人工人带来的贫困的一种"补偿"，杜绝了工人阶级跨越肤色界线团结的可能性。[84]我们无疑可以确定，美国的工人阶级运动不可能通过疏远贫穷的白人而取得成功，更不能通过将他们视为轻蔑对象而取得成功。但更加可以确定的是，这样的运动如果不与越来越多的非白人或外来的工人阶级（即那些生活直接受到资本主义、种族主义和仇外等交杂因素破坏的人）对话，就不可能成功，除非运动是从这些人当中发起的。[85]这不仅仅是因为这些人越来越成为工人阶级，对他们来说，"阶级"的力量与"种族"的运作在经验上是不可分割的。[86]这是因为他们的生活，在其所遭受的更大的破坏之中，包含着对最革命性的变革的要求。

像里德这样的理论家认为这种困境可以得到解决，

不是通过建立一种多种族和支持移民的工人阶级政治，而是借由关注所有美国穷人受的"共同的压迫"——狭义地理解，就是他们在资本主义之下受的剥削。但是，正如贝尔·胡克斯在谈到白人女权主义时说的，这种方法不仅有可能掩盖对最贫困者的压迫，而且有可能使之永久化。更重要的是，如果对白人和"本土"地位的心理寄望在贫穷白人对移民工人和有色人种工人的反感中发挥着作用——英美两国近期发生的事件表明确实如此——那么，迟迟不面对种族主义和仇外心理，注定也要让贫穷白人遭殃。[87] 1970 年，安吉拉·戴维斯身陷囹圄时，詹姆斯·鲍德温（James Baldwin）在给她的一封信中感叹道：

> 在这片广阔的地方，在千百万人中，只有少数人意识到，为你们而准备的命运……也是即将吞噬他们的命运。对这个国家的统治力量来说，白人的命并不比黑人的命更神圣……美国人的错觉不仅是他们以为他们的兄弟都是白人，而且，他们以为白人都是他们的兄弟。[88]

因此，问题不是"反种族主义运动能否充分地反资本主义？"我们应该问的是："工人阶级运动能否不反种族主义？"

女权主义和反资本主义之间的关系也是如此。20 世纪 70 年代的马克思主义女权主义者指出，资本主义依靠的是女性在家庭中的无偿劳动。他们观察到，工人阶级女性不仅为男性工人生儿育女、提供衣服和食物，还抚慰他们的自尊，承担他们的挫败，为他们创造一个家，使他们从异化劳动中获得一些喘息。[89] 在发达的资本主义国家，女人的工作，社会照料的工作（打扫、护理、喂养、养育子女、教育年轻人、照顾老人），如今正被外包与承包。低工资的女性正在成为新工人阶级的特征，她们是最有希望的抗议活动的核心。[90] 新冠大流行已经赤裸地展示了傲慢自负的核心家庭的父权意识形态如何不仅困住了女人，而且困住了男人，把他们都困在一种在当代资本主义的矛盾下，被认为既"必要"又用完即弃的生活之中。[91] 这向许多人表明了某些女权主义者长期以来坚持的观点：社会再生产的工作必须是社会的工作。问题不是女权主义能否成为工人阶级的运动，而是工人阶级的运动能否不女权。

说工人阶级运动必须是女权主义和反种族主义的，不是否认资本能够并且确实已经收编女权主义和反种族主义的力量。如果低估资本的天才就错了：它有能力根据文化的转变重新利用和改组自身。毕竟，即便是"纯粹"的反资本主义要求也是如此，例如全民基本收入：这一建议是由许多社会主义者提出的，却吸引了硅谷的亿万富翁，他们认为可以把这当作一种手段来平息抵抗，在那里，技术的支持造成了对薪水体面、技能要求中等的工作的削减。[92] 1973 年，诺丁山妇女解放工作坊小组（Notting Hill Women's Liberation Workshop Group）解释说，塞尔玛·詹姆斯在前一年发表的包括要求家务劳动工资、同工同酬，以及由社区管理的托儿所的声明"并不是一份指出了我们最终想要什么的声明"。他们说，这些要求并不构成"一份打造理想社会的计划"，而满足这些要求的社会也不会因此"停止压迫"。相反，这些要求只是为了发挥"一种反对资本的需要、支持我们的需要的力量"。因为，"最终，唯一不可被收编的要求是武装民众要求终结资本主义"。[93] 没有人可以事先确定一个免于被收编的政治方案，或者保证它是革命性的而非改良性的。你只能看看发生什么，然后策划下一步行动。这需要准备好——在战略上和情感上，放弃你可能已经深深依恋的思维和行动方式。在此意义上，怀旧是所有真正的解放性政治的障碍。这适用于所有其他的政治运动，同样也适用于女权主义。

但是强奸犯怎么办？

这一种反对论点被认为将使对监狱主义的批判遭遇重大的失败。别的不谈，强奸犯的例子无疑向我们表明，废除主义是不切实际的乌托邦。一个女权主义者如何能够一边批判父权制的惩罚做法，一边要求对强奸犯进行审判、定罪和监禁？

一些反对监狱主义的人在回应这一挑战时坚持认为，性侵犯是社会问题的产物，可以通过用非监狱形式的国家权力来解决，最显然的就是经济和政治决策的彻底民主化。但这犯了一个错误，就是把父权制的压迫简化为经济与政治压迫。性暴力实际上部分只是这些事物发挥的其中一种作用：种族支配、经济不平等和民主赤字都是性侵高发的预警信号。[94] 尤其是，去工业化和工资降低所引发的男子气概的危机，使女性尤其容易遭受性暴力。但未充分就业的无望男人对女人发泄他们的怒火，原因不独是经济影响：性别关系的某些方面已经预先存在于我们当前的经济安排之中。只要对资本的批评是单独从经济关系出发的，它就永远无法完全解释或纠正性暴力。对资本的全面批判必须将性别上的从属关系视为更大的资本主义制度的一个基本方面，这个大的资本主义制度（经济的，但也是社会的、生态的、心理的，等等），才是它应当对准的目标。[95] 否则，反资本主义政治便有可能将女性留在市民社会之中，这对她们来说，如凯瑟琳·麦金农准确所准确指出的，"更接近一种自然状态"。[96]

但是强奸犯怎么办？这个问题有时候被当作一张王牌来打。但事实上，对于这个问题，废奴主义女权主义者有很多话要说。首先要问：哪种强奸犯？在美国，继

239

过度使用暴力之后，性行为不端是针对警察最常见的投诉。在 2005 年至 2013 年期间，有 405 名警察因暴力强奸而被捕，219 名警察因暴力鸡奸而被捕。[97]在英格兰和威尔士，2012 年至 2018 年期间，有 1500 起针对警察性行为不端的指控。[98]2021 年 3 月，一名警察被指控绑架和谋杀一名年轻英国女性，英国政府对此的反应是宣布便衣警察将开始在酒吧和俱乐部打烊时间巡逻，这是一项名为"警戒项目"（Project Vigilance）的举措的一部分。2014 年在印度，一名女性被四名警察轮奸；她原是去警察局要求释放她的丈夫。[99]女权废奴主义理论家和实践者——通常是贫穷的有色人种女性——正在不同的地方建立民主的、基于社区的机构来处理人际间的暴力，包括性暴力，避免诉诸国家强制机关。她们寻求以新的办法追究男人的责任，与此同时，坚持不让男人把他们在国家手中的遭遇作为自身暴力的借口。[100]这些项目虽然取得了不同程度的成功，但都十分艰辛，它们要求恰恰是最容易受性别暴力所害的女性来建立结束暴力所需的机构。如果此类项目能得到一种不同于监狱主义的国家力量的支持——社会主义的国家力量——无疑会容易得多。有保障的收入、住房和儿童照料将解放贫穷的女性，让她得以思考如何把社区变得更安全、更公正——如何教育她们的儿子、兄弟、伴侣：与妇女平等相处意味着什么。但这仍将是一项艰辛的工作，要求女人承担法律尚未承担的事情，在我看来，不能够改变男女之间最基本的交往方式。

没有权力是件非常矛盾的事。集体化，明确诉求，选出代表，可以让无权者掌握权力。这本身并不是一件坏事。但新的权力带来了新的困难和新的责任。对那些依赖道德权威获得权力的人来说尤其如此：他们的权力依赖于他们承诺将带来新的、更好的东西。女权主义者不需要放弃权力——无论如何，现在都太晚了——但她们必须为她们拥有权力时采取什么行动做出计划。掌握权力的女权主义者太常否认自己与暴力的牵连，仿佛在帮助一些人和伤害另一些人之间，在象征与效用之间，在惩罚与解放之间，不存在什么艰难的选择。

通常的情况是，手握权力的人往往最看不明白应如何使用权力。但是，至少对女权主义者来说，这无须成为绝望的理由。女权主义是一场运动。在这场运动之中，历来存在且依然存在着无法触及权力的人——那些仍未赢得权力的人，那些认为到目前为止，赢得只意味着幸存的人。我们其他人必须求助，然后转身追随的，正是这些处于权力困境的女性。

致 谢

首先，深切地感谢卡罗利娜·萨顿（Karolina Sutton），她比我先知道这就是我想写的书；感谢我的编辑亚历历克西斯·基施鲍姆（Alexis Kirschbaum）和米齐·安杰尔（Mitzi Angel），他们为这本书注入了生命。

向下列各位致以无尽的感激：感谢玛丽-凯·维尔默斯（Mary-Kay Wilmers），她为我的写作提供了第一个容身之所，尤其《性权利》一文（"对《伦敦书评》文章来说性永远不会太多"）；感谢凯瑟琳·朗德尔（Katherine Rundell），是这位大胆、睿智、善良的朋友，在我 26 岁生日两天后告诉我，我应该尝试写作；感谢凯蒂·杰明德尔（Katie Geminder），本书其中一些文章是在她家里写的；感谢罗宾·比尔施泰特（Robin Bierstedt）和彼得·迈耶（Peter Mayer），另外一些是在他们的家里写的；感谢特德·费蒂克（Ted Fertik），感谢他的同志情谊和批评；感谢丹尼斯·周（Dennis Zhou），感谢他一丝不苟的事实核查与其他种种；感谢我的学生桑普勒·拉杰拉（Simple Rajrah）和罗伯特·谢（Robert Cheah），

242

感谢他们帮助准备手稿；感谢苏珊·布里松（Susan Brison），她在最后一刻慷慨而细致地阅读了手稿；感谢我在牛津和伦敦大学学院教过的许多学生，我在这里讲述了一些他们的故事。

感谢我在牛津大学政治学和哲学系的同事们，从他们那里我受惠无穷，无以为报；感谢万灵学院的院长、同事和教职工，这里对于我已经不仅仅是第二个家。

向我的父母奇特拉和阿南德致以爱与感谢，他们容许我给他们带去惊喜，也反过来给我带来惊喜；感谢我的姐妹斯韦塔，感谢她总是站在我这边，感谢萨纳、西姆兰和乔；感谢我的祖母阿玛玛和帕图马，感谢她们总是抱有期望；感谢我的舅舅（叔叔）和舅妈（婶婶），拉迪和拉梅什，感谢他们的庇护；感谢表妹（堂妹）马杜给我支持；感谢辛迪始终不变的善意；感谢迪克和曼迪·拉塞尔多年以来极度的慷慨；感谢我的教女克莱奥，她一直是我的开心果；还有古斯，你是我的全部。

友谊是令人神迷的奇迹。在写作这本书时，我与许多朋友交谈，他们给了我支持，我向他们致以爱与感谢，他们是：Alex Cole, Alice Spawls, Ambrogio Cesare-Bianchi, Amrou Al-Kadhi, Camilla Dubini, Cat Normile, Cécile Fabre, Chas Tyler, Christian Nakarado, Clare Birchall, Cressie St Aubyn, Daniel Rothschild, Danny Grossman, Danny Rubens, Ed Hollingsworth, Eli Schachar, Emma Hogan, Fabienne Hess, Fazeelat Aslam, Fred Wilmot-Smith, Henrik Isackson, Hermione Hoby, Jane Friedman, Joanna Biggs, Jonathan Gingerich, JonnyYarker, Justin Zaremby, Kate Saunders- Hastings, Liz

Chatterjee, Marcel Przymusinski, Mary Wellesley, Matthew Campbell, Matt Knott, Merve Emre, Mirra Vane, Nick Mayer, Osh Jones, Paul Lodge, Philippa Hetherington, Polly Russell, Rob Simpson, Sanja Bogojevic, Steve Rose, Tabitha Goldstaub, Tom Adams, Vikrom Mathur 和 Zeynep Pamuk。

最后，我要为三个人保留特别的爱与感激——让我的心脏为之骤停的那种，他们三人也都仔细地阅读过我的手稿：

感谢保罗·迈尔斯克夫（Paul Myerscough），他讨厌别人对编辑的崇拜，但他值得被崇拜，且不只是因为他编辑这本书。谢谢你能忍受我对你的爱。

感谢我在自由之路上的同路人，我的天才朋友，我最好的朋友，丹妮拉·多弗。

感谢索菲·史密斯，她在这本书里的分量与我一样重。我知道这一经验，这一在眼前的墙上书写的经验……无法与除她之外的任何人分享，这个如此勇敢地站在我身边的女孩。这个女孩毫不犹豫地说，"写下去。"是她真正拥有德尔斐的女祭司一般的超然与正直。但是我……看到了图像，在阅读文字，或者说被赋予了内在的视野。或许在某种程度上，我们是一同"看见"它的，因为没有她，我承认，我无法写下去。

注 释

序

1. Judith Butler, *Gender Trouble: Feminism and the Subversion of Identity* (Routledge, 2010 [1990]), p.10.

2. Simone de Beauvoir, *The Second Sex*, trans. Constance Borde and Sheila Malovany-Chevallier (Vintage, 2011 [1949]), pp.765–6.

3. 一些关于此类近年发展动向的讨论，见 Verónica Gago, *Feminist International: How to Change Everything*, trans. Liz Mason-Deese (Verso, 2020)。

4. David R.Roediger, *The Wages of Whiteness: Race and the Making of the AmericanWorking Class* (Verso, 2007 [1991]), p.x.

5. Bernice Johnson Reagon, 'Coalition Politics: Turning the Century' [1981], in *Home Girls: A Black Feminist Anthology*, ed. Barbara Smith (KitchenTable:Women of Color Press, 1983): 356–68, p.359.

针对男人的阴谋

1. Liz Kelly, Jo Lovett and Linda Regan, 'A gap or a chasm?: Attrition in reported rape cases', Home Office Research Study 293(2005): http://webarchive.nationalarchives.gov.uk/20100418065544/homeoffice.gov.uk/rds/pdfs05/hors293.pdf, p.50. 我对这项研究

及随后讨论的国家免责登记处二者的关注皆从桑德拉·纽曼的文章《什么样的人会提出虚假强奸指控?》而起。'What kind of person makes false rape accusations?', *Quartz* (11 May 2017): https://qz.com/980766/the-truth-about-false-rape-accusations/. 我要感谢纽曼关于查阅登记处记录的建议。

2. Kelly et al., 'A gap or a chasm?', p.47. 该研究指出，即使是较高的 8%这个数字，"也大大低于本研究中受访警察所估计的报假警的概率"。(ibid., p.xi).

3. Federal Bureau of Investigations, *Crime in the United States 1996, Section II: Crime Index Offenses Reported* (1997): https://ucr.fbi.gov/ crime-in-the-u.s/1996/96sec2.pdf, p.24.

4. Bruce Gross, 'False Rape Allegations: An Assault on Justice', *The Forensic Examiner*, vol.18, no.1 (2009): 66–70, p.66; and Kelly et al.,'A gap or a chasm?'. 内政部报告的结论是，"受害者和犯罪者之间的相识程度越高，案件被认定为诬告的可能性就越低"（第 48 页）。与此同时，接受采访的几位警官承认，他们个人很容易不相信那些认识被指控的犯罪者的女性。

5. Joanna Jolly, 'Does India have a problem with false rape claims?', *BBC News* (8 February 2017): https://www.bbc.co.uk/news/magazine-38796457

6. Indian Ministry of Health and Family Welfare, 'National Family Health Survey (NFHS-4)' (2015–2016): https://dhsprogram.com/pubs/pdf/FR339/FR339.pdf, p.568.

7. Newman,'What kind of person makes false rape accusations?'

8. 据估计，在英国仅英格兰和威尔士，每年就有 1.2 万名年龄在 16 岁至 59 岁之间的男性经历强奸、强奸未遂或性侵犯：Home Office and the Office for National Statistics,'An Overview of Sexual Offending in England and Wales' (2013): https://www.gov.uk/government/statistics/an-overview-of-sexual-offending-in-england-and-wales。大规模监禁使美国成为唯一的男性被强奸率可能与女性不相上下的国家：Christopher Glazek,'Raise the Crime Rate', *n+1* (Winter 2012): https://nplusonemag.com/issue-

13/politics/raise-the-crime-rate/; and Jill Filipovic, 'Is the US the only country where more men are raped than women?', *Guardian* (21 February 2012):https://www.theguardian.com/commentisfree/cifamerica/2012/feb/21/us-more-men-raped-than-women。

9. 'The National Registry of Exonerations', *The National Registry of Exonerations*: https://www.law.umich.edu/special/exoneration/Pages/about.aspx.冤假错案的可靠估计很难获得，因为它们通常基于免罪率，充其量是冤假错案的一个非常不准确的替代。关于根据免罪数据估计冤假错案比例的复杂性，见Jon B. Gould and Richard A. Leo, 'One Hundred Years Later: Wrongful Convictions After a Century of Research', *Journal of Criminal Law and Criminology*, vol.100, no.3 (2010): 825–68。近年的一项研究估计，在弗吉尼亚州，涉及性侵犯的案件的冤假错案比例高达 11.6%，请参见KellyWalsh, Jeanette Hussemann,Abigail Flynn, Jennifer Yahner and Laura Golian,'Estimating the Prevalence ofWrongful Convictions', *Office of Justice Programs' National Criminal Justice Reference Service* (2017): https://www.ncjrs.gov/pdffiles1/nij/grants/251115.pdf。

10. 'The National Registry of Exonerations'.

11. 'Perpetrators of Sexual Violence: Statistics', *RAINN*: https://www.rainn.org/statistics/perpetrators-sexual-violence

12. Samuel R. Gross, Maurice Possley and Klara Stephens, 'Race and Wrongful Convictions in the United States', *National Registry of Exonerations* (2017): http://www.law.umich.edu/special/exoneration/Documents/Race_and_Wrongful_Convictions.pdf, p.iii.

13. Bernadette Rabuy and Daniel Kopf, 'Prisons of Poverty: Uncovering the pre-incarceration incomes of the imprisoned', Prison Policy Initiative (9 July 2015): https://www.prisonpolicy.org/reports/income.html

14. Quoted in Mia Bay, 'Introduction', in Ida B. Wells, *The Light of Truth*, ed. Mia Bay (Penguin Classics, 2014): xix–xxxi, p.xxv.

15. Ida B.Wells, 'A Red Record. Tabulated Statistics and Alleged

Causes of Lynchings in the United States, 1892-1893-1894'
[1895], in Wells, *The Light of Truth*: 220–312.

16. Sheila Weller, 'How Author Timothy Tyson Found the Woman at the Center of the Emmett Till Case', *Vanity Fair* (26 January 2017): https://www.vanityfair.com/news/2017/01/how-author- timothy-tyson-found-the-woman-at-the-center-of-the-emmett-till- case

17. 关于殖民背景下的强奸诬告的讨论，请参见 Amirah Inglis, *The White Women's Protection Ordinance: Sexual Anxiety and Politics in Papua* (Chatto and Windus, 1975); Norman Etherington, 'Natal's Black Rape Scare of the 1870s', *Journal of Southern African Studies*, vol.15, no.1 (1988): 36–53; John Pape, 'Black and White: The "Perils of Sex" in Colonial Zimbabwe', *Journal of Southern African Studies*, vol.16, no.4 (1990): 699–720; Vron Ware, *Beyond the Pale:White Women, Racism and History* (Verso, 1992); Jenny Sharpe, *Allegories of Empire: The Figure of Woman in the Colonial Text* (University of Minnesota Press, 1993); Alison Blunt, 'Embodying war: British women and domestic defilement in the Indian "Mutiny", 1857–8', *Journal of Historical Geography*, vol.26, no.3 (2000): 403–28; David M. Anderson, 'Sexual Threat and Settler Society: "Black Perils" in Kenya, *c.* 1907–30', *The Journal of Imperial and Commonwealth History*, vol.38, no.1 (2010): 47–74; and David Sheen, 'Israel weaponizes rape culture against Palestinians', *The Electronic Intifada* (31 January 2017): https://electronicintifada.net/ content/israel-weaponizes-rape-culture-against-palestinians/19386。

18. 在美国，黑人男性被误判谋杀罪的可能性是白人男性的 7 倍 (Gross et al., 'Race and Wrongful Convictions', p.4)；平均而言，同样的罪行，黑人男性被判的刑期比白人男性长 20% (Joe Palazzolo, 'Racial Gap in Men's Sentencing', *The Wall Street Journal* [14 February 2013]: https://www.wsj.com/articles/ SB10001424127887324432004578304463789858002)；黑人女孩在进入少年司法系统时，受到的判罚比所有其他种族

的女孩都重 (Kimberlé Williams Crenshaw, Priscilla Ocen and Jyoti Nanda,'Black Girls Matter: Pushed Out, Overpoliced and Underprotected', *African American Policy Forum* [2015]: https://www.atlanticphilanthropies.org/wp-content/uploads/2015/09/BlackGirlsMatter_Report.pdf, p.6)；被停学的黑人男孩数量是白人男孩的3倍，而被停学的黑人女孩数量是白人女孩的6倍 (ibid., p.16)；在黑人占人口27%的纽约市，被警察拦下的女性中有53.4%是黑人，男性中有55.7%是黑人 (Kimberlé Williams Crenshaw, Andrea J. Ritchie, Rachel Anspach, Rachel Gilmer and Luke Harris,'Say Her Name: Resisting Police Brutality Against Black Women', *African American Policy Forum* [2015]: https://www.aapf.org/sayhername, p.5)；黑人男性一生中被警察杀死的可能性是白人男性的2.5倍，而黑人女性一生中被警察杀死的可能性是白人女性的1.4倍 (Frank Edwards, Hedwig Lee and Michael Esposito, 'Risk of being killed by police use of force in the United States by age, race– ethnicity, and sex', *Proceedings of the National Academy of Sciences of the United States of America*, vol.116, no.34 [2019]: 16,793–8)。

19. 关于黑人男性与布雷特·卡瓦诺共情的现象的讨论，参见 Jemele Hill, 'What the Black Men Who Identify With Brett Kavanaugh Are Missing', *The Atlantic* (12 October 2018): https://www.theatlantic.com/ideas/archive/2018/10/why-black-men-relate-brett-kavanaugh/572776/。

20. Dan A.Turner, 'Letter from Brock Turner's Father'(2016): https://www.stanforddaily.com/2016/06/08/the-full-letter- read-by-brock-turners-father-at-his-sentencing-hearing/

21. 'Brett Kavanaugh's Opening Statement: Full Transcript', *New York Times* (26 September 2018): https://www.nytimes.com/2018/09/26/us/politics/read-brett-kavanaughs-complete-opening-state-ment.html

22. Kate Kelly and David Enrich, 'Kavanaugh's Yearbook Page Is "Horrible, Hurtful" to a Woman It Named', *New York Times* (24

September 2018): https://www.nytimes.com/2018/09/24/busi-ness/brett-kavanaugh-yearbook-renate.html

23. Mollie Hemingway and Carrie Severino, 'Christine Blasey Ford's Father Supported Brett Kavanaugh's Confirmation', *The Federalist* (12 September 2019): https://thefederalist.com/2019/09/12/chris-tine-blasey-fords-father-supported-brett-kavanaughs-confirmation/

24. JoAnn Wypijewski, 'What We Don't Talk About When We Talk About #MeToo', *The Nation* (22 February 2018): https://www.thenation.com/article/archive/ what-we-dont-talk-about-when-we-talk-about-metoo/

25. Emily Yoffe, 'The Uncomfortable Truth about Campus Rape Policy', *The Atlantic* (6 September 2017): https://www.the- atlantic.com/education/archive/2017/09/the-uncomfortable- truth-about-campus-rape-policy/538974/

26. Shulamith Firestone, *The Dialectic of Sex* (Verso, 2015 [1970]).

27. Angela Y. Davis, *Women, Race & Class* (Penguin Modern Classics, 2019[1981]), p.163.

28. Libby Purves, 'Indian women need a cultural earthquake', *The Times* (31 December 2012): https://www.thetimes.co.uk/article/indian-women-need-a-cultural-earthquake-mtgbgxd3mvd

29. 关于"不可被强奸"迷思在本土美国人和第一民族女性身上的套用：Andrea Smith, *Conquest: Sexual Violence and American Indian Genocide* (South End Press, 2005); Jacki Thompson Rand, *Kiowa Humanity and the Invasion of the State* (University of Nebraska Press, 2008); Maya Seshia, 'Naming Systemic Violence in Winnipeg's Street Sex Trade', *Canadian Journal of Urban Research*, vol.19, no.1 (2010): 1–17。关于在南非出现的同样的现象，请参见：Pumla Dineo Gqola, *Rape: A South African Nightmare* (MF Books Joburg, 2015); Rebecca Helman, 'Mapping the unrapeability of white and black womxn', *Agenda:Empowering women for gender equality*, vol.32, no.4 (2018): 10–21。关于澳

250

大利亚：Ann McGrath, '"Black Velvet": Aboriginal women and their relations with white men in the Northern Territory 1910–40', in *So Much Hard Work: Women and Prostitution in Australian History*, ed. Kay Daniels (Fontana Books, 1984): 233–97; Greta Bird and Pat O'Malley, 'Kooris, Internal Colonialism, and Social Justice', *Social Justice*, vol.16, no.3 (1989): 35–50; Larissa Behrendt, 'Consent in a (Neo)Colonial Society: Aboriginal Women as Sexual and Legal "Other"', *Australian Feminist Studies*, vol.15, no.33 (2000): 353–67; Corrinne Tayce Sullivan, 'Indigenous Australian women's colonial sexual intimacies: positioning indigenous women's agency', *Culture, Health & Sexuality*, vol.20, no.4 (2018): 397–410。历史学家帕梅拉·斯库利（Pamela Scully）注意到"历史学有一种奇怪的特点：作者通常都更关注白人女性被黑人男性强奸的难以坐实的迷思，对于殖民主义如何创造了条件纵容白人男性对黑人女性的大规模强奸则较不关心"(Pamela Scully,'Rape, Race, and Colonial Culture:The Sexual Politics of Identity in the Nineteenth- Century Cape Colony, South Africa', *The American Historical Review*, vol.100, no.2 [1995]: 335–59, p.337)。

30. Scully, 'Rape,Race,andColonialCulture',pp.335ff.

31. Carolyn M.West and Kalimah Johnson, 'Sexual Violence in the Lives of African American Women', *National Online Resource Center on Violence Against Women* (2013): https://vawnet.org/sites/default/files/materials/files/2016-09/AR_SVAAWomenRevised.pdf, p.2.

32. Joanna Bourke, *Rape: A History from 1860 to the Present Day* (Virago, 2007), p.77.

33. Rebecca Epstein, Jamilia J. Blake and Thalia González, 'Girlhood Interrupted:The Erasure of Black Girls' Childhood', *Georgetown Center on Poverty and Inequality* (2017): https://ssrn.com/abstract=3000695

34. Kimberlé Williams Crenshaw, 'I Believe I Can Lie', *The Baffler* (17 January 2019): https://thebaffler.com/latest/i-believe-i-can-lie-

crenshaw

35. 在美国，估计有41.2%的非西班牙裔黑人女性在其一生中会经历来自亲密伴侣的肢体暴力，而非西班牙裔白人女性的比率为30.5%。美国本土女性的这一数字为51.7%，西班牙裔女性为29.7% (Matthew J. Breiding, Sharon G. Smith, Kathleen C. Basile, Mikel L. Walters, Jieru Chen and Melissa T. Merrick, 'Prevalence and Characteristics of Sexual Violence, Stalking, and Intimate Partner Violence Victimization – National Intimate Partner and SexualViolence Survey, United States, 2011', *Center for Disease Control and Prevention: Morbidity and Mortality Weekly Report*, vol.63, no.8 [2014]: https://www.cdc.gov/mmwr/preview/mmwrhtml/ss6308a1.htm, table 7)。美国黑人女性被谋杀的比率是白人女性的3倍 (Emiko Petrosky, Janet M. Blair, Carter J. Betz, Katherine A. Fowler, Shane P.D. Jack and Bridget H. Lyons, 'Racial and Ethnic Differences in Homicides of Adult Women and the Role of Intimate Partner Violence – United States, 2003–2014', *Morbidity and MortalityWeekly Report*, vol.66, no.28 [2017]: 741–6, p.742)。

36. Beth E. Richie, *Arrested Justice: Black Women, Violence, and America's Prison Nation* (NYU Press, 2012).

37. ShatemaThreadcraft, 'North American Necropolitics and Gender: On #BlackLivesMatter and Black Femicide', *South Atlantic Quarterly*, vol.116, no.3 (2017): 553–79, p.574.

38. Ibid., p.566.

39. Joe Coscarelli, 'R. Kelly Faces a #MeToo Reckoning as Time's Up Backs a Protest', *New York Times* (1 May 2018): https://www.nytimes.com/2018/05/01/arts/music/r-kelly-timesup-metoo-muterkelly.html

40. 在《逃脱R. 凯利的魔爪》中，凯利的音乐合作者之一说唱者钱斯（Chance the Rapper）承认，他没有相信指控者的说辞，"因为她们是黑女人"。('Chance the Rapper Apologizes for Working With R. Kelly', *NBC Chicago* [8 January 2019]:

252

https://www.nbcchicago.com/news/local/Chance-the-Rapper-Apologizes-for-Working-With-R-Kelly-504063131.html)

41. Alan Blinder, 'Was That Ralph Northam in Blackface? An Inquiry Ends Without Answers', *New York Times* (22 May 2019): https://www.nytimes.com/2019/05/22/us/ralph-northam-blackface-photo.html

42. 'Virginia's Justin Fairfax Compared Himself To Lynching Victims In An Impromptu Address', *YouTube* (25 February 2019): https://www. youtube.com/watch?v=ZTaTssa2d8E

43. AnubhaBhonsle, 'Indian Army, Rape Us', *Outlook* (10 February 2016): https://www.outlookindia.com/website/story/ indian-army-rape-us/296634. 感谢杜尔瓦·米特拉（Durba Mitra）让我关注到这一案件与其惊人的余波。

44. 关于低种姓、"性行为异常"的女性在印度殖民和后殖民时期的社会形成中的作用，请参见Durba Mitra, *Indian Sex Life: Sexuality and the Colonial Origins of Modern SocialThought*(Princeton University Press, 2020)。

45. 'Hathras case: A woman repeatedly reported rape. Why are police denying it?', *BBC News* (10 October 2020): https://www.bbc.co.uk/ news/world-asia-india-54444939

46. Adrija Bose, ' "Why Should I Be Punished?"': Punita Devi, Wife of Nirbhaya Convict, Fears Future of "Shame"', *News 18* (19 March 2020): https://www.news18.com/news/buzz/why-should-i-be- punished-punita-devi-wife-of-nirbhaya-convict-fears-future-of- shame-delhi-gangrape-2543091.html

47. Ibid. 关于印度女权主义者（主要是监狱主义女权主义者）对辛格轮奸案的反应，以及她们在马克思主义女权主义者那里受到的批评，请参见Prabha Kotiswaran, 'Governance Feminism in the Postcolony: Reforming India's Rape Laws', in Janet Halley, Prabha Kotiswaran, Rachel Rebouché and Hila Shamir, *Governance Feminism: An Introduction* (University of Minnesota Press, 2018): 75–148。关于对性暴力的监狱式回应的批评，请参见

253

'Sex, Carceralism, Capitalism' (this volume)。

48. Claudia Jones, 'An End to the Neglect of the Problems of the Negro Woman!' [1949], in *Claudia Jones: Beyond Containment*, ed. Carole Boyce Davies (Ayebia Clarke Publishing, 2011): 74–86; Frances M. Beal, 'Double Jeopardy: To Be Black and Female' [1969], *Meridians: feminism, race, transnationalism*, vol.8, no.2 (2008): 166–76; Enriqueta Longeaux y Vásquez, 'The Mexican-American Woman', in *Sisterhood is Powerful:An Anthology ofWritings from theWomen's Liberation Movement*, ed. Robin Morgan (Vintage, 1970): 379–84; Selma James, *Sex, Race and Class* (Falling Wall Press, 1975); The Combahee River Collective, 'A Black Feminist Statement' [1977], in *Home Girls: A Black Feminist Anthology*, ed. Barbara Smith (KitchenTable:Women of Color Press, 1983): 272–92; Lorraine Bethel and Barbara Smith, eds, *Conditions: Five: The Black Women's Issue* (1979); Davis, *Women, Race & Class*; Cherríe Moraga and Gloria E. Anzaldúa, eds, *This Bridge Called My Back:Writings by RadicalWomen of Color* (Persephone Press, 1981); Bell Hooks, *Ain't I a Woman? Black women and feminism* (South End Press, 1981); Bell Hooks, *Feminist Theory: From Margin to Center* (Routledge, 1984); and Kimberlé Crenshaw, 'Demarginalizing the Intersection of Race and Sex: A Black Feminist Critique of Antidiscrimination Doctrine, Feminist Theory and Antiracist Politics', *University of Chicago Legal Forum*, vol.1989, no.1 (1989): 139–67.

49. 对这一现象的详细阐述，请参见 'Sex, Carceralism, Capitalism' (this volume)。

50. Ida B.Wells,'Southern Horrors: Lynch Laws in All Its Phases' [1892], in *Southern Horrors and OtherWritings:The Anti-Lynching Campaign of Ida B.Wells, 1892–1900*, ed. Jacqueline Jones Royster (Bedford Books, 1997): 49–72, p.59.

51. Jia Tolentino, 'Jian Ghomeshi, John Hockenberry, and the Laws of Patriarchal Physics', *New Yorker* (17 September 2018): https://

www. newyorker.com/culture/cultural-comment/jian-ghomeshi-john- hockenberry-and-the-laws-of-patriarchal-physics

52. Patrick Smith and Amber Jamieson, 'Louis C.K. Mocks Parkland Shooting Survivors, Asian Men, And Nonbinary Teens In Leaked Audio', *BuzzFeed News* (31 December 2018): https://www. buzzfeednews.com/article/patricksmith/louis-ck-mocks-parkland-shooting-sur- vivors-asian-men-and

53. 与此同时，唯一对C.K.的行为采取直接行动的电视节目——泰格·诺塔罗（Tig Notaro）和迪亚布洛·科迪（Diablo Cody）精彩而动人的《密西西比》（One Mississippi），C.K.曾在其中担任执行制片人——在两季之后被亚马逊砍掉了。

54. Glenn Whipp, 'A year after #MeToo upended the status quo, the accused are attempting comebacks — but not offering apologies', *Los Angeles Times* (5 October 2018): https://www.latimes.com/ enter- tainment/la-ca-mn-me-too-men-apology-20181005-story.html

55. John Hockenberry, 'Exile', *Harper's* (October 2018): https://harpers.org/archive/2018/10/exile-4/

56. Kevin Spacey (@KevinSpacey), *Twitter* (30 October 2017): https:// twitter.com/KevinSpacey/status/924848412842971136

57. Kevin Spacey,'Let Me Be Frank', *YouTube* (24 December 2018): www. youtube.com/watch?v=JZveA-NAIDI

58. Michelle Goldberg, 'The Shame of the MeToo Men', *New York Times* (14 September 2018): https://www.nytimes.com/2018/09/14/ opinion/columnists/metoo-movement-franken-hockenberry-macdonald.html

59. Catharine A. MacKinnon, *Toward a Feminist Theory of the State* (Harvard University Press, 1991 [1989]), p.180.

60. *R v. Cogan and Leak* (1976) QB 217.

61. 利克被判犯有协助和教唆强奸罪，尽管从法律的角度来看并没有强奸意图或强奸行为发生。他没有因强奸他的妻子而被指控："婚内强奸例外"在 1991 年才被上议院推翻。

62. Melena Ryzik, Cara Buckley and Jodi Kantor, 'Louis C.K. Is

Accused by 5 Women of Sexual Misconduct', *New York Times* (9 November 2017): https://www.nytimes.com/2017/11/09/arts/television/louis-ck-sexual-misconduct.html

63. 'The Reckoning: Women and Power in the Work place', *New York Times Magazine* (13 December 2017): https://www.nytimes.com/interac-tive/2017/12/13/magazine/the-reckoning-women-and-power-in-the-workplace.html

64. 2018年，刚刚上任《纽约书评》编辑的伊恩·布鲁玛（Ian Buruma）刊发了简·霍姆施的一篇个人随笔（"Reflections from a Hashtag", *New York Review of Books* [11 October 2018]: https://www.nybooks.com/articles/2018/10/11/reflections-hashtag/），他在2014年因被几名女性指控性侵犯而被加拿大广播公司解雇。这篇文章是一篇错乱的自我开脱，没有提其中一名女性提出的指控是在霍姆施同意向她道歉后才撤销的。包括我在内的女权主义者在推特上对布鲁玛发表霍姆施文章的决定表达了反感。不久之后，布鲁玛被迫离职了。《纽约时报》关于解雇的报道里用到了我推文的截屏。我感到很不安。一方面，我认为布鲁玛在这件事上的编辑判断力很差，从我听到的和后来的报道来看，他用自己的意志压制了其他员工的不同意见，其中一些是在该杂志工作了很长时间的资深的女性。我希望这就是他被迫辞职的原因：被自己的员工逼迫辞职，因为他是一个糟糕的编辑、一个独断专行的老板。但是，如果就像布鲁玛自己所说的那样，他被逼辞职，只是因为一群"社交媒体暴徒"（我也是其中一员）迫使《纽约书评》的董事会出手呢？一个编辑在推特上激起了公众的愤怒，并不是一个解雇他的好理由，即便这种愤怒是合理的。不在社交媒体上激怒公众，并不是成为一名好编辑的必要条件，正如这也不是成为一名好学者的必要条件。激怒了很多人的女权主义者，应该第一个站出来坚持，致力于寻求真理的机构——文学杂志、大学——不应依赖公众的认可而存在。

65. Complaint, *Bonsu v. University of Massachusetts – Amherst*, Civil Action No.3:15-cv-30172-MGM (District of Massachusetts, Sept.

25, 2015), p.9.

66. Yoffe, 'The Uncomfortable Truth'.

67. Complaint, *Bonsu v. Univ. of Mass.*, p.10.

68. Ibid.

69. 马萨诸塞州是美国仍使用暴力与威胁，而非同意原则（无论是否"积极"同意）来定义强奸的州之一；因此，强奸是犯罪者"以暴力强迫某人，使其违背其意愿屈服，或以身体伤害相威胁，强迫某人屈服"的情况下"与该人发生的性交或非自然性交"。Mass. Gen. Law 265, §22.

70. Yoffe, 'The Uncomfortable Truth'.

71. Jacob Gersen and Jeannie Suk, 'The Sex Bureaucracy', *California Law Review*, vol.104, no.4 (2016): 881–948; Janet Halley, 'Trading the Megaphone for the Gavel in Title IX Enforcement', *Harvard Law Review Forum*, vol.128 (2015): 103–17; Janet Halley, 'The Move to Affirmative Consent', *Signs*, vol.42, no.1 (2016): 257–79; Laura Kipnis, *Unwanted Advances: Sexual Paranoia Comes to Campus* (HarperCollins, 2017); Elizabeth Bartholet, Nancy Gertner, Janet Halley and Jeannie Suk Gersen, 'Fairness ForAll Students UnderTitle IX', *Digital Access to Scholarship at Harvard* (21 August 2017): http:// nrs.harvard. edu/urn-3:HUL.InstRepos:33789434; Wesley Yang, 'The Revolt of the Feminist Law Profs: Jeannie Suk Gersen and the fight to save Title IX from itself', *The Chronicle of Higher Education* (7 August 2019): https://www.chronicle.com/article/the-revolt-of-the-feminist-law-profs/

72. Gersen and Suk, 'The Sex Bureaucracy', p.946, 强调为我所加。

73. 露丝·巴德·金斯伯格（Ruth Bader Ginsburg）说，"对一些大学行为准则没有给被指控者一个公平的听证机会的批评"是正确的，"每个人都应该得到公平的听证"。(Jeffrey Rosen, 'Ruth Bader Ginsburg Opens Up About #MeToo, Voting Rights, and Millennials', *The Atlantic* (15 February 2018): https://www. theatlantic.com/politics/archive/2018/02/ruth-bader-ginsburg-

opens-up-about-metoo-voting-rights-and-mil-lenials/553409/).

74. Gersen and Suk, 'The Sex Bureaucracy', p.946.

75. 在"重新定义强奸"中，麦金农写道，"性别属于这样一类不平等，当它作为一种权力形式被利用并在性互动中被用作一种胁迫形式时，就会使性行为成为强奸。"(Catharine A. MacKinnon, 'Rape Redefined', *Harvard Law & Policy Review*, vol.10, no.2 (2016): 431–77, p.469).

76. Cal. Educ. Code §67386. 关于杰里·布朗在加州大规模监禁的增长中所起的作用，请参见Ruth Wilson Gilmore, *Golden Gulag: Prisons, Surplus, Crisis, and Opposition in Globalizing California* (University of California Press, 2007)。

77. Ezra Klein, '"Yes Means Yes" is a terrible law, and I completely support it', *Vox* (13 October 2014): https://www.vox.com/2014/10/13/6966847/yes-means-yes-is-a-terrible-bill- and-i-completely-support-it

78. MacKinnon, 'Rape Redefined', p.454. 关于同意范式的局限性的相关讨论，请参见 Linda MartínAlcoff, *Rape and Resistance* (Polity, 2018); and Joseph J. Fischel, *Screw Consent: A Better Politics of Sexual Justice* (University of California Press, 2019)。

79. 新泽西州："为了确定假定的性侵受害者的有效同意，被告必须证明存在'积极且自愿表达的许可……'"(*State v. Cuni*, 733 A.2d 414, 159 N.J. 584 [1999], p.424).俄克拉荷马州："'同意'一词是指在一次性接触中，肯定、明确和自愿地同意进行特定的性活动，这种同意可以在任何时候撤销。"(Okla. Stat. 21 §113).威斯康星州："'同意'是指有能力做出知情同意的人的言语或公开行动，表明自愿同意进行性交或性接触。"[Wis. Stat. § 940.225(4)].

80. Complaint, *Bonsu v. Univ. of Mass.*, p.10.

81. Tolentino, 'Jian Ghomeshi, John Hockenberry, and the Laws of Patriarchal Physics'.

82. Jian Ghomeshi, 'Reflections from a Hashtag'.

83. Goldberg, 'The Shame of the MeToo Men'.

色情的力量

1. 它实际的标题没有那么标题党:"学者与女权主义者IX: 通往一种性政治"('The Scholar and the Feminist IX:Towards a Politics of Sexuality')。

2. *Diary of a Conference on Sexuality* (1982), http://www.darkmatterarchives.net/wp-content/uploads/2011/12/Diary-of-a-Conference-on-Sexuality.pdf, p.38.

3. Lorna Norman Bracewell, 'Beyond Barnard: Liberalism, Antipornography Feminism, and the Sex Wars', *Signs*, vol.42, no.1 (2016): 23–48, p.23.

4. *Diary of a Conference on Sexuality*, p.72.

5. Alice Echols, 'Retrospective: Tangled Up in Pleasure and Danger', *Signs*, vol.42, no.1 (2016): 11–22, p.12.

6. Rachel Corbman, 'The Scholars and the Feminists: The Barnard Sex Conference and the History of the Institutionalization of Feminism', *Feminist Formations*, vol.27, no.3 (2015): 49–80, p.59.

7. Coalition for a Feminist Sexuality and against Sadomasochism, [The Barnard Leaflet], reproduced in *Feminist Studies*, vol.9, no.1 (1983): 180–2.

8. *Diary of a Conference on Sexuality*, p.72.

9. Gayle Rubin, 'Blood Under the Bridge: Reflections on "Thinking Sex"', *GLQ:A Journal of Lesbian and Gay Studies*, vol.17, no.1 (2011): 15– 48, pp.26–7.

10. Elizabeth Wilson, 'The Context of "Between Pleasure and Danger":The Barnard Conference on Sexuality', *Feminist Review*, vol.13, no.1 (1983): 35–41, p.40.

11. Ibid., p.35.

12. Rubin, 'Blood Under the Bridge', p.34.

13. Sheila Jeffreys, 'Let us be free to debate transgenderism without being accused of 'hate speech'', *Guardian* (29 May 2012): https://www.theguardian.com/commentisfree/ 2012/may/29/

transgenderism-hate-speech

14. Rubin, 'Blood Under the Bridge', p.16.

15. 准确说是对于世界上一半的人口无处不在、即时可享。而另外一半上不了网。中国和印度在绝对意义上拥有世界上最多的互联网用户，但它们国内分别只有 54%和 30%人口能够上网。在阿富汗，这个数字是 10%。在刚果民主共和国，这个数字是 6%。(Max Roser, Hannah Ritchie and Esteban Ortiz-Ospina, 'Internet', *Our World in Data* (2017): https:// ourworldindata.org/internet).

16. Alice Echols, *Daring to Be Bad: Radical Feminism in America 1967–1975* (University of Minnesota Press, 2011 [1989]), p.361 fn.7; Bracewell, 'Beyond Barnard', pp.29–30 fn.19; and Robin Morgan, 'Goodbye to All That' [1970], in *The Sixties Papers: Documents of a Rebellious Decade*, ed. Judith Clavir Albert and Stewart Edward Albert (Praeger, 1984): 509–16.

17. Andrea Dworkin, 'Suffering and Speech', in *In Harm's Way: The Pornography Civil Rights Hearings*, ed. Catharine A. MacKinnon and Andrea Dworkin (Harvard University Press, 1997): 25–36, p.28; and Bracewell, 'Beyond Barnard', pp.28–30.

18. Robin Morgan,'Theory and Practice: Pornography and Rape' [1974], in *Take Back the Night:Women on Pornography*, ed. Laura Lederer (William Morrow and Company, 1980): 134–47, p.139.

19. Rubin, 'Blood under the Bridge', pp.29–30.

20. Georgia Dullea, 'In Feminists' Antipornography Drive, 42d Street Is the Target', *New York Times* (6 July 1979): https://www. nytimes. com/1979/07/06/archives/in-feminists-antipornography-drive-42d-street-is-the-target.html

21. Ibid.

22. Morgan, 'Theory and Practice', p.139.

23. Catharine A. MacKinnon, *Only Words* (Harvard University Press, 1996 [1993]), pp.21–2.

24. Patricia Hill Collins, *Black Feminist Thought* (Routledge, 1991

[1990]), p.168.

25. Ibid., pp.167–8.

26. Ann Snitow, Christine Stansell and Sharon Thompson, eds, *Powers of Desire:The Politics of Sexuality* (Monthly Review Press, 1983), p.460. 这句引文来自编辑在埃伦·威利斯的文章《女权主义、道德主义与色情》("Feminism, Moralism, and Pornography")的开头所加的卷首语。

27. MacKinnon, *Only Words,* pp.19–20.

28. Michael Castleman, 'Surprising New Data from the World's Most Popular Porn Site', *Psychology Today* (15 March 2018): https:// www.psychologytoday.com/us/blog/all-about-sex/201803/ surprising-new-data-the-world-s-most-popular-porn-site

29. Gert Martin Hald, Neil M.Malamuth and Carlin Yuen, 'Pornography and Attitudes Supporting Violence Against Women: Revisiting the Relationship in Nonexperimental Studies', *Aggressive Behavior*, vol.36, no.1 (2010): 14–20, p.18.

30. Ibid.

31. Paul J. Wright and Michelle Funk, 'Pornography Consumption and Opposition to Affirmative Action for Women: A Prospective Study', *Psychology ofWomen Quarterly*, vol.38, no.2 (2014): 208–21.

32. Elizabeth Oddone-Paolucci, Mark Genius and Claudio Violato, 'A Meta-Analysis of the Published Research on the Effects of Pornography', in *The Changing Family and Child Development* (Ashgate, 2000): 48–59.

33. Neil M.Malamuth, Tamara Addison and Mary Koss,' Pornography and Sexual Aggression: Are There Reliable Effects and Can We Understand Them?', *Annual Review of Sex Research*, vol.11, no.1 (2000): 26–91.

34. Joetta L.Carr and Karen M.VanDeusen, 'Risk Factors for Male Sexual Aggression on College Campuses', *Journal of Family Violence*, vol.19, no.5 (2004): 279–89.

35. Matthew W. Brosi, John D. Foubert, R. Sean Bannon and Gabriel Yandell, 'Effects of Sorority Members' Pornography Use on Bystander Intervention in a Sexual Assault Situation and Rape Myth Acceptance', *Oracle:The Research Journal of the Association of Fraternity/ Sorority Advisors*, vol.6, no.2 (2011): 26–35.

36. 'Study exposes secret world of porn addiction', *University of Sydney* (10 May 2012): http://sydney.edu.au/news/84. html?newscategoryi d=1&newsstoryid=9176

37. Gustavo S. Mesch, 'Social Bonds and Internet Pornographic Exposure Among Adolescents', *Journal of Adolescence*, vol.32, no.3 (2009): 601–18.

38. Jon Ronson, 'The Butterfly Effect', *Audible* (2017): www. jonronson. com/butterfly.html, episode 4: 'Children'.

39. Maddy Coy, Liz Kelly, Fiona Elvines, Maria Garner and Ava Kanyeredzi,' "Sex without consent, I suppose that is rape": How Young People in England Understand Sexual Consent', *Office of the Children's Commissioner* (2013): https://www. childrenscommissioner.gov.uk/report/sex-without-consent-i-suppose-that-is-rape/. 雷·兰顿关于这项研究及其对女性主义色情辩论影响的讨论，参见'Is Pornography Like The Law?', in *Beyond Speech: Pornography and Analytic Feminist Philosophy*, ed. Mari Mikkola (Oxford University Press, 2017): 23–38。

40. Rae Langton, 'Speech Acts and Unspeakable Acts', *Philosophy and Public Affairs*, vol.22, no.4 (1993): 293–330, p.311.

41. Stoya, 'Feminism and Me', *Vice* (15 August 2013): https://www. vice. com/en/article/bn5gmz/stoya-feminism-and-me

42. Stoya, 'Can There Be Good Porn?', *New York Times* (4 March 2018): https://www.nytimes.com/2018/03/04/opinion/stoya-good-porn.html

43. Peggy Orenstein, *Girls & Sex: Navigating the Complicated New Landscape* (One World, 2016), pp.7–8.

44. 在 2005 年至 2008 年期间对异性恋美国大学生进行的一项

大型研究中，研究人员发现，在涉及口交的首次性行为中，55%的情况下是男性单独接受口交；与此同时，女性在此类情况下单独接受口交的比例仅为19%。研究人员还发现，在第一次性行为当中，达到高潮的男性是女性的3倍；这一差距在恋爱关系中有所缩小，但也不接近，女大学生达到高潮的频率是男性伴侣的79% (Elizabeth A. Armstrong, Paula England and Alison C. K. Fogarty, 'Orgasm in College Hookups and Relationships', in *Families asThey Really Are*, 2nd edition, ed. Barbara J. RismanandVirginia E. Rutter (W.W. Norton, 2015), pp.280–96)。

45. Nancy Bauer, 'Pornutopia', *n+1* (Winter 2007): https://nplus-onemag.com/issue-5/essays/pornutopia/

46. 该采访的部分内容出现在波莉·罗素（Polly Russell）的"未完成的事业"系列播客中 (*British Library* (2020): https://www.bl.uk/podcasts, series 2, episode 2: 'The Politics of Pleasure')。

47. Zoë Heller, '"Hot" Sex & Young Girls', *New York Review of Books* (18 August 2016): https://www.nybooks.com/articles/2016/08/18/ hot-sex-young-girls/

48. Vincent Canby, 'What Are We To Think of "Deep Throat"?', *New York Times* (21 January 1973): https://www.nytimes.com/1973/01/21/archives/what-are-we-to-think-of-deep-throat-what-to-think-of- deep-throat.html

49. Stuart Taylor Jr., 'Pornography Foes Lose New Weapon in Supreme Court', *New York Times* (25 February 1986): https://www.nytimes. com/1986/02/25/us/pornography-foes-lose-new-weapon-in-supreme-court.html, emphasis mine.

50. *R.A.V. v. City of St. Paul, Minnesota*, 505 U.S. 377 (1992).

51. St. Paul Bias-Motivated Crime Ordinance, St. Paul, Minn. Legis. Code § 292.02 (1990).

52. MacKinnon, *Only Words*, p.12.

53. *R. v. Butler* (1992) 1 S.C.R. 452.

54. MacKinnon, *Only Words*, p.103.

55. *R v. Scythes* (1993) OJ 537. 请参见 Becki L. Ross, '"It's Merely Designed for Sexual Arousal": Interrogating the Indefensibility of Lesbian Smut' [1997], in *Feminism and Pornography*, ed. Drucilla Cornell (Oxford University Press, 2007 [2000]): 264–317, pp.264ff。关于对巴特勒案的有条件的辩护，请参见Ann Scales, 'Avoiding Constitutional Depression: Bad Attitudes and the Fate of *Butler'* [1994], in *Feminism and Pornography*, ed. Drucilla Cornell (Oxford University Press, 2007 [2000]): 318–44。

56. Jeffrey Toobin, 'X-Rated', *New Yorker*(3 October 1994): pp.70–8.

57. Ellen Willis, 'Feminism, Moralism, and Pornography'[1979], in *Powers of Desire:The Politics of Sexuality*, ed. Ann Snitow, Christine Stansell and Sharon Thompson (Monthly Review Press, 1983): 460–7, p.464.

58. Bracewell, 'BeyondBarnard', p.35 fn.29.

59. 'Attorney General's Commission on Pornography: Final Report', *U.S. Department of Justice* (1986), vol.1, p.78.

60. Morgan, 'Theory and Practice',p.137.

61. Christopher Hooton, 'A long list of sex acts just got banned in UK porn', *Independent* (2 December 2014): https://www.independent.co.uk/news/uk/a-long-list-of-sex-acts-just-got-banned-in-uk-porn-9897174.html

62. Frankie Miren, 'British BDSM Enthusiasts Say Goodbye to Their Favorite Homegrown Porn', *Vice* (1 December 2014): https://www. vice.com/en_uk/article/nnqybz/the-end-of-uk-bdsm-282

63. Tracy McVeigh, 'Can Iceland lead the way towards a ban on violent online pornography?', *Observer* (16 February 2013): https://www.theguardian.com/world/2013/feb/16/iceland-online-pornography

64. Katrien Jacobs, 'Internationalizing Porn Studies', *Porn Studies*, vol.1, no.1–2 (2014): 114–19, p.117.

65. 'UK's controversial "porn blocker" plan dropped', *BBC News* (16 October 2019): https://www.bbc.co.uk/news/ technology-50073102

66. Tom Crewe, 'The p-p-porn ban', *London Review of Books* (4 April 2019): https://www.lrb.co.uk/the-paper/v41/n07/tom-crewe/short-cuts

67. Ryan Thorneycroft, 'If not a fist, then what about a stump? Ableism and heteronormativity within Australia's porn regulations', *Porn Studies*, vol.7, no.2 (2020): 152–67.

68. Anirban K. Baishya and Darshana S. Mini, 'Translating Porn Studies: Lessons from the Vernacular', *Porn Studies*, vol.7, no.1 (2020): 2–12, p.3.

69. Pornhub Insights,'The 2019Year in Review', *Pornhub* (11 December 2019): www.pornhub.com/insights/2019-year-in-review

70. Joe Pinsker, 'The Hidden Economics of Porn', *The Atlantic* (4 April 2016): https://www.theatlantic.com/business/archive/2016/04/pornography-industry-economics-tarrant/476580/

71. Jon Millward, 'Deep Inside: A Study of 10,000 Porn Stars and Their Careers', *Jon Millward: Data Journalist* (14 February 2013): https://jonmillward.com/blog/studies/deep-inside-a-study-of-10000-porn-stars/; Shira Tarrant, *The Pornography Industry: What Everyone Needs to Know* (Oxford University Press, 2016), p.51.

72. Gabrielle Drolet, 'The Year Sex Work Came Home', *New York Times* (10 April 2020): https://www.nytimes.com/2020/04/10/style/ camsoda-onlyfans-streaming-sex-coronavirus.html

73. Blake Montgomery (@blakersdozen), *Twitter* (31 March 2020): https://twitter.com/blakersdozen/status/1245072167689060353

74. Nana Baah, 'This Adult Site Is Offering Ex-McDonald's Employees Camming Work', *Vice* (24 March 2020): https:// www. vice.com/en_uk/article/dygjvm/mcdonalds-workers- coronavirus-employment

75. 'SRE – the evidence', *Sex Education Forum* (1 January 2015): http://www.sexeducationforum.org.uk/resources/evidence/sre-evidence

76. 'Statutory RSE: Are teachers in England prepared?', *Sex Edu-*

cation Forum (2018): https://www.sexeducationforum.org.uk/ resources/ evidence/statutory-rse-are-teachers-england-prepared

77. 'Give parents the right to opt their child out of Relationship and Sex Education', *Petitions: UK Government and Parliament* (2019): https://petition.parliament.uk/petitions/235053

78. 'Sex and HIV Education',*GuttmacherInstitute*(1January2021): https://www.guttmacher.org/state-policy/explore/sex-and-hiv-education

79. 'Abstinence Education Programs: Definition, Funding, and Impact on Teen Sexual Behavior', *Kaiser Family Foundation* (1 June 2018): https://www.kff.org/womens-health-policy/fact-sheet/ abstinence-education-programs-definition-funding-and-impact-on- teen-sexual-behavior/

80. Sex Education Forum, 'SRE – the evidence'

81. 'International technical guidance on sexuality education', *United National Educational, Scientific and Cultural Organization (UN-ESCO)*, rev. ed. (2018): https://www.unaids.org/sites/default/files/ media_asset/ITGSE_en.pdf, p.23.

82. Laura Mulvey, 'Visual Pleasure and Narrative Cinema', *Screen*, vol.16, no.3 (1975): 6–18, p.12.

83. Linda Williams, *Hard Core: Power, Pleasure, and the 'Frenzy of the Visible'* (University of California Press, 1999 [1989]), p. 93.

84. Ibid., p.291.

85. Willis, 'Feminism, Moralism, and Pornography', p.464.

86. Parveen Adams,'Per Os(cillation)', *Camera Obscura*, vol.6, no.2 (1988): 7–29.

87. Jennifer C. Nash, 'Strange Bedfellows: Black Feminism and Antipornography Feminism', *Social Text*, vol.26, no.4 (2008): 51–76, p.67; Jennifer C. Nash, *The Black Body in Ecstasy: Reading Race, Reading Pornography* (Duke University Press, 2014).

88. Leslie Green, 'Pornographies', *Journal of Political Philosophy*, vol.8, no.1 (2000): 27–52, p.47.

89. Pornhub Insights, '2017 Year in Review', *Pornhub* (9 January 2018): https://www.pornhub.com/insights/2017-year-in-review

90. Pinsker, 'The Hidden Economics of Porn'.

91. Candida Royalle, 'Porn in the USA' [1993], in *Feminism and Pornography*, ed. Drucilla Cornell (Oxford University Press, 2007 [2000]): 540– 50, p.547.

92. Marianna Manson and Erika Lust, 'Feminist Porn Pioneer Erika Lust on the Cultural Cornerstones of Her Career', *Phoenix* (31 May 2018): https://www.phoenixmag.co.uk/article/feminist-porn-pio- neer-erika-lust-on-the-cultural-cornerstones-of-her-career/

93. 日本法律要求所有的生殖器都须在色情片中打码，这无意中带来的后果之一是硬核和侵犯式色情片的泛滥；强奸色情片与儿童动画色情片是合法的。

94. Alexandra Hambleton, 'When Women Watch: The Subversive Potential of Female-Friendly Pornography in Japan', *Porn Studies*, vol.3, no.4 (2016): 427–42.

95. Andrea Dworkin, *Intercourse* (Basic Books, 2007 [1987]), pp.60-1.

性权利

1. Catharine A. MacKinnon, 'Sexuality, Pornography, and Method: "Pleasure under Patriarchy"', *Ethics*, vol.99, no.2 (1989): 314–46, pp.319–320.

2. Ibid., p.324.

3. 引自 Alice Echols, *Daring to Be Bad: Radical Feminism in America 1967–1975* (University of Minnesota Press, 2011 [1989]), p.171. 强调为我所加。

4. Valerie Solanas, *SCUM Manifesto* (Verso, 2015 [1967]), p.61.

5. Echols, *Daring to be Bad*, p.164.

6. Ibid., chapter 4.

7. 'Redstockings Manifesto' [1969], in *Sisterhood is Powerful: An Anthology of Writings from the Women's Liberation Movement*,

ed. Robin Morgan (Vintage, 1970): 533–6, p.534.

8.　Echols, *Daring to be Bad*, p.146.

9.　Ibid.

10.　Ibid., p.213. 这名女性是重要的女同性恋女权主义者和组织者丽塔·梅·布朗（Rita Mae Brown）。

11.　Ibid., p.232.

12.　Sheila Jeffreys, 'The Need for Revolutionary Feminism', *Scarlet Woman*, issue 5 (1977): 10–12.

13.　Ibid., p.11.

14.　Jeska Rees, 'A Look Back at Anger: the Women's Liberation Movement in 1978', *Women's History Review*, vol.19, no.3 (2010): 337–56, p.347.

15.　关于英国妇女解放运动的历史的讨论，请参见Beverley Bryan, Stella Dadzie and Suzanne Scafe, *The Heart of the Race: Black Women's Lives in Britain* (Virago, 1985); Anna Coote and Beatrix Campbell, *Sweet Freedom: The Struggle for Women's Liberation* (Picador, 1982); MicheleneWandor, *Once a Feminist: Stories of a Generation* (Virago, 1990); Jeska Rees, 'A Look Back at Anger'; Martin Pugh, *Women and the Women's Movement in Britain since 1914* (Palgrave, 2015 [1992]); Margaretta Jolly, *Sisterhood and After:An Oral History of the UK Women's Liberation Movement, 1968–present* (Oxford University Press, 2019)。

16.　Ellen Willis, 'Lust Horizons: Is the Women's Movement Pro-Sex?'[1981], in *No More Nice Girls: Countercultural Essays* (University of Minnesota Press, 2012 [1992]): 3–14, pp.6–7.

17.　关于男同性恋与双性恋男人当中的性种族主义，请参见：Denton Callander, Martin Holt and Christy E. Newman, 'Just a Preference: Racialised Language in the Sex-Seeking Profiles of Gay and Bisexual men', *Culture, Health & Sexuality*, vol.14, no.9 (2012): 1,049–63; and Denton Callander, Christy E. Newman and Martin Holt, 'Is Sexual Racism *Really* Racism? Distinguishing Attitudes Towards Sexual Racism and Generic Racism Among

Gay and Bisexual Men', *Archives of Sexual Behavior*, vol.14, no.7 (2015): 1,991–2,000。关于男同性恋中的性种族主义，以及它与（比较罕见的）女同性恋中的性种族主义现象的比较，参见：Russell K. Robinson and David M. Frost, 'LGBT Equality and Sexual Racism', *Fordham Law Review*, vol.86, issue 6 (2018): 2,739–54。鲁宾逊和弗罗斯特指出性种族主义超越了单纯的伴侣选择偏好，这表现在："有色人中男性只有在遵循性化的种族刻板印象时，才被认为性感……不同种族的男同性恋把种族当作一种替代符号来给男人贴上'1''0'标签。黑人男性被期待扮演'攻'或者'1'的角色（这与男子气概有关），而亚洲男性则被期待扮演'受'或'0'的角色（这被认为是相对女性化的）。相比之下，白人男性则被允许扮演他们所选择的角色——1、0或可0可1——并不受种族刻板印象的限制。" ('LGBT Equality and Sexual Racism', p.2,745).

18. 我认识的一位跨性别哲学家反对我的观点：对他们来说，用Grindr和其他对约会软件是一种性与浪漫关系的解放性体验，为吸引力和爱恋打开了新的可能性。

19. Judith N. Shklar, 'The Liberalism of Fear', in *Liberalism and the Moral Life*, ed. Nancy L. Rosenblum (Harvard University Press, 1989): 21–38.

20. Rebecca Solnit,'Men Explain *Lolita* to Me', *Literary Hub* (17 December 2015): https://lithub.com/men-explain-lolita-to-me/

21. Jonathan Beecher, 'Parody and Liberation in *The New Amorous World* of Charles Fourier', *History Workshop Journal*, vol.20, no.1 (1985): 125–33, p.127; Jonathan Beecher, *Charles Fourier: The Visionary and His World* (University of California Press, 1986), chapter 15.

22. Andrea Long Chu,'On Liking Women', *n+1* (Winter 2018): https://nplusonemag.com/issue-30/essays/on-liking-women/

23. Ibid.

24. Lindy West, *Shrill: Notes From a Loud Woman* (Quercus, 2016), pp.76–7.

25. 相关讨论请参见 Ann J. Cahill, 'Sexual Desire, Inequality, and the Possibility of Transformation', in *Body Aesthetics*, ed. Sherri Irvin (Oxford University Press, 2016): 281–91; SonuBedi, 'Sexual Racism: Intimacy as a Matter of Justice', *The Journal of Politics*, vol.77, no.4 (2015): 998–1,011; Robin Zheng, 'Why Yellow Fever Isn't Flattering: A Case Against Racial Fetishes', *Journal of the American Philosophical Association*, vol.2, no.3 (2016): 400–19; and UkuTooming, 'Active Desire', *Philosophical Psychology*, vol.32, no.6 (2019): 945–68。

26. 本文的一个版本最初发表于《伦敦书评》。*London Review of Books*, vol.40, no.6 (22 March 2018). 感谢《伦敦书评》编辑惠允，让此文得以重新修订的形式在此重印。

尾声：欲望的政治

1. Kate Manne (@kate_manne), *Twitter* (25 August 2018): https://twitter.com/kate_manne/status/1033420304830349314

2. Adrienne Rich, 'Compulsory Heterosexuality and Lesbian Existence' [1980], in *Journal of Women's History*, vol.15, no.3 (2003): 11–48.

3. Ibid.,pp.26–7.

4. William S. Wilkerson, *Ambiguity and Sexuality: A Theory of Sexual Identity* (Palgrave Macmillan, 2007), p.49.

5. Silvia Federici, 'Wages Against Housework' [1975], in *Revolution at Point Zero: Housework, Reproduction, and Feminist Struggle* (PM Press, 2012): 15–22, p.22.

6. Andrea Long Chu and Anastasia Berg, 'Wanting Bad Things: Andrea Long Chu Responds to Amia Srinivasan', *The Point* (18 July 2018): https://thepointmag.com/2018/dialogue/wanting-bad-things- andrea-long-chu-responds-amia-srinivasan

7. Audre Lorde, 'Uses of the Erotic: The Erotic as Power' [1978], in *Sister Outsider* (Crossing Press, 1984): 53–9, pp.57–8.

8. Sandra Lee Bartky, *Femininity and Domination: Studies in the Phenomenology of Oppression* (Routledge, 1990), p.50; Ann J. Cahill, 'Sexual Desire, Inequality, and the Possibility of Transformation', in *Body Aesthetics*, ed. Sherri Irvin (Oxford University Press, 2016): 281–91, p.286.

9. 关于敦促我们再一次重新思考这些以及许多相关议题的当代女权主义文本，请参见 Sophie Lewis, *Full Surrogacy Now: Feminism Against Family* (Verso, 2019)。关于把女权主义与酷儿对核心家庭的挑战作为颠覆新自由主义的策略的重要性，参见Melinda Cooper, *Family Values: Between Neoliberalism and the New Social Conservatism* (Zone Books, 2017)。

10. 关于"生活实验"的概念，参见John Stuart Mill, 'On Liberty', in *On Liberty, Utilitarianism, and Other Essays*, ed. Mark Philp and Frederick Rosen (Oxford World Classics, 2015 [1859]): 1–112, pp.56ff; Sara Ahmed, *Living a Feminist Life* (Duke University Press, 2017)。

11. Sekai Farai (@SekaiFarai), *Twitter* (17 March 2018): https://twitter. com/SekaiFarai/status/975026817550770177

12. Katherine Cross (@Quinnae_Moon), *Twitter* (3 May 2018): https:// twitter.com/Quinnae_Moon/status/992216016708165632

13. Yowei Shaw (u/believetheunit), 'NPR reporter looking to speak with asian women about internalized racism in dating', *Reddit* (6 June 2018): https://www.reddit.com/r/asiantwoX/comments/8p3p7t/npr_reporter_looking_to_speak_with_asian_women/

14. Heather J. Chin (@HeatherJChin), *Twitter* (8 June 2018): https://twitter.com/HeatherJChin/status/1005103359114784769. 金的立场后来有所软化，她写道："我不再忧虑于(邵友薇的)故事，她的故事来源展示了对关注的渴望，还有一些更细微的差别。在与那些女性交谈后，我并未想到会受到影响。我意识到需要有人迈出第一步，有谁能比邵友薇和NPR记录者更合适呢?" (Heather J. Chin (@HeatherJChin), *Twitter* (9 June 2018): https://twitter.com/HeatherJChin/status/1005403920037015552).

15. Celeste Ng, 'When Asian Women Are Harassed for Marrying Non- Asian Men', *The Cut* (12 October 2018): https://www.thecut.com/2018/10/when-asian-women-are-harassed-for-marrying-non-asian-men.html

16. Anon. (u/aznidentity), 'Sub's Take on AF', *Reddit* (15 April 2016): https://www.reddit.com/r/aznidentity/comments/4eu80f/the_subs_take_on_af/

17. Wesley Yang, 'The Face of Seung-Hui Cho', *n+1* (Winter 2008): https://nplusonemag.com/issue-6/essays/face-seung-hui-cho/

18. Wesley Yang, 'The Passion of Jordan Peterson', *Esquire* (1 May 2018): https://www.esquire.com/news-politics/a19834137/jordan-peterson-interview/

19. Yowei Shaw and Kia Miakka Natisse, 'A Very Offensive Rom-Com' (2019), NPR's *Invisibilia*: https://www.npr.org/programs/invisibilia/710046991/a-very-offensive-rom-com

20. Celeste Ng (@pronounced_ing), *Twitter* (2 June 2015): https://twitter.com/pronounced_ing/status/605922260298264576

21. Celeste Ng (@pronounced_ing), *Twitter* (17 March 2018): https://twitter.com/pronounced_ing/status/975043293242421254

22. Audrea Lim, 'The Alt-Right's Asian Fetish', *New York Times* (6 Januar y 2018): https://www.nytimes.com/2018/01/06/opinion/sunday/alt-right-asian-fetish.html

23. Cristan Williams and Catharine A. MacKinnon, 'Sex, Gender, and Sexuality: The TransAdvocate Interviews Catharine A. MacKinnon', *The TransAdvocate* (7 April 2015): https://www.transadvocate.com/sex-gender-and-sexuality-the-transadvocate-interviews-catharine- a-mackinnon_n_15037.htm

24. Jordan Peterson, 'Biblical SeriesIV: Adam and Eve:Self-Consciousness, Evil, and Death', *The Jordan B. Peterson Podcast* (2017): https://www.jordanbpeterson.com/transcripts/biblical-series-iv/

25. 'Technology And Female Hypergamy, And The Inegalitarian Consequences', *ChâteauHeartiste*(4 January 2018): https://heart-

iste.org/2018/01/04/technology-and-female-hypergamy-and-the-inegalitarian-consequences/

26. 对于此类问题，具有代表性的敏锐讨论，请参见Mike Davis, 'Trench Warfare: Notes on the 2020 Election', *New Left Review*, no.126 (Nov/Dec 2020): https://newleftreview.org/issues/ii126/articles/mike-davis-trench-warfare。

27. Katherine Cross (@Quinnae_Moon), *Twitter* (3 May 2018): https://twitter.com/Quinnae_Moon/status/992216016708165632?s=20

28. Kate Julian, 'Why Are Young People Having So Little Sex?', *The Atlantic* (December 2018): https://www.theatlantic.com/magazine/archive/2018/12/the-sex-recession/573949/

29. Simon Dedeo, 'Hypergamy, Incels, and Reality', *Axiom of Chance* (15 November 2018): http://simondedeo.com/?p=221

30. 关于厌女与极右之间的关系可见如下文献。Michael Kimmel, *Angry White Men: American Masculinity at the End of an Era* (Nation Books, 2013); KyleWagner, 'The Future Of The CultureWars Is Here, And It's Gamergate', *Deadspin*(14 October 2014): https://deadspin.com/the-future-of-the-culture-wars-is-here-and-its-gamerga-1646145844; Cara Daggett, 'Petro-masculinity: Fossil Fuels and Authoritarian Desire', *Millennium*, vol.47, no.1 (2018): 25–44; Bonnie Honig,'TheTrump Doctrine and the Gender Politics of Power', *Boston Review* (17 July 2018): http://bostonreview.net/politics/bonnie-honig-trump-doctrine-and-gender-politics-power; Matthew N. Lyons, *Insurgent Supremacists: The U.S. Far Right's Challenge to State and Empire* (PM Press and Kersplebedeb, 2018); Aja Romano, 'How the alt-right's sexism lures men into white supremacy', *Vox* (26 April 2018): https://www.vox.com/culture/2016/12/14/13576192/alt-right-sexism-recruitment; Ashley Mattheis, 'Understanding Digital Hate Culture', *CARR: Centre for the Analysis of the Radical Right* (19 August 2019): https://www.radicalrightanalysis.com/2019/08/19/understanding-digital-hate-culture/; Alexandra Minna Stern, *Proud Boys and the White Eth-*

273

nostate: How the Alt-Right is Warping the American Imagination (Beacon Press, 2019); the essays in Agniezska Graff, RatnaKapur and Suzanna DanutaWalters, eds, *Signs*, vol.44, no.3, 'Gender and the Rise of the Global Right' (2019); Kristin Kobes Du Mez, *Jesus and JohnWayne: How White Evangelicals Corrupted a Faith and Fractured a Nation* (Liveright, 2020); Talia Lavin, *Culture Warlords: My Journey Into the DarkWeb of White Supremacy* (Hachette, 2020).

31. Patrick Stedman (@Pat_Stedman), *Twitter* (30 October 2020): https://twitter.com/Pat_Stedman/status/1322359911871819778).

32. Ross Douthat, 'The Redistribution of Sex', *New York Times* (2 May 2018): https://www.nytimes.com/2018/05/02/opinion/incels-sex-robots-redistribution.html

33. Meghan Murphy, 'Ross Douthat revealed the hypocrisy in liberal feminist ideology, and they're pissed', *Feminist Currents* (4 May 2018): https://www.feministcurrent.com/2018/05/04/ ross-douthat-revealed-hypocrisy-liberal-feminist-ideology-theyre- pissed/

34. Rebecca Solnit, 'A broken idea of sex is flourishing. Blame capitalism', *Guardian* (12 May 2018): www.theguardian.com/ commentisfree/2018/may/12/sex-capitalism-incel-movement-misogyny-feminism. 1991 年，亚历山德拉·柯伦泰警告说："在一个基于竞争形成的社会，一个生存斗争激烈，人人参与追逐利润、事业，甚至连一片面包皮都要抢的社会，是没有空间来崇拜要求极高又脆弱无比的爱神的。" (Alexandra Kollontai, 'Love and the New Morality', in *Sexual Relations and the Class Struggle / Love and the New Morality*, trans. Alix Holt (Falling Wall Press, 1972), p.20).

35. Mariarosa Dalla Costa and Selma James, 'Women and the Subversion of the Community' [1971], in *The Power of Women and the Subversion of the Community* (Falling Wall Press, 1975 [1972]): 21–56; Mariarosa Dalla Costa, 'A General Strike' [1974], in *All Work and No Pay:Women, Housework, and the Wages Due*, ed. Wendy Edmond and Suzie Fleming (Power of Women Collective

and the Falling Wall Press, 1975): 125–7; Federici, 'Wages Against Housework'; Nancy Fraser, 'Behind Marx's Hidden Abode', *New Left Review*, issue 86 (March–April 2014): 55– 72; and Nancy Fraser, 'Contradictions of Capital and Care', *New Left Review*, issue 100 (July–August 2016): 99–117. 关于新自由主义资本主义和核心家庭之间的关系，请参见 Melinda Cooper, *Family Values*。

教与学的伦理

1. Jane Gallop, *Feminist Accused of Sexual Harassment* (Duke University Press, 1997), p.57.

2. *Lanigan v. Bartlett & Co. Grain*, 466 F. Supp.1388 (W.D. Mo. 1979), p.1,391.

3. 乔治·麦金农（George MacKinnon）是负责此案的三位法官之一，他是保守的共和党人，也是凯瑟琳·麦金农的父亲。他的意见是："性挑逗本身可能并不令人反感，而且不能从平等就业机会法中得出任何政策来阻止性挑逗。我们在此关注的不是种族侮辱或混乱的工会授权卡，这些都不符合任何人的利益，而是在某种程度上正常和可预期的社会模式。该引起警惕的是对此类做法的滥用，而不是此类做法本身。"一个人也就能说服自己的父亲到这种程度而已。

4. 举例而言，如：*Miller v. Bank of America*, 418 F. Supp.233 (N.D. Cal. 1976)，此案是一名黑人女职员起诉了她的白人男性主管；*Munford v. James T. Barnes & Co.*, 441 F. Supp.459 (E.D. Mich. 1977)，该案是一名黑人女副经理起诉其白人男性雇主；*Alexander v.Yale*, 459 F. Supp.1 (D.Conn. 1979), 631 F.2d 178 (2nd Cir. 1980)一案的核心原告帕梅拉·普赖斯（Pamela Price）也是黑人。

5. Eileen Sullivan, 'Perceptions of Consensual Amorous Relationship Polices (CARPs)', *Journal of College and Character*, vol.5, no.8 (2004).

6. Tara N.Richards, Courtney Crittenden, Tammy S. Garlandand Karen

McGuffee, 'An Exploration of Policies Governing Faculty-to-Student Consensual Sexual Relationships on University Campuses: Current Strategies and Future Directions', *Journal of College Student Development*, vol.55, no.4 (2014): 337–52, p.342.

7. Margaret H. Mack, 'Regulating Sexual Relationships Between Faculty and Students', *Michigan Journal of Gender & Law*, vol.6, no.1 (1999): 79–112, p.91.

8. Jeffrey Toobin, 'The Trouble with Sex', *New Yorker* (9 February 1998): 48–55, p.54. 图宾惋惜数学教授杰伊·乔根森（Jay Jorgenson）和其他像他一样的人"可以想见……职业生涯即将被毁"。乔根森目前是纽约城市学院的终身教授。

9. David Batty and Rachel Hall, 'UCL to ban intimate relationships between staff and their students', *Guardian* (20 February 2020): https://www.theguardian.com/education/2020/feb/20/ucl-to-ban-intimate-relationships-between-staff-and-students-uni-vesities.在政策改变的仅仅几周之前，我在伦敦大学学院哲学系的哈丽雅特和海伦纪念讲座上发表过这篇文章的一个版本。

10. 诉诸这一理由为师生恋辩护可见如下文献。Phyllis Coleman, 'Sex in Power Dependency Relationships: Taking Unfair Advantage of the "Fair" Sex', *Albany Law Review*, vol.53, no.1 (1988): 95–142, pp.95–6; Peter DeChiara, 'The need for universities to have rules on consensual sexual relationships between faculty members and students', *Columbia Journal of Law and Social Problems*, vol.21, no.2 (1988): 137–62, p.142; Billie Wright Dziech and Linda Weiner, *The Lecherous Professor: Sexual Harassment On Campus* (University of Illinois Press, 1990 [1984])。

11. Adrienne Rich, 'Compulsory Heterosexuality and Lesbian Existence' [1980], in *Journal of Women's History*, vol.15, no.3 (2003): 11–48, p.38.

12. Jack Hitt, Joan Blythe, John Boswell, Leon Botstein and William Kerrigan, 'New Rules About Sex on Campus', *Harper's* (September 1993): 33–42, pp.35–6.

13. 一个值得注意的例外是Laura Kipnis, *Unwanted Advances: Sexual Paranoia Comes to Campus* (Harper Collins, 2017)。

14. Gallop, *Feminist Accused of Sexual Harassment*, p.56.

15. 科里·罗宾在《高等教育纪事报》的一篇批评文章中指出，那些对教育的色情进行抒情的人，就比如我，几乎都是精英大学的人文学科教授——也就是那种致力于一种浪漫化的自我概念建构的人（人文学科教授），他们在那种允许此类概念建构持续下去的机构（精英大学）工作，再加上那种知道如何"与有钱人保持融洽关系"的学生，这些都为充满张力的教学关系提供了时间与空间。罗宾说，因此，"性感的教授中真正的隐含内容不是性，而是阶级"(Corey Robin, 'The Erotic Professor', *The Chronicle of Higher Education* (13 May 2018): https:// www.chronicle.com/article/the-erotic-professor/)。我感觉到了罗宾批评的刺痛。我在这里预设的教育场景的确是一个精英主义的场景：假定教授们不会完全被官僚主义的重重障碍或巨大的教学负担搞得筋疲力尽，学生们也不会满脑子是经济或移民方面的担忧。像罗宾一样，我的政治承诺意味着我认为这样的教育不必是精英主义的，"目的不应该是拆毁哈佛，而是提升布鲁克林学院"（出处同上）。但他也正确地指出，这样的话说起来太容易了，"民主化的强度所需的物质条件和师生比例"，需要各级教育都对经济和社会资源进行大幅度的重新分配。

16. Sigmund Freud, 'Further Recommendations in the Technique of Psycho-Analysis: Observations on Transference-Love' [1915], in *Freud's Technique Papers*, trans. Joan Riviere and ed. Stephen Ellman (Other Press, 2002): 65–80, p.79.

17. Chris Higgins, 'Transference Love from the Couch to the Classroom: A Psychoanalytic Perspective on the Ethics of Teacher- Student Romance', in *Philosophy of Education* (Philosophy of Education Society, 1998): 357–65, p.363.

18. Freud, 'Further Recommendations in the Technique of Psycho-Analysis', p.67.

19. Sigmund Freud, *An Autobiographical Study*, trans. James Strachey (Hogarth Press and The Institute of Psycho-Analysis, 1950 [1925]), p.77.

20. Plato, *Republic,* trans. G.M.A.Grube and ed. C.D.C.Reeve (Hackett, 1991), 403b.

21. Freud, 'Further Recommendations in the Technique of Psycho-Analysis', p.79.

22. Ibid., p.76.

23. Ibid., pp.76–7.

24. Bell Hooks, 'Embracing Freedom: Spirituality and Liberation', in *The Heart of Learning:Spirituality in Education*, ed. Steven Glazer (Tarcher/ Putnam, 1999), p.125.

25. Leslie Irvine, 'A "Consensual" Relationship' [1997], quoted in Carol Sanger, 'The Erotics of Torts', *Michigan Law Review*, vol.96, no.6 (1998): 1,852–83, p.1,875.

26. James R. Kincaid, '*Pouvoir, Félicité, Jane, et Moi* (Power, Bliss, Jane, and Me)', *Critical Inquiry*, vol.25, no.3 (1999): 610–16, p.613.

27. Rich, 'Compulsory Heterosexuality and Lesbian Existence'.

28. Regina Barreca, 'Contraband Appetites: Wit, Rage, and Romance in the Classroom', in *The Erotics of Instruction*, ed. Regina Barreca and Deborah Denenholz Morse (University Press of New England, 1997), p.2. Quoted in Sanger,'TheEroticsofTorts', p.1,874.

29. 关于处理同性恋教师与学生间的移情所面临的独特挑战：Michèle Aina Barale, 'The Romance of Class and Queers: Academic Erotic Zones', in *Tilting theTower*, ed. Linda Garber (Routledge, 1994): 16–24；Bell Hooks, 'Eros, Eroticism and the Pedagogical Process', *Cultural Studies*, vol.7, no.1 (1993): 58–64。

30. Adrienne Rich, 'Taking Women Students Seriously' [1978], in *On Lies, Secrets, and Silence: Selected Prose, 1966–1978* (Virago, 1984 [1980]): 237–45, p.241.

31. Ibid., p.242.

32. Lin Farley, *Sexual Shakedown: The Sexual Harassment Of Women On The Job* (McGraw-Hill, 1978); and Reva B. Siegel, 'Introduction: A Short History of Sexual Harassment', in *Directions in Sexual Harassment Law*, ed. Catharine A. MacKinnon and Reva B. Siegel (Yale University Press, 2004): 1–39.

33. Bell Hooks, 'Eros, Eroticism and the Pedagogical Process', p.58.

34. 我的朋友这么说，并不是认为我们应该忽略学生不同的身体健全状况，不同种族特征，在生殖周期中有不同的角色，诸如此类，我也不是。他的意思是，是否把学生当成拥有可能对我们有性吸引力的身体的人，我也是这样的意思。

35. 关于此类伤害的讨论，请参见：Caroline Forell, 'What's Wrong with Faculty-Student Sex? The Law School Context', *Journal of Legal Education*, vol.47, no.1 (1997): 47–72; Sanger, 'The Erotics of Torts'; and Mack, 'Regulating Sexual Relationships Between Faculty and Students', section II。

36. Catharine A. MacKinnon, *Sexual Harassment of Working Women: A Case of Sex Discrimination* (Yale University Press, 1979), p.174. See also Farley, *Sexual Shakedown*.

37. 关于近年师生恋的文化呈现的调查：William Deresiewicz, 'Love on Campus', *The American Scholar* (1 June 2007): https:// theamericanscholar.org/ love-on-campus/。

38. *Naragon v. Wharton*, 737 F.2d 1403 (5th Cir. 1984).

39. Lara Bazelon, 'I'm a Democrat and a Feminist. And I Support Betsy DeVos's Title IX Reforms.', *New York Times* (4 December 2018): https://www.nytimes.com/2018/12/04/opinion/-title-ix-devos-democrat-feminist.html

40. Ibid. See also Janet Halley, ' Trading the Megaphone for the Gavel in Title IX Enforcement ', *Harvard Law Review Forum*, vol.128 (2015): 103–17.

41. Michèle Le Dœuff, *Hipparchia's Choice: An Essay Concerning Women, Philosophy,etc.*,trans.TristaSelous(ColumbiaUniversityPress,2007 [1989]), p.28.

42. Jane Tompkins, *A Life in School:What the Teacher Learned* (Addison- Wesley, 1996), p.143.

43. 这篇文章使用了来自以下文章的材料：Amia Srinivasan, 'Sex as a Pedagogical Failure', *Yale Law Journal*, vol.129, no.4 (2020): 1,100–46，感谢《耶鲁法律期刊》的编辑。相关讨论，请参见：Sanger, 'The Erotics of Torts'; Mack, 'Regulating Sexual Relationships Between Faculty and Students'; Higgins, 'Transference Love from the Couch to the Classroom'; and Forell, 'What's Wrong with Faculty–Student Sex?'。

性、监狱主义与资本主义

1. Nate Berg, 'Drive-thru brothels: why cities are building "sexual infrastructure"', *Guardian* (2 September 2019): https://www.theguardian.com/cities/2019/sep/02/drive-thru-brothels-why-cities-are-building-sexual-infrastructure

2. Karen Ingala Smith (@K_IngalaSmith), *Twitter* (2 September 2019): https://twitter.com/K_IngalaSmith/status/ 1168471738604228608

3. Making Herstory (@MakeHerstory1), *Twitter* (2 September 2019): https://twitter.com/MakeHerstory1/status/ 1168527528186785794

4. Claude Jaget, ed., *Prostitutes: Our Life* (Falling Wall Press, 1980); International Committee for Prostitutes' Rights, 'World Charter for Prostitutes Rights: February 1985, Amsterdam', *Social Text*, no.37 (1993): 183–5; Gail Pheterson, ed., *A Vindication of The Rights of Whores* (Seal Press, 1989); Durbar MahilaSamanwaya Committee, 'Sex Workers' Manifesto: First National Conference of Sex Workers in India' [1997], *Global Network of Sex Work Projects* (2011): https://www.nswp.org/resource/sex-workers-manifesto-first-national-conference-sex-workers-india; European Conference on Sex Work, Human Rights, Labour and Migration, 'Sex Workers in Europe Manifesto', *International Committee on the Rights of Sex Workers in Europe* (2005): https://www.

sexworkeurope.org/ resources/sex-workers-europe-manifesto; Melinda Chateauvert, *SexWorkersUnite:A History of the Movement from Stonewall to SlutWalk* (Beacon Press, 2014); Melissa Gira Grant, *Playing the Whore: The Work of Sex Work* (Verso, 2014); Chi Adanna Mgbako, *To Live Freely in This World: Sex-Worker Activism in Africa* (NYU Press, 2016); Juno Mac and Molly Smith, *Revolting Prostitutes* (Verso 2018); Kay Kassirer, ed., *A Whore's Manifesto: An Anthology of Writing and Artwork by Sex Workers* (Thorntree Press 2019); and Cassandra Troyan, *Freedom & Prostitution* (The Elephants, 2020). See also Lucy Platt, Pippa Grenfell, Rebecca Meiksin, Jocelyn Elmes, Susan G. Sherman, Teela Sanders, Peninah Mwangi and Anna-Louise Crago, 'Associations between sex work laws and sex workers' health: A systematic review and meta-analysis of quantitative and qualitative studies', *PLoS Medicine*, vol.15, no.12 (2018): 1–54.

5. 关于这些不同的法律制度如何影响性工作者的详细讨论，请参见 Mac and Smith, *Revolting Prostitutes*。

6. Julie Burchill, *Damaged Gods: Cults and Heroes Reappraised* (Century, 1986), p.9. 伯奇尔说："难怪女同性恋在 80 年代的卖淫游说中如此滔滔不绝地发声；女同性恋厌恶异性恋，如果说有什么东西容易促成不良的异性恋关系的话，那么卖淫就是"。

7. Mac and Smith, *Revolting Prostitutes*, p.141.

8. Max Weber, 'Politics as a Vocation' [1919], in *Max Weber: The Vocation Lectures*, trans. Rodney Livingstone and ed. David Owen and Tracy B. Strong (Hackett, 2004): 32–94, p.90.

9. Valeria Costa-Kostritsky, 'The Dominique Strauss-Kahn courtroom drama has put prostitution on trial', *New Statesman* (20 February 2015): https://www.newstatesman.com/world-affairs/2015/02/ dominique-strauss-kahn-courtroom-drama-has-put-prostitution-trial

10. Gilda Sedgh, Jonathan Bearak, Susheela Singh, Akinrinola Bankole, Anna Popinchalk, Bela Ganatra, Clémentine Rossier,

Caitlin Gerdts, ÖzgeTunçalp, Brooke Ronald Johnson Jr., Heidi Bart Johnston and Leontine Alkema, 'Abortion incidence between 1990 and 2014: global, regional, and subregional levels and trends', *The Lancet*, vol.388, no.10041 (2016): 258–67, p.265.

11. Anna North, 'Plenty of conservatives really do believe women should be executed for having abortions', *Vox* (5 April 2018): https://www.vox.com/2018/4/5/17202182/the-atlantic-kevin-williamson-twitter-abortion-death-penalty

12. 最接近性工作完全去罪化的管辖区的例子包括澳大利亚新南威尔士州（1995 年）和新西兰（2003 年）。2008 年，对新西兰立法的一次正式评估发现，性工作行业的规模没有增加（也有一些减少的迹象），一些"被管理的"性工作转变成了由女性单独或在女性集体当中进行的性工作，性工作者对于针对他们的犯罪行为报警意愿更强了，性贩运没有增加，几乎所有性工作者都认为他们的劳动和法律权利得到了提升。('Report of the Prostitution Law Review Committee on the Operation of the Prostitution Reform Act 2003', *New Zealand Ministry of Justice* (2008), available at: https:// prostitutescollective. net/wp-content/uploads/2016/10/report-of-the-nz-prostitution-law-committee-2008.pdf). 在德国和荷兰这样的国家，性工作已经合法化，但没有完全去罪化——也就是说，部分性工作行业已被纳入国家的官僚控制范围，其余部分仍然作为非法行业运作——合法化的好处都被男性妓院管理者和客户所包揽，而许多（尤其是"非法的"）性工作者最终境况变得更差。贩卖人口的比例也在增加。讨论请参见Mac and Smith, *Revolting Prostitutes*, chapter 7。

13. 自从性工作在新西兰去罪化，那里的性工作者说感觉更有底气拒绝客户了。请参见'Report of the Prostitution Law Review Committee', p.195。

14. Silvia Federici, 'Wages Against Housework' [1975], in *Revolution at Point Zero: Housework, Reproduction, and Feminist Struggle* (PM Press, 2012): 15–22, p.19. 关于家务劳动工资运动，可参

见如下文献。Wendy Edmond and Suzie Fleming, eds, *AllWork and No Pay:Women, Housework, and the Wages Due* (Power of Women Collective and the Falling Wall Press, 1975); Silvia Federici and Arlen Austin, eds, *The NewYorkWages for Housework Committee, 1972–1977: History,Theory, and Documents* (Autonomedia, 2017); Beth Capper and Arlen Austin, '"Wages for housework means wages against heterosexuality": On the Archives of Black Women for Wages for Housework, and the Wages Due Lesbians', *GLQ: A Journal of Lesbian and Gay Studies*, vol.24, no.4 (2018): 445–66; LouiseToupin, *Wages for Housework:A History of an International Feminist Movement, 1972–77* (Pluto Press, 2018); and Kirsten Swinth, *Feminism's Forgotten Fight* (Harvard University Press, 2018), chapter 4.

15. Federici, 'Wages Against Housework', p.18.

16. Ibid., p.19. 关于家务劳动工资运动中的"要求"所起的作用，参见 Kathi Weeks, *The Problem withWork*: *Feminism, Marxism, Antiwork Politics, and Postwork Imaginaries* (Duke University Press, 2011), chapter 3。

17. Angela Y.Davis, *Women, Race & Class* (Penguin Modern Classics, 2019 [1981]), chapter 13.

18. Ibid., p.213.

19. Ibid., p.218.

20. Ibid., p.213.

21. Ibid., p.216.

22. André Gorz, 'Reform and Revolution' [1967], trans. Ben Brewster, *Socialist Register*, vol.5 (1968): 111–43, p.124. See also André Gorz, *A Strategy for Labor: A Radical Proposal*, trans. Martin Nicolaus and Victoria Ortiz (Beacon Press, 1967).

23. Davis, *Women, Race & Class*, p.219, 强调为我所加。

24. Gorz, 'ReformandRevolution',p.125.

25. 美国无政府主义性工作者索尼娅·阿拉贡（Sonya Aragon）有力地表达了这一担忧："主流性工作者权利运动中对去罪

化的关注，使其必须将这一工作定位为与其他工作一样的工作——使其必须变成一场争取工人权利的斗争，这是立法机构所赋予的权利。这个国家的工作者所受的待遇都有如狗屎，这个现实在失业率攀升和租金不被豁免的每一天都变得愈加尖锐而明白无误。这并不是说我不与工人阶级站在一起——我当然跟他们站在一起，但我认为把性工作同化为国家认可的职业不是我们的最终目标。M.E.奥布莱恩（M. E. O'Brien）写道：'通过革命活动拒绝强加在他们身上的可支配性与孤立时，毒品成瘾者和他们的朋友便走向了一种不以工作获得尊严的共产主义，在其中，我们的生命无条件地拥有价值。'我希望这也适用于妓女和我们的朋友。从要求承认性工作是工作的计划中离开会如何？转向一种犯罪政治？我不想放弃我们的犯罪潜力。我希望把黑社会的债券、同谋者和赃款重新分配给国家的敌人——那些永远不会收到刺激支票的人，因为他们一开始就没有任何登记信息。" (Sonya Aragon, 'Whores at the End of theWorld', *n+1* (30 April 2020): https://nplusonemag.com/ online-only/online-only/whores-at-the-end-of-the-world/).

26. The Combahee River Collective, 'A Black Feminist Statement' [1977], in *Home Girls: A Black Feminist Anthology*, ed. Barbara Smith (KitchenTable:Women of Color Press, 1983): 272–92, p.281.

27. Elizabeth Bernstein, 'The Sexual Politics of the "New Abolitionism"', *differences*, vol.18, no.3 (2007): 128–51.

28. Silvia de Aquino, 'Organizing to Monitor Implementation of the Maria da Penha Law in Brazil', in *Feminist Activism,Women's Rights, and Legal Reform*, ed. Mulki Al Sharmani (Zed, 2013), pp.177–203. Susan Watkins, 'Which Feminisms?', *New Left Review*, issue 109 (January–February 2018): 5–76, p.51.

29. Michelle S. Jacobs, 'The Violent State: Black Women's Invisible Struggle Against Police Violence', *William & Mary Journal of Race, Gender, and Social Justice*, vol.24, no.1 (2017): 39–100, pp.84–7.

30. Ibid., p.87.

31. Aya Gruber, *The FeministWar on Crime:The Unexpected Role of Women's Liberation in Mass Incarceration* (University of California Press, 2020), p.58.

32. Sonia Bhalotra, Uma Kambhampati, Samantha Rawlings and Zahra Siddique, 'Intimate Partner Violence: The Influence of Job Opportunities for Men and Women', *The World Bank Economic Review* (2019): 1–19.

33. Jacobs, 'TheViolentState', pp.88–90.

34. Bell Hooks, *Feminist Theory: From Margin to Center* (Routledge, 1984), p.6.

35. Roy Walmsley, 'World Female Imprisonment', 3rd edition. *World Prison Brief*: https://www.prisonstudies.org/sites/default/files/resources/downloads/world_female_imprisonment_list_third_edition_0.pdf; and Wendy Sawyer, 'The Gender Divide: Tracking Women's State Prison Growth', *Prison Policy Initiative* (2018): https://www.prisonpolicy.org/reports/women_overtime.html

36. Aleks Kajstura, 'Women's Mass Incarceration: The Whole Pie 2019', *Prison Policy Initiative* (29 October 2019): https://www. prisonpolicy. org/reports/pie2019women.html

37. Carla Boonkong and Pranee O'Connor, 'Thailand jails more women than any other country in the world over pink yaba pills and ongo-ing drug arrests', *Thai Examiner* (4 January 2019): https://www.thaiexaminer.com/thai-news-foreigners/2019/01/04/thai-women-prison-in-thailand-world-no1-country-drug-users-war-on-drugs/

38. 'Yarl's Wood Centre: Home Office letter to protesters attacked', *BBC News* (6 March 2018): https://www.bbc.co.uk/news/ uk-england-beds-bucks-herts-43306966

39. 关于贫困与犯罪的关系，参见John Clegg and Adaner Usmani, 'The Economic Origins of Mass Incarceration', *Catalyst*, vol.3, no.3 (2019): https://catalyst-journal.com/vol3/ no3/the-economic-

origins-of-mass-incarceration。关于监狱主义作为一种新自由主义策略，请参见Loïc Wacquant, *Punishing the Poor:The Neoliberal Government of Social Insecurity* (Duke University Press, 2009)。关于欧洲的严厉政策与针对女性暴力的关系，请参见 Anna Elomäki, 'The Price of Austerity: The Impact on Women's Rights and Gender Equality in Europe', *EuropeanWomen's Lobby* (2012): https://www.womenlobby. org/IMG/pdf/the_price_of_ austerity_-_web_edition.pdf, p.10。

40. Watkins, 'Which Feminisms?'.关于第三世界女权主义起源和发展的经典论述，请参见 Kumari Jayawardena, *Feminism and Nationalism in the ThirdWorld*(Verso, 2016 [1986])。

41. New York Radical Feminists, *Rape:The First Sourcebook for Women*, ed. Noreen Connell and Cassandra Wilson (New American Library, 1974), p.125.

42. Ibid., p.250.

43. Watkins, 'Which Feminisms?', p.12.

44. Ibid., pp.16ff.

45. 关于加州大规模监禁发展的权威而有力的案例研究（在 1982 年至 2000 年间，加州的监狱人口增长了 500%），请参见Ruth Wilson Gilmore, *Golden Gulag: Prisons, Surplus, Crisis, and Opposition in Globalizing California* (University of California Press, 2007)。正如吉尔莫的研究所表明的，很重要的一点是，入狱和监禁率的增长大部分不是由中央政府主导的，也不完全是惩戒种族化的计划驱动的。同样重要的是，虽然黑人在美国监狱系统中的比例格外高，但并非大多数被监禁人口都是黑人：40%的被监禁人口是黑人（占总人口的 13%），39%是白人（占总人口的 64%），19%是拉丁裔（占总人口的 16%）。(Wendy Sawyer and Peter Wagner, 'Mass Incarceration: The Whole Pie 2020', *Prison Policy Initiative* (24 March 2020): https://www. prisonpolicy.org/reports/pie2020.html). 美国大规模监禁的这段时期，黑人与白人的监禁比例并未发生变化（黑人格外高），但中产阶级的监禁比例相比穷人有了巨大的增长。

46. 关于美国为家政工人争取政治和经济权利的斗争，请见：*National DomesticWorkers Alliance* (2020): https://www.domesticworkers.org/。

47. 例如，费代里奇从意大利自治主义马克思主义的传统出发说："按照我们的意愿建立日托中心，然后要求国家支付费用是一回事。把我们的孩子交给国家，然后让国家控制他们，不是每天 5 个小时，而是 15 个小时，完全是另一回事。集体地组织我们用餐的方式（自己吃，还是跟集体一起吃），然后要求国家付钱是一回事，让国家组织我们用餐是另一回事。一种是我们可以重新获得对我们生活的一些控制权，而另一种是我们扩大了国家对我们的控制"(Federici, 'Wages Against Housework', p.21)。也可参见 Selma James, *Women, the Unions and Work, Or...What Is Not To Be Done* (Notting Hill Women's Liberation Workshop, 1972)，当中就日托中心的"社区控制"所做的论述。可与之相对比来看的是 Angela Davis, *Women, Race & Class*, chapter 13，中对照料工作的国家社会化的支持。

48. 部分反映了 20 世纪 60 年代大规模（和种族化）的经济转变所催生的暴力犯罪的增加。请参见 Gilmore, *Golden Gulag,* and Clegg and Usmani, 'The Economic Origins of Mass Incarceration'。

49. Gruber, *The Feminist War on Crime*, p.65。

50. 对于美国以外的民族主义背景下，女权主义的监狱主义转向，可参见如下文献。Don Kulick, 'Sex in the New Europe: the criminalization of clients and Swedish fear of penetration', *Anthropological Theory*, vol.3, no.2 (2003): 199–218; Kamala Kempadoo, 'Victims and Agents of Crime: The New Crusade Against Trafficking', in *Global lockdown: Race, Gender and the Prison-Industrial Complex*, ed. Julia Sudbury (Routledge, 2005): 35–55; Christine Delphy, *Separate and Dominate: Feminism and Racism After the War on Terror*, trans. David Broder (Verso, 2015 [2008]); and Miriam Ticktin, 'Sexual Violence as the Language of Border Control:Where French Feminist and Anti-Immigrant Rhetoric Meet', *Signs*, vol.33, no.4 (2008): 863–89.

51. 这是Gruber的一个核心主题，见 *The Feminist War on Crime*。也可参见Kristin Bumiller, *In an Abusive State: How Neoliberalism Appropriated the Feminist Movement Against Sexual Violence* (Duke University Press, 2008)。

52. Beth E. Richie, *Arrested Justice: Black Women, Violence, and America's Prison Nation* (NYU Press, 2012), chapter 3; Bumiller, *In an Abusive State*, chapter 4.

53. Gruber, *The FeministWar on Crime*, chapter 2.

54. 'Talking to My Students about Porn', this volume.

55. 关于这段历史的讨论，请参见 Richard Beck, *We Believe the Children:A Moral Panic in the 1980s* (PublicAffairs, 2015)。

56. Gruber, *The FeministWar on Crime*, chapter 4.

57. Bernstein, 'The Sexual Politics of the "New Abolitionism" '; Mac and Smith, *Revolting Prostitutes*, chapter 3.

58. Watkins, 'Which Feminisms?', pp.35ff.

59. The Fourth World Conference on Women, 'Beijing Declaration and Platform for Action', *United Nations* (1995): https://www.un.org/ en/events/pastevents/pdfs/Beijing_Declaration_and_ Platform_ for_Action.pdf, p.51.

60. Bumiller, *In an Abusive State,* chapter 6; Aparna Polavarapu, 'Global Carceral Feminism and Domestic Violence: What the West Can Learn From Reconciliation in Uganda', *Harvard Journal of Law & Gender*, vol.42, no.1 (2018): 123–75. 关于印度女权主义者对强奸的监狱主义回应，尤其是 2012 年乔蒂·辛格遭轮奸之后：Prabha Kotiswaran, 'Governance Feminism in the Postcolony: Reforming India's Rape Laws', in Janet Halley, Prabha Kotiswaran, Rachel Rebouché and Hila Shamir, *Governance Feminism: An Introduction* (University of Minnesota Press, 2018): 75–148。关于以色列在美国的影响下对贩卖人口采取的监禁(和反移民)方法：Hila Shamir, 'Anti-trafficking in Israel: Neo-abolitionist Feminists, Markets, Borders, and the State', in Halley et al., *Governance Feminism*: 149–200。

61. 关于讨论，请参见Krista Hunt, '"Embedded Feminism" and the War on Terror', in *(En)Gendering the War on Terror: War Stories and Camou-flaged Politics*, ed. Krista Hunt and Kim Rygiel (Ashgate, 2006): 51–71。对于西方女权主义写作中"第三世界"女性形象的经典批判，请参见Chandra Mohanty, 'Under Western Eyes: Feminist Scholarship and Colonial Discourses', *boundary 2*, vol.12, no.3 (1984): 333–58。

62. Kim Berry, 'The Symbolic Use of Afghan Women in the War On Terror', *Humboldt Journal of Social Relations*, vol.27, no.2 (2003): 137–60, p.137.

63. 关于冷战期间美国干预阿富汗的历史，请参见Berry, 'The Symbolic Use of Afghan Women'。

64. Lauren Bohn, '"We're All Handcuffed in This Country." Why Afghanistan Is Still the Worst Place in the World to Be a Woman', *Time* (8 December 2018): https://time.com/5472411/afghanistan-women-justice-war/

65. Steve Crabtree, 'Afghans' Misery Reflected in Record-Low Well-Being Measures', *Gallup* (26 October 2018): https://news.gallup.com/poll/244118/afghans-misery-reflected-record-low-measures.aspx

66. Bohn, '"We're All Handcuffed in This Country."'

67. Juliet Mitchell, *Women's Estate* (Verso, 2015 [1971]), p.61.

68. Aja Romano, '#WomenBoycottTwitter: an all-day pro-test inspires backlash from women of color', *Vox* (13 October 2017): https://www.vox.com/culture/2017/10/13/16468708/ womenboycotttwitter-protest-backlash-women-of-color

69. Sandra E.Garcia, 'The Woman Who Created #MeToo Long Before Hashtags', *New York Times* (20 October 2017): https://www.nytimes.com/2017/10/20/us/me-too-movement-tarana-burke.html

70. 对于MeToo运动的相关批评，请参见Heather Berg, 'Left of #MeToo', *Feminist Studies,* vol.46, no.2 (2020): 259–86。

71. 大多数承认性骚扰的法律管辖区将其视为民事而非刑事犯罪。这标志着性骚扰的法律处理与例如性侵犯之间有重要的区别。使用民法而不是刑法可以避免一些与"监狱主义"相关的问题，但无法全部避免。在实践中，要将它们分开可能很难：例如，请参见我在《色情的力量》(本书)中关于重述德沃金－麦金农的(民事)方法以解决作为刑事淫秽问题的色情的讨论。感谢苏珊·布里松向我提出这个问题。

72. 关于监狱主义作为一种种族资本主义的技术，请参见Jackie Wang, *Carceral Capitalism* (MIT Press, 2018)。

73. 反监狱主义并不一定意味着反对惩罚本身。因为还存在非监狱的惩罚方式。事实上，社交媒体羞辱就是一个很好的例子。

74. Gilmore, *Golden Gulag*, p.2. 同时也可参见如下文献。Thomas Mathieson, *The Politics of Abolition Revisited* (Routledge, 2015 [1974]); Fay Honey Knopp, *Instead of Prisons: A Handbook for Abolitionists* (Prison Research Education Action Project, 1976); Julia Sudbury, 'Transatlantic Visions: Resisting the Globalization of Mass Incarceration', *Social Justice*, vol.27, no.3 (2000): 133–49; Angela Y. Davis, *Are Prisons Obsolete* (Seven Stories Press, 2003); The CR10 Publications Collective, *Abolition Now! Ten Years of Strategy and Struggle Against the Prison Industrial Complex* (AK Press, 2008); Eric A. Stanley and Nat Smith, eds, *Captive Genders: Trans Embodiment and the Prison Industrial Complex* (AK Press, 2015); INCITE! Women of Color Against Violence, ed., *Color of Violence:The INCITE! Anthology* (Duke University Press, 2016); Alex S. Vitale, *The End of Policing* (Verso, 2017); Dan Berger, MariameKaba and David Stein, 'What Abolitionists do', *Jacobin* (24 August 2017): https://www.jacobinmag.com/2017/08/prison-abolition-reform-mass-incarceration; ClémentPetitjean and Ruth Wilson Gilmore, 'Prisons and ClassWarfare:An Interview with RuthWilson Gilmore', *Verso* (2 August 2018): https://www.versobooks.com/blogs/3954-prisons-and-class-warfare-an-interview-with-ruth-wilson-gilmore; Liat Ben-Moshe, *Decarcerating Disability: Deinstitutionalization and Prison Abolition* (University of Minnesota

Press, 2020); AngelaY. Davis, Gina Dent, Erica Meiners and Beth Richie, *Abolition. Feminism. Now.* (Haymarket Books, 2021).

75. Angela Y. Davis, ed., *If They Come in the Morning...Voices of Resistance* (Verso, 2016 [1971]), p.xiii.

76. Rachel Kushner, 'Is Prison Necessary? Ruth Wilson Gilmore Might Change Your Mind', *New York Times Magazine* (17April2019): https://www.nytimes.com/2019/04/17/magazine/prison-abolition-ruth-wilson-gilmore.html. Forman is the author of *Locking Up Our Own: Crime and Punishment in Black America* (Farrar, Straus and Giroux, 2017).

77. 需要注意的是，暴力犯罪，从非法持枪到暴力强奸和谋杀，占到了美国监禁人口的大部分：此类人当中，55%被关在州监狱，42%被关在联邦监狱和牢房以及地方监狱（Wendy Sawyer and Peter Wagner, 'The Whole Pie 2020'）。因此，结束对与毒品相关的和其他非暴力犯罪的监禁，并不会像一些支持监禁改革的人所说的那样，带来大规模监禁的结束。

78. Petitjean and Gilmore, 'An Interview with Ruth Wilson Gilmore'. 关于最近在明尼阿波利斯发生的乔治·弗洛伊德谋杀案之后废除警察部门的尝试的讨论，请参见 Charmaine Chua, 'Abolition Is A Constant Struggle: Five Lessons from Minneapolis', *Theory & Event*, vol.23, no.4 supp.(2020): 127–47。

79. 'Fred Hampton on racism and capitalism 1', *Youtube* (28 May 2019): https://www.youtube.com/watch?v=jnlYA00Ffwo

80. 关于里德对黑人生命运动的评论，请参见以下文献。Adolph Reed Jr., 'Antiracism: a neoliberal alternative to a left', *Dialectical Anthropology*, vol.42 (2018):105–15; Reed, 'The Trouble with Uplift', *The Baffler*, no.41 (September 2018): https://thebaffler.com/salvos/the-trouble-with-uplift-reed; Adolph Reed Jr. and Walter Benn Michaels, 'The Trouble with Disparity', *Common Dreams* (15 August 2020): https://www.commondreams.org/views/2020/08/15/trouble-disparity; Cedric Johnson, 'The Triumph of Black Lives Matter and Neoliberal Redemption', *non-*

site.org (9 June 2020): https://nonsite.org/the-triumph-of-black-lives-matter-and-neoliberal-redemption/.

81. Reed and Michaels, 'TheTrouble with Disparity'.

82. Adolph Reed Jr., 'The Limits of Anti-Racism', *Left Business Observer* (September 2009): https://www.leftbusinessobserver. com/Antiracism.html; Reed, 'Antiracism: a neoliberal alternative to a left'; Reed, 'TheTrouble with Uplift'; Daniel Denvir, Barbara J.Fields and Karen E.Fields, 'Beyond "Race Relations": An Interview with Barbara J. Fields and Karen E. Fields', *Jacobin* (17 January 2018): https://www.jacobinmag.com/2018/01/racecraft-racism-barbara-karen-fields; Cedric Johnson, 'The Wages of Roediger: Why Three Decades of Whiteness Studies Has Not Produced the Left We Need', *nonsite.org* (9 September 2019): https://nonsite.org/the-wages-of-roediger-why-three-decades-of-white- ness-studies-has-not-produced-the-left-we-need/; and Reed and Michaels,'TheTrouble with Disparity'.

83. 关于种族主义在阻挠大规模工人阶级运动的出现中所起的历史作用和持续影响，请参见Mike Davis, *Prisoners of the American Dream: Politics and Economy in the History of the US Working Class* (Verso, 2018 [1986]); David R. Roediger, *The Wages of Whiteness: Race and the Making of the American Work-ing Class* (Verso, 2007 [1991]); Satnam Virdee, *Racism, Class and the Racialised Outsider* (Red Globe Press, 2014); Katherine J. Cramer, *The Politics of Resentment: Rural Consciousness in-Wisconsin and the Rise of Scott Walker* (University of Chicago Press, 2016); Michael C. Dawson, 'Hidden in Plain Sight:A Note on Legitimation Crises and the Racial Order', *Critical Historical Studies*, vol.3, no.1 (2016): 143–61。关于种族与种族主义的阶级起源，请参见Cedric J. Robinson, *Black Marxism: The Making of the Black Radical Tradition* (The University of North Carolina Press, 2000 [1983]); Theodore Allen, *The Invention of the White Race,* vol.2, *The Origins of Racial Oppression in Anglo-America*

(Verso, 2012 [1997])。说种族主义是从一系列不断变化的物质条件中出现的，并不是说它现在完全依赖于这些物质条件，因此，"结束资本主义"必然会带来种族或种族主义的终结，或者，种族主义做法或态度的任何变化都可以简单地解释为"根本的"阶级结构的变化。事实上，像阿道夫·里德这样的理论家和种族资本主义理论家之间的一个根本的冲突观点是，种族一旦兴起，是否就能说它"是自行发展的"。关于这一点，请参见 Adolph Reed Jr., 'Response to Eric Arnesen', *International Labor and Working-Class History*, no.60 (2001): 69–80; and Reed, 'Unraveling the relation of race and class in American politics', *Advance the Struggle* (11 June 2009): https://advancethestruggle.wordpress.com/2009/06/11/how-does-race-relate-to-class-a-debate/; Barbara Jeanne Fields, 'Slavery, Race and Ideology in the United States of America', *New Left Review,* issue I/181 (May–June 1990): 95–118, p.101。

84. W.E.B.Du Bois, *Black Reconstruction in America: 1860–1880* (The Free Press, 1992 [1935]). 值得注意的是，虽然阿道夫·里德写了一本关于杜波依斯的政治思想的书，但他还是强烈反对在有关当代政治的争论中援引他，以及做更广泛的历史类比。Adolph Reed Jr., 'Rejoinder', *Advance the Struggle* (11 June 2009): https://advancethestruggle.wordpress.com/2009/06/11/ how-does-race-relate-to-class-a-debate/; Reed, 'Socialism and the Argument against Race Reductionism', *New Labor Forum,* vol.29, no.2 (2020): 36–43.

85. 关于在美国从事低技能、低工资工作的有色人种和女性的比例越来越高，请参见 Rachel E. Dwyer and Erik Olin Wright, 'Low-Wage Job Growth, Polarization, and the Limits and Opportunities of the Service Economy', *RSF:The Russell Sage Foundation Journal of the Social Sciences*, vol.5, no.4 (2019): 56–76。

86. 正如斯图尔特·霍尔（Stuart Hall）著名的观点："种族和种族主义在所有影响黑人劳工的关系中（具有）实际和理论上的中心地位。这一部分被构造为一种阶级，这和赋予它的阶级关系一起以种族关系的形式发挥着作用。因此，种族也是阶级'存活'的方式，是体验阶级关系的媒介，是它被挪用和'奋力留存'的形式。这对整个阶级都有影响，而不独影响'可按照种族界定'的部分。它对工人阶级内部的组织与划分有影响，暂不提别的因素，这些组织与划分部分是通过种族表达的。这不是单纯的来自上层的种族主义阴谋。因为种族主义也是意识形态再现的主要方式之一，阶级中的白人部分通过它来使他们与其他部分的关系'保持存活'，并通过这些为自身捞取资本。" Stuart Hall, 'Race, articulation and societies structured in dominance', in *Sociological theories: race and colonialism,* ed. UNESCO (UNESCO, 1980): 305– 45, p.341.

87. 关于所谓的"身份认同"运动对于成功的民粹社会主义的意义，参见如下文献。Stuart Hall, 'Race, articulation and societies structured in dominance'; Judith Butler, 'Merely Cultural', *New Left Review,* issue I/227 (1998): 33–44; Michael Dawson, 'Hidden in Plain Sight'; Charles W. Mills, 'European Spectres', *The Journal of Ethics*, vol.3, no.2 (1999): 133–55; Ellen Meiksins Wood, 'Class, Race, and Capitalism', *Advance the Struggle* (11 June 2009): https://advancethestruggle.wordpress.com/2009/06/11/how-does-race-relate-to-class-a-debate/; Richard Seymour, 'Cultural materialism and identity politics', *Lenin's Tomb* (30 November 2011): http://www. leninology.co.uk/2011/11/cultural-materialism-and-identity.html; Nikhil Pal Singh, 'A Note on Race and the Left', *Social Text Online* (31 July 2015): https://socialtextjournal.org/a-note-on-race-and-the-left/; Mike Davis, *Prisoners of the American Dream*, epilogue; Keeanga-Yamahtta Taylor, *From #BlackLives-Matter to Black Liberation* (Haymarket Books, 2016); Melinda Cooper, *Family Values: Between Neoliberalism and the New Social Conservatism* (Zone Books, 2017); Paul Heideman, *Class Struggle and the Color Line: American Socialism and the Race Question, 1900–1930* (Haymarket Books, 2018); Rosa Burc, George Souvlis and Nikhil Pal Singh, 'Race and America's Long War: An Interview

with Nikhil Pal Singh', *Salvage* (11 March 2020): https://salvage.
zone/articles/race-and-americas-long-war-an-interview-with-
nikhil-pal-singh/; Ted Fertik and Maurice Mitchell, 'Reclaiming
Populism', *The Boston Review* (29 April 2020): http://bostonreview.
net/forum/reclaiming-populism/ted-fertik-maurice-mitchell-we-
need-multiracial-working-class-alignment; Aziz Rana and Jedediah
Britton-Purdy, 'We Need an Insurgent Mass Movement', *Dissent*
(Winter 2020): https://www.dissentmagazine.org/article/we-need-
an-insurgent-mass-movement; Gabriel Winant, 'We Live in a
Society: Organization is the entire question', *n+1* (12 December
2020): https://nplusonemag.com/online-only/online-only/we-live-
in-a-society/.

88.   James Baldwin, 'An Open Letter to My Sister, Angela Y. Davis'
[1970], in Angela Davis, ed., *If They Come in the Morning*: 19–
23, p.22.

89.   Mariarosa Dalla Costa and Selma James, 'Women and the Subversion
of the Community' [1971], in *The Power of Women and the Subver-
sion of the Community* (Falling Wall Press, 1975 [1972]): 21–56;
Mariarosa Dalla Costa, 'A General Strike' [1974], in *All Work and No
Pay: Women, Housework, and the Wages Due,* ed.Wendy Edmond
and Suzie Fleming (Power of Women Collective and the Falling Wall
Press, 1975): 125–7; and Federici, 'Wages Against Housework'.

90.   关于这一主题，请参见Nancy Fraser, 'Contradictions of Capital
and Care', *New Left Review,* issue 100 (July–August 2016):
99–117。这一过程正在美国上演，相关文献请参见Dwyer
and Wright, 'Low-Wage Job Growth'; Gabriel Winant, *The Next
Shift:The Fall of Industry and the Rise of Health Care in Rust Belt
America* (Harvard University Press, 2021)。

91.   关于异性恋核心家庭的意识形态与新自由主义资本主义之间
的历史（和当下依旧持续的）关系，请参见 Melinda Cooper,
Family Values。

92.   关于技术发展和经济两极化现象，请参见 David H. Autor,

Frank Levy and Richard J. Murnane, 'The Skill Content of Recent Technological Change: An Empirical Exploration', *Quarterly Journal of Economics*, vol.118, no.4 (2003): 1,279–333; David H. Autor and David Dorn, 'The Growth of Low-Skill Service Jobs and the Polarization of the US Labor Market', *American Economic Review*, vol.103, no.5 (2013): 1,553–97.

93. James, *Women, the Unions and Work*, pp.51–2.

94. Ruth D.Peterson and William C. Bailey, 'Forcible Rape, Poverty, and Economic Inequality in U.S. Metropolitan Communities', *Journal of Quantitative Criminology*, vol.4, no.2 (1988): 99–119; Etienne G.Krug, Linda L.Dahlberg, James A.Mercy, Anthony B.Zwi and Rafael Lozano, eds, 'World report on violence and health', *World Health Organisation*(2002): https://apps.who.int/iris/bitstream/handle/10665/42495/9241545615_eng.pdf, p.159; and Ming-Jen Lin, 'Does democracy increase crime? The evidence from international data', *Journal of Comparative Economics*, vol.35, no.3 (2007): 467–83.

95. 关于将资本主义作为一个超越经济关系的体制来思考的重要性，请参见 Adolph Reed Jr., 'Rejoinder', and Nancy Fraser, 'Behind Marx's Hidden Abode', *New Left Review,* issue 86 (March–April 2014): 55–72。

96. Catharine A. MacKinnon, 'Feminism, Marxism, Method, and the State: Toward Feminist Jurisprudence', *Signs*, vol.8, no.4 (1983): 635–58, p.643.

97. Eliott C.McLaughlin, 'Police officers in the US were charged with more than 400 rapes over a 9-year period', *CNN* (19 October 2018): https://edition.cnn.com/2018/10/19/us/police-sexual-assaults-maryland-scope/index.html

98. Chaminda Jayanetti, 'Scale of police sexual abuse claims revealed', *Observer* (18 May 2019): https://www.theguardian.com/uknews/2019/may/18/figures-reveal-true-extent-of-policemisconduct-foi

99. 'Indian police "gang-rape woman after she fails to pay bribe"',

Guardian (12 June 2014): https://www.theguardian.com/
world/2014/jun/12/indian-police-gang-rape-uttar-pradesh

100. 在美国有一个突出例子"煽动!"（INCITE!），这是一个致
力于结束国家暴力和人际暴力双重目标的有色人种激进女
权主义者网络；它在全国各地的附属团体为暴力受害者开
办社区支持小组，进行健康的男性气质和旁观者培训，创
建"无暴力"区，并促成暴力实施者和受害者之间的转变
司法（transformative justice）会议。2001 年，"煽动!"与以
美国为根据地的国际废除主义运动"批判性抵抗"（Critical
Resistance）共同撰写了一份声明，题为"关于性别暴力和监
狱工业综合体的声明"（'Statement on Gender Violence and the
Prison Industrial Complex', reprinted in *Social Justice*, vol.30,
no.3 (2003): 141–50）。关于北美地区处理性别暴力和性暴力
的非监禁方法的例子和讨论，有时借鉴美国本土的冲突解
决方法，请参见Natalie J. Sokoloff and Ida Dupont, 'Domestic
Violence at the Intersections of Race, Class, and Gender:
Challenges and Contributions to Understanding Violence Against
Marginalized Women in Diverse Communities', *Violence Against
Women*, vol.11, no.1 (2005): 38–64; Donna Coker, 'Restorative
Justice, Navajo Peacemaking and Domestic Violence', *Theoreti-
cal Criminology*, vol.10, no.1 (2006): 67–85; Ching-In Chen, Jai
Dulani and Leah Lakshmi Piepzna-Samarasinha, *The Revolution
Starts at Home: Confronting Intimate Violence Within Activist
Communities* (South End Press, 2011); Creative Interventions,
*Creative Interventions Toolkit: A Practical Guide to Stop Inter-
personal Violence* (2012): https://www.creative-interventions.
org/tools/toolkit/; Kristian Williams, 'A Look at Feminist Forms
of Justice That Don't Involve the Police', *Bitch* (20 August
2015): https://www.bitchmedia.org/article/look-feminist-forms-
justice-dont-involve-police; and Boutilier, Sophia and Lana
Wells, 'The Case for Reparative and Transformative Justice
Approaches to Sexual Violence in Canada: A proposal to pilot

and test new approaches', *Shift: The Project to End Domestic Violence* (2018): https://prism.ucalgary.ca/handle/1880/109349. For illuminating critiques of such approaches to sexual violence, see Angustia Celeste, Alex Gorrion and Anon., *The Broken Teapot* (2014 [2012]): https://www.sproutdistro.com/catalog/zines/accountability-consent/the-broken-teapot; Words to Fire, ed., *Betrayal:A critical analysis of rape culture in anarchist subcultures* (Words to Fire Press, 2013)。在全球范围内，冲突后区域的过渡性司法往往尝试采用修复性而非报复性的司法模式来处理政治暴力的历史，包括性暴力——尽管这些计划，如南非的真相与和解委员会（Truth and Reconciliation Commission），通常由国家赞助或有国家参与。另一个由国家赞助的、对性别暴力采取非监狱式方法的例子来自乌干达，那里的家庭暴力受害者可以选择使用修复性而非报复性的救济机制（Aparna Polavarapu, 'Global Carceral Feminism and Domestic Violence'）。对性别暴力的女权主义、非国家处理方法的一个例子来自印度北方邦的粉红帮（Gulabi Gang）；粉红帮拥有近 10 万名成员，最初是一群贫穷的低种姓女性发起的，她们身穿粉色纱丽，挥舞着竹棍，与男性犯罪者搭讪并公开羞辱他们，必要时进行人身防卫。

参考文献

法律文献

Alexander v. Yale University, 459 F.Supp. 1 (D.Conn. 1979), 631 F.2d 178 (2d Cir. 1980).

Cal. Educ. Code §67386.

Complaint, *Bonsu v. University of Massachusetts–Amherst*, Civil Action No.3:15-cv-30172-MGM (District of Massachusetts, Sept.25, 2015).

Lanigan v. Bartlett & Co. Grain, 466 F. Supp. 1388 (W.D. Mo. 1979).

Mass. Gen. Law 265, §22.

Miller v. Bank of America, 418 F. Supp. 233 (N.D. Cal. 1976).

Munford v. James T.Barnes & Co., 441 F. Supp. 459 (E.D. Mich. 1977).

Naragon v. Wharton, 737 F.2d 1403 (5th Cir. 1984).

Okla. Stat. 21 §113.

R. v. Butler (1992) 1 S.C.R. 452.

R v. Cogan and Leak (1976) QB 217.

R. v. Scythes (1993) OJ 537.

R.A.V. v. City of St. Paul, Minnesota 505 U.S. 377 (1992).

St. Paul Bias-Motivated Crime Ordinance, St. Paul, Minnesota Legislative Code §292.02 (1990).

State v. Cuni, 733 A.2d 414, 159 N.J. 584 (1999).

Wis. Stat. §940.225(4).

著作与文章

'About Sexual Violence', *Rape Crisis England and Wales*: https://rapecrisis.org.uk/get-informed/about-sexual-violence/.

'Abstinence Education Programs: Defi nition, Funding, and Impact on Teen Sexual Behavior', *Kaiser Family Foundation* (1 June 2018): https://www.kff.org/womens-health-policy/fact-sheet/abstinence-education-programs-definition-funding-and-impacton-teen-sexual-behavior/.

Adams, Parveen, 'Per Os(cillation)', *Camera Obscura*, vol.6, no.2 (1988): 7–29.

Ahmed, Sara, *Living a Feminist Life* (Duke University Press, 2017).

Alcoff, Linda Martín, *Rape and Resistance* (Polity, 2018).

Allen, Theodore, *The Invention of the White Race*, vol.2, *The Origin of Racial Oppression in Anglo-America* (London: Verso, 2012 [1997]).

Andrson, David M., 'Sexual Threat and Settler Society: "Black Perils" in Kenya, c. 1907–30', *The Journal of Imperial and Commonwealth History*, vol.38, no.1 (2010): 47–74.

Angustia Celeste, Alex Gorrion and Anon., *The Broken Teapot* (2014 [2012]): https://www.sproutdistro.com/catalog/zines/accountabilityconsent/the-broken-teapot.

Anon. (u/aznidentity), 'Sub's Take on AF', *Reddit* (14 April 2016): https://www.reddit.com/r/aznidentity/comments/4eu80f/the_subs_take_on_af/.

Arago, Sonya, 'Whores at the End of the World', *n+1* (30 April 2020): https://nplusonemag.com/online-only/online-only/whores-atthe-end-of-the-world/.

Armstrong, Elizabeth A., Paula England and Alison C. K. Fogarty, 'Orgasm in College Hookups and Relationships', in *Families as They Really Are*, ed. Barbara J. Risman and Virginia E. Rutter (W.W. Norton, 2015): 280–96.

'Attorney General's Commission on Pornography: Final Report', *U.S.*

Department of Justice (1986).

Autor, David H. and David Dorn, 'The Growth of Low-Skill Service Jobs and the Polarization of the US Labor Market', *American Economic Review*, vol.103, no.5 (2013): 1,553–97.

Autor, David H., Frank Levy and Richard J.Murnane, 'The Skill Content of Recent Technological Change: An Empirical Exploration', *Quarterly Journal of Economics*, vol.118, no.4 (2003): 1,279–333.

Baah, Nana, 'This Adult Site Is Offering Ex-McDonald's Employees Camming Work', *Vice* (24 March 2020): https://www.vice.com/en_uk/article/dygjvm/mcdonalds-workerscoronavirus-employment.

Baishya, Anirban K. and Darshana S. Mini, 'Translating Porn Studies: Lessons from the Vernacular', *Porn Studies*, vol.7, no.1 (2020): 2–12.

Baldwin, James, 'An Open Letter to My Sister, Angela Y. Davis' [1970], in *If They Come in the Morning... Voices of Resistance*, ed. Angela Y. Davis (Verso, 2016 [1971]): 19–23.

Barale, Michèle Aina, 'The Romance of Class and Queers: Academic Erotic Zones', in *Tilting the Tower*, ed. Linda Garber (Routledge, 1994): 16–24.

Barreca, Regina, 'Contraband Appetites: Wit, Rage, and Romance in the Classroom', in *The Erotics of Instruction*, ed. Regina Barreca and Deborah Denenholz Morse (University Press of New England, 1997).

Bartholet, Elizabeth, Nancy Gertner, Janet Halley and Jeannie Suk Gersen, 'Fairness For All Students Under Title IX', *Digital Access to Scholarship at Harvard* (21 August 2017): nrs.harvard.edu/urn-3:HUL.InstRepos:33789434.

Bartky, Sandra Lee, *Femininity and Domination: Studies in the Phenomenology of Oppression* (Routledge, 1990).

Batty, David and Rachel Hall, 'UCL to ban intimate relationships between staff and their students', *Guardian* (20 February 2020): https://www.theguardian.com/education/2020/feb/20/ucl-to-ban-intimate-relationships-between-staff -and-students-univesities.

Bauer, Nancy, 'Pornutopia', *n+1* (Winter 2007): https://nplusonemag.
com/issue-5/essays/pornutopia/.

Bazelon, Lara, 'I'm a Democrat and a Feminist. And I Support Betsy
DeVos's Title IX Reforms.', *New York Times* (4 December 2018):
https://www.nytimes.com/2018/12/04/opinion/-title-ixdevos-
democrat-feminist.html.

Beal, Frances M., 'Double Jeopardy: To Be Black and Female'[1969],
in *Meridians: Feminism, Race, Transnationalism*, vol.8, no.2(2008):
166–76.

Beck, Richard, *We Believe the Children: A Moral Panic in the 1980s*
(PublicAff airs, 2015).

Bedi, Sonu, 'Sexual Racism: Intimacy as a Matter of Justice', *The
Journal of Politics*, vol.77, no.4 (2015): 998–1,011.

Beecher, Jonathan, 'Parody and Liberation in The New Amorous World
of Charles Fourier', *History Workshop Journal*, vol.20, no.1(1985):
125–33.

—, *Charles Fourier: The Visionary and His World* (University of
California Press, 1986).

Behrendt, Larissa, 'Consent in a (Neo)Colonial Society: Aboriginal
Women as Sexual and Legal "Other"', *Australian Feminist Studies*,
vol.15, no.33 (2000): 353–67.

Ben-Moshe, Liat, *Decarcerating Disability: Deinstitutionalization and
Prison Abolition* (University of Minnesota Press, 2020).

Berg, Heather, 'Left of #MeToo', *Feminist Studies*, vol.26, no.2(2020):
259–86.

Berg, Nate, 'Drive-thru brothels: why cities are building "sexual
infrastructure"', *Guardian* (2 September 2019): https://www.
theguardian.com/cities/2019/sep/02/drive-thru-brothelswhy-cities-
are-building-sexual-infrastructure.

Berger, Dan, Mariame Kaba and David Stein, 'What Abolitionists do',
Jacobin (24 August 2017): https://www.jacobinmag.com/2017/08/
prison-abolition-reform-mass-incarceration.

Bernstein, Elizabeth, 'The Sexual Politics of the "New Abolitionism"', *differences*, vol.18, no.3 (2007): 128–51.

Berry, Kim, 'The Symbolic Use of Afghan Women in the War On Terror', *Humboldt Journal of Social Relations*, vol.27, no.2 (2003): 137–60.

Bethel, Lorraine and Barbara Smith, eds, *Conditions: Five: The Black Women's Issue* (1979).

Bhalotra, Sonia, Uma Kambhampati, Samantha Rawlings and Zahra Siddique, 'Intimate Partner Violence: The Influence of Job Opportunities for Men and Women', *The World Bank Economic Review* (2019): 1–19.

Bhonsle, Anubha, 'Indian Army, Rape Us', *Outlook* (10 February 2016): https://www.outlookindia.com/website/story/indianarmy-rape-us/296634.

Bird, Greta and Pat O'Malley, 'Kooris, Internal Colonialism, and Social Justice', *Social Justice*, vol.16, no.3 (1989): 35–50.

Blinder, Alan, 'Was That Ralph Northam in Blackface? An Inquiry Ends Without Answers', *New York Times* (22 May 2019): https://www.nytimes.com/2019/05/22/us/ralph-northam-blackface-photo.html.

Blunt, Alison, 'Embodying war: British women and domestic defilement in the Indian "Mutiny", 1857–8 ', *Journal of Historical Geography*, vol.26, no.3 (2000): 403–428.

Bohn, Lauren, '"We're All Handcuffed in This Country." Why Afghanistan Is Still the Worst Place in the World to Be a Woman', *Time* (8 December 2018): https://time.com/5472411/afghanistan-women-justice-war/.

Boonkong, Carla and Pranee O'Connor, 'Thailand jails more women than any other country in the world over pink yaba pills and ongoing drug arrests', *Thai Examiner* (4 January 2019): https://www.thaiexaminer.com/thai-news-foreigners/2019/01/04/thai-womenprison-in-thailand-world-no1-country-drug-users-war-on-drugs/.

Bose, Adrija, '"Why Should I be Punished?": Punita Devi, Wife of Nirbhaya Convict, Fears Future of "Shame"', *News 18* (19

March 2020): https://www.news18.com/news/buzz/why-should-i-bepunished-punita-devi-wife-of-nirbhaya-convict-fears-future-ofshame-delhi-gangrape-2543091.html.

Bourke, Joanna, *Rape: A History from 1860 to the Present* (Virago, 2007).

Boutilier, Sophia and Lana Wells, 'The Case for Reparative and Transformative Justice Approaches to Sexual Violence in Canada: A proposal to pilot and test new approaches', *Shift: The Project to End Domestic Violence* (2018): https://prism.ucalgary.ca/handle/1880/109349.

Bracewell, Lorna Norman, 'Beyond Barnard: Liberalism, Antipornography Feminism, and the Sex Wars', *Signs*, vol.42, no.1(2016): 23–48.

Breiding, Matthew J., Sharon G. Smith, Kathleen C.Basile, Mikel L.Walters, Jieru Chen and Melissa T. Merrick, 'Prevalence and Characteristics of Sexual Violence, Stalking, and Intimate Partner Violence Victimization–National Intimate Partner and Sexual Violence Survey, United States, 2011', *Center for Disease Control and Prevention Morbidity and Mortality Weekly Report*, vol.63, no.8 (2014): https://www.cdc.gov/mmwr/preview/mmwrhtml/ss6308a1.html.

'Brett Kavanaugh's Opening Statement: Full Transcript', *New York Times* (26 September 2018): https://www.nytimes.com/2018/09/26/us/politics/read-brett-kavanaughs-complete-opening-statement.html.

Brosi, Matthew W., John D. Foubert, R. Sean Bannon and Gabriel Yandell, 'Eff ects of Sorority Members' Pornography Use on Bystander Intervention in a Sexual Assault Situation and Rape Myth Acceptance', *Oracle: The Research Journal of the Association of Fraternity/Sorority Advisors*, vol.6, no.2 (2011): 26–35.

Bryan, Beverley, Stella Dadzie and Suzanne Scafe, *The Heart of the Race: Black Women's Lives in Britain* (Virago, 1985).

Bumiller, Kristin, *In an Abusive State: How Neoliberalism Appropriated the Feminist Movement Against Sexual Violence* (Duke University Press, 2008).

Burc, Rosa, George Souvlis and Nikhil Pal Singh, 'Race and America's Long War: An Interview with Nikhil Pal Singh', *Salvage* (11 March 2020): https://salvage.zone/articles/race-and-americas-long-waran-interview-with-nikhil-pal-singh/.

Burchill, Julie, *Damaged Gods: Cults and Heroes Reappraised* (Arrow Books, 1987).

Butler, Judith, *Gender Trouble: Feminism and the Subversion of Identity* (Routledge, 2010 [1990]).

—, 'Merely Cultural', *New Left Review*, issue I/227 (1998): 33–44.

Cahill, Ann J., 'Sexual Desire, Inequality, and the Possibility of Transformation', in *Body Aesthetics*, ed. Sherri Irvin (Oxford University Press, 2016): 281–91.

Callander, Denton, Martin Holt and Christy E.Newman, 'Just a Preference: Racialised Language in the Sex-Seeking Profi les of Gay and Bisexual Men', *Culture, Health & Sexuality*, vol.14, no.9 (2012): 1,049–63.

Callander, Denton, Christy E. Newman and Martin Holt, 'Is Sexual Racism Really Racism? Distinguishing Attitudes Towards Sexual Racism and Generic Racism Among Gay and Bisexual Men', *Archives of Sexual Behavior*, vol.14, no.7 (2015): 1,991–2,000.

Canby, Vincent, 'What Are We To Think of "Deep Throat"?', *New York Times* (21 January 1973): https://www.nytimes.com/1973/01/21/archives/what-are-we-to-think-of-deep-throat-what-to-think-ofdeep-throat.html.

Capper, Beth and Arlen Austin, '"Wages for housework means wages against heterosexuality": On the Archives of Black Women for Wages for Housework, and the Wages Due Lesbians', *GLQ: A Journal of Lesbian and Gay Studies*, vol.24, no.4 (2018): 445–66.

Carr, Joetta L. and Karen M. VanDeusen, 'Risk Factors for Male Sexual Aggression on College Campuses', *Journal of Family Violence*, vol.19, no.5 (2004): 279–89.

Castleman, Michael, 'Surprising New Data from the World's Most

Popular Porn Site', *Psychology Today* (15 March 2018): https://www.psychologytoday.com/us/blog/all-about-sex/201803/surprising-new-data-the-world-s-most-popular-porn-site.

'Chance the Rapper Apologizes for Working With R.Kelly', *NBC Chicago* (8 January 2019): https://www.nbcchicago.com/news/local/Chance-the-Rapper-Apologizes-for-Working-With-RKelly-504063131.html.

Chateauvert, Melinda, *Sex Workers Unite: A History of the Movement from Stonewall to SlutWalk* (Beacon Press, 2014).

Chen, Ching-In, Jai Dulani and Leah Lakshmi Piepzna-Samarasinha, *The Revolution Starts at Home: Confronting Intimate Violence Within Activist Communities* (South End Press, 2011).

Chin, Heather J. (@HeatherJChin), *Twitter* (8 June 2018): https://twitter.com/HeatherJChin/status/1005103359114784769.

—, *Twitter* (9 June 2018): https://twitter.com/HeatherJChin/status/1005403920037015552.

Chu, Andrea Long, 'On Liking Women', *n+1* (Winter 2018): https://nplusonemag.com/issue-30/essays/on-liking-women/.

— and Anastasia Berg, 'Wanting Bad Things: Andrea Long Chu Responds to Amia Srinivasan', *The Point* (18 July 2018): https://thepointmag.com/2018/dialogue/wanting-bad-thingsandrea-long-chu-responds-amia-srinivasan.

Chua, Charmaine, 'Abolition Is A Constant Struggle: Five Lessons from Minneapolis', *Theory & Event*, vol.23, no.4 supp. (2020): 127–47.

Clegg, John and Adaner Usmani, 'The Economic Origins of Mass Incarceration', *Catalyst*, vol.3, no.3 (2019): https://catalyst-journal.com/vol3/no3/the-economic-origins-of-mass-incarceration.

Coalition for a Feminist Sexuality and against Sadomasochism, [The Barnard Leafl et], reproduced in *Feminist Studies,* vol.9, no.1 (1983): 180–2.

Coker, Donna, 'Restorative Justice, Navajo Peacemaking and Domestic Violence', *Theoretical Criminology*, vol.10, no.1 (2006): 67–85.

Coleman, Phyllis, 'Sex in Power Dependency Relationships: Taking Unfair Advantage of the "Fair" Sex', *Albany Law Review*, vol.53, no.1 (1988): 95–142.

Collins, Patricia Hill, *Black Feminist Thought* (Routledge, 1991 [1990]).

The Combahee River Collective, 'A Black Feminist Statement' [1977], in *Home Girls: A Black Feminist Anthology*, ed. Barbara Smith (Kitchen Table: Women of Color Press, 1983): 272–92.

Cooper, Melinda, *Family Values: Between Neoliberalism and the New Social Conservatism* (Zone Books, 2017).

Coote, Anna and Beatrix Campbell, *Sweet Freedom: The Struggle for Women's Liberation* (Picador, 1982).

Corbman, Rachel, 'The Scholars and the Feminists: The Barnard Sex Conference and the History of the Institutionalization of Feminism', *Feminist Formations*, vol.27, no.3 (2015): 49–80.

Coscarelli, Joe, 'R.Kelly Faces a #MeToo Reckoning as Time's Up Backs a Protest', *New York Times* (1 May 2018): https://www.nytimes.com/2018/05/01/arts/music/r-kelly-timesup-metoomuterkelly.html.

Costa-Kostritsky, Valeria, 'The Dominique Strauss-Kahn courtroom drama has put prostitution on trial', New Statesman (20 February 2015): https://www.newstatesman.com/world-aff airs/2015/02/dominique-strauss-kahn-courtroom-drama-has-put-prostitutiontrial.

Coy, Maddy, Liz Kelly, Fiona Elvines, Maria Garner and Ava Kanyeredzi, '"Sex without consent, I suppose that is rape": How Young People in England Understand Sexual Consent', *Office of the Children's Commissioner* (2013): https://www.childrenscommissioner.gov.uk/report/sex-without-consent-i-suppose-that-is-rape/.

Crabtree, Steve, 'Afghans' Misery Refl ected in Record-Low Well-Being Measures', *Gallup* (26 October 2018): https://news.gallup.com/poll/244118/afghans-misery-refl ected-record-low-measures.aspx.

Cramer, Katherine J., *The Politics of Resentment: Rural Consciousness in Wisconsin and the Rise of Scott Walker* (University of Chicago Press, 2016).

The CR10 Publications Collective, ed., *Abolition Now! Ten Years of Strategy and Struggle Against the Prison Industrial Complex* (AK Press, 2008).

Creative Interventions, *Creative Interventions Toolkit: A Practical Guide to Stop Interpersonal Violence* (2012): https://www.creative-interventions.org/tools/toolkit.

Crenshaw, Kimberlé, 'Demarginalizing the Intersection of Race and Sex: A Black Feminist Critique of Antidiscrimination Doctrine, Feminist Theory and Antiracist Politics', *University of Chicago Legal Forum*, vol.1989, no.1 (1989): 139–67.

Crenshaw, Kimberlé Williams, 'I Believe I Can Lie', *The Baffler* (17 January 2019): https://thebaffl er.com/latest/i-believe-i-can-liecrenshaw.

—, Andrea J.Ritchie, Rachel Anspach, Rachel Gilmer and Luke Harris, 'Say Her Name: Resisting Police Brutality Against Black Women', *African American Policy Forum* (2015): https://www.aapf.org/sayhername.

—, Priscilla Ocen and Jyoti Nanda, 'Black Girls Matter: Pushed Out, Overpoliced and Underprotected', *African American Policy Forum* (2015): https://www.atlanticphilanthropies.org/wp-content/uploads/2015/09/BlackGirlsMatter_Report.pdf.

Crewe, Tom, 'The p-p-porn ban', *London Review of Books* (4 April 2019): https://www.lrb.co.uk/the-paper/v41/n07/tom-crewe/short-cuts.

Critical Resistance-INCITE!, 'Statement on Gender Violence and the Prison Industrial Complex', in *Social Justice*, vol.30, no.3 (2003): 141–50.

Cross, Katherine (@Quinnae_Moon), *Twitter* (3 May 2018): https://twitter.com/Quinnae_Moon/status/992216016708165632.

Daggett, Cara, 'Petro-masculinity: Fossil Fuels and Authoritarian Desire', *Millennium*, vol.47, no.1 (2018): 25–44.

Dalla Costa, Mariarosa, 'A General Strike' [1974], in *All Work and No Pay: Women, Housework, and the Wages Due*, ed. Wendy Edmond and Suzie Fleming (Power of Women Collective and the Falling Wall Press, 1975): 125–7.

— and Selma James, 'Women and the Subversion of the Community' [1971], in *The Power of Women and the Subversion of the Community* (Falling Wall Press, 1975 [1972]), pp. 21–56.

Davis, Angela Y., ed., *If They Come in the Morning… Voices of Resistance* (Verso, 2016 [1971]).

—, *Women, Race & Class* (Penguin Modern Classics, 2019 [1981]).

—, *Are Prisons Obsolete* (Seven Stories Press, 2003).

—, Gina Dent, Erica Meiners and Beth Richie, *Abolition. Feminism. Now.* (Haymarket Books, 2021).

Davis, Mike, *Prisoners of the American Dream: Politics and Economy in the History of the US Working Class* (Verso, 2018 [1986]).

—, 'Trench Warfare: Notes on the 2020 Election', *New Left Review*, no.126 (Nov/Dec 2020): https://newleftreview.org/issues/ii126/articles/mike-davis-trench-warfare

Dawson, Michael C., 'Hidden in Plain Sight: A Note on Legitimation Crises and the Racial Order', *Critical Historical Studies*, vol.3, no.1(2016): 143–61.

Aquino, Silvia, 'Organizing to Monitor Implementation of the Maria da Penha Law in Brazil', in *Feminist Activism, Women's Rights, and Legal Reform*, ed. Mulki Al Sharmani (Zed, 2013): 177–203.

Beauvoir, Simone, *The Second Sex*, trans. Constance Borde and Sheila Malovany-Chevallier (Vintage, 2011 [1949]).

DeChiara, Peter, 'The need for universities to have rules on consensual sexual relationships between faculty members and students', *Columbia Journal of Law and Social Problems*, vol.21, no.2 (1988): 137–62.

Dedeo, Simon, 'Hypergamy, Incels, and Reality', *Axiom of Chance* (15 November 2018): http://simondedeo.com/?p=221

Delphy, Christine, *Separate and Dominate: Feminism and Racism After the War on Terror*, trans. David Broder (Verso, 2015 [2008]).

Denvir, Daniel, Barbara J. Fields and Karen E. Fields, 'Beyond "Race Relations": An Interview with Barbara J. Fields and Karen E. Fields', *Jacobin* (17 January 2019): https://www.jacobinmag.com/2018/01/racecraft-racism-barbara-karen-fields.

Deresiewicz, William, 'Love on Campus', *The American Scholar* (1 June 2007): https://theamericanscholar.org/love-on-campus/.

Diary of a Conference on Sexuality (1982), available at: http://www.darkmatterarchives.net/wp-content/uploads/2011/12/Diary-ofa-Conference-on-Sexuality.pdf.

Douthat, Ross, 'The Redistribution of Sex', *New York Times* (2 May 2018): https://www.nytimes.com/2018/05/02/opinion/incelssex-robots-redistribution.html.

Drolet, Gabrielle, 'The Year Sex Work Came Home', *New York Times* (10 April 2020): https://www.nytimes.com/2020/04/10/style/camsoda-onlyfans-streaming-sex-coronavirus.html.

Du Bois, W.E.B., *Black Reconstruction in America: 1860–1880* (The Free Press, 1992 [1935]).

Du Mez, Kristin Kobes, Jesus and John Wayne: *How White Evangelicals Corrupted a Faith and Fractured a Nation* (Liveright, 2020).

Dullea, Georgia, 'In Feminists' Antipornography Drive, 42d Street Is the Target', *New York Times* (6 July 1979): https://www.nytimes.com/1979/07/06/archives/in-feminists-antipornography-drive-42d-street-is-the-target.html.

Durbar Mahila Samanwaya Committee, 'Sex Workers' Manifesto: First National Conference of Sex Workers in India' [1997], *Global Network of Sex Work Projects* (2011): https://www.nswp.org/resource/sexworkers-manifesto-fi rst-national-conference-sex-workers-india.

Dworkin, Andrea, *I ntercourse* (Basic Books, 2007 [1987]).

—, 'Suff ering and Speech', in *In Harm's Way: The Pornography Civil*

Rights Hearings, ed. Catharine A. MacKinnon and Andrea Dworkin (Harvard University Press, 1997): 25–36.

Dwyer, Rachel E. and Erik Olin Wright, 'Low-Wage Job Growth, Polarization, and the Limits and Opportunities of the Service Economy', *RSF: The Russell Sage Foundation Journal of the Social Sciences*, vol.5, no.4 (2019): 56–76.

Dziech, Billic Wright and Linda Weiner, *The Lecherous Professor: Sexual Harassment On Campus* (University of Illinois Press, 1990 [1984]).

Echols, Alice, *Daring to Be Bad: Radical Feminism in America 1967– 1975* (University of Minnesota Press, 2011 [1989]).

—, 'Retrospective: Tangled Up in Pleasure and Danger', *Signs*, vol.42, no.1 (2016): 11–22.

Edmond, Wendy and Suzie Fleming, eds, *All Work and No Pay: Women, Housework, and the Wages Due* (Power of Women Collective and the Falling Wall Press, 1975).

Edwards, Frank, Hedwig Lee and Michael Esposito, 'Risk of being killed by police use of force in the United States by age, race– ethnicity, and sex', *Proceedings of the National Academy of the Sciences of the United States of America*, vol.116, no.34 (2019): 16,793–8.

Elomäki, Anna, 'The Price of Austerity: The Impact on Women's Rights and Gender Equality in Europe', *European Women's Lobby* (2012): https://www.womenlobby.org/IMG/pdf/the_price_of_ austerity_-_web_edition.pdf.

Epstein, Rebecca, Jamilia J. Blake and Thalia González, 'Girlhood Interrupted: The Erasure of Black Girls' Childhood', *Georgetown Center on Poverty and Inequality* (2017): https://ssrn.com/ abstract=3000695.

Erens, Bob, Andrew Phelps, Soazig Clifton, David Hussey, Catherine H. Mercer, Clare Tanton, Pam Sonnenberg, Wendy Macdowall, Andrew J.Copas, Nigel Field, Kirstin Mitchell, Jessica Datta, Victoria

Hawkins, Catherine Ison, Simon Beddows, Kate Soldan, Filomeno Coelho da Silva, Sarah Alexander, Kaye Wellings and Anne M. Johnson, 'National Survey of Sexual Attitudes and Lifestyles 3', *Natsal* (2013): https://www.natsal.ac.uk/natsal-3.aspx.

Etherington, Norman, 'Natal's Black Rape Scare of the 1870s', *Journal of Southern African Studies*, vol.15, no.1 (1988): 36–53.

European Conference on Sex Work, Human Rights, Labour and Migration, 'Sex Workers in Europe Manifesto', *International Committee on the Rights of Sex Workers in Europe* (2005): https://www.sexworkeurope. org/resources/sex-workers-europe-manifesto.

Farai, Sekai (@SekaiFarai), *Twitter* (17 March 2018): https://twitter. com/SekaiFarai/status/975026817550770177.

Farley, Lin, *Sexual Shakedown: The Sexual Harassment Of Women On The Job* (McGraw-Hill, 1978).

Federal Bureau of Investigations, *Crime in the United States 1996, Section II: Crime Index Offenses Reported* (1997): https://ucr.fbi. gov/crimein-the-u.s/1996/96sec2.pdf.

Federici, Silvia, 'Wages Against Housework' [1975], in *Revolution at Point Zero: Housework, Reproduction, and Feminist Struggle* (PM Press, 2012): 15–22.

—, and Arlen Austin, eds, *The New York Wages for Housework Committee, 1972–1977: History, Theory, and Documents* (Autonomedia, 2017).

Fertik, Ted and Maurice Mitchell, 'Reclaiming Populism', *The Boston Review* (29 April 2020): http://bostonreview.net/forum/reclaiming-populism/ted-fertik-maurice-mitchell-we-need-multiracialworking-class-alignment.

Fields, Barbara Jeanne, 'Slavery, Race and Ideology in the United States of America', *New Left Review*, issue I/181 (May–June 1990): 95–118.

Filipovic, Jill, 'Is the US the only country where more men are raped than women?', *Guardian* (21 February 2012): https://www. theguardian.com/commentisfree/cifamerica/2012/feb/21/us-more-men-raped-than-women).

Firestone, Shulamith, *The Dialectic of Sex* (Verso, 2015 [1970]).

Fischel, Joseph J., *Screw Consent: A Better Politics of Sexual Justice* (University of California Press, 2019).

Forell, Caroline, 'What's Wrong with Faculty-Student Sex? The Law School Context', *Journal of Legal Education*, vol.47, no.1 (1997): 47–72.

Forman, James, Jr., *Locking Up Our Own: Crime and Punishment in Black America* (Farrar, Straus and Giroux, 2017).

The Fourth World Conference on Women, 'Beijing Declaration and Platform for Action', *United Nations* (1995): https://www.un.org/en/events/pastevents/pdfs/Beijing_Declaration_and_Platform_for_Action.pdf

Fraser, Nancy, 'Behind Marx's Hidden Abode', *New Left Review*, issue 86 (March–April 2014): 55–72.

—, 'Contradictions of Capital and Care', *New Left Review*, issue 100 (July–August 2016): 99–117.

'Fred Hampton on racism and capitalism 1', *Youtube* (28 May 2019): https://www.youtube.com/watch?v=jnlYA00Ffwo.

Freud, Sigmund, 'Further Recommendations in the Technique of Psycho-Analysis: Observations on Transference-Love' [1915], in *Freud's Technique Papers*, trans. Joan Riviere and ed. Stephen Ellman (Other Press, 2002): 65–80.

—, *An Autobiographical Study*, trans. James Strachey (Hogarth Press and The Institute of Psycho-Analysis, 1950 [1925]).

Gago, Verónica, *Feminist International: How to Change Everything*, trans. Liz Mason-Deese (Verso, 2020).

Gallop, Jane, *Feminist Accused of Sexual Harassment* (Duke University Press, 1997).

Garcia, Sandra E., 'The Woman Who Created #MeToo Long Before Hashtags', *New York Times* (20 October 2017): https://www.nytimes.com/2017/10/20/us/me-too-movement-tarana-burke.html.

Gersen, Jacob and Jeannie Suk, 'The Sex Bureaucracy', *California Law*

Review, vol.104, no.4 (2016): 881–948.

Ghomeshi, Jian, 'Reflections from a Hashtag', *New York Review of Books* (11 October 2018): https://www.nybooks.com/articles/2018/10/11/reflections-hashtag/.

Gilmore, Ruth Wilson, *Golden Gulag: Prisons, Surplus, Crisis, and Opposition in Globalizing California* (University of California Press, 2007).

'Give parents the right to opt their child out of Relationship and Sex Education', *Petitions: UK Government and Parliament* (18 December 2018): https://petition.parliament.uk/petitions/235053.

Glazek, Christopher, 'Raise the Crime Rate', *n+1* (Winter 2012): https://nplusonemag.com/issue-13/politics/raise-the-crime-rate/.

Goldberg, Michelle, 'The Shame of the MeToo Men', *New York Times* (14 September 2018): https://www.nytimes.com/2018/09/14/opinion/columnists/metoo-movement-franken-hockenberry-macdonald.html.

Gorz, André, 'Reform and Revolution' [1967], trans. Ben Brewster, *Socialist Register* vol.5 (1968): 111–43.

—, *A Strategy for Labor: A Radical Proposal*, trans. Martin Nicolaus and Victoria Ortiz (Beacon Press 1967).

Gould, Jon B. and Richard A.Leo, 'One Hundred Years Later: Wrongful Convictions After a Century of Research', *The Journal of Criminal Law and Criminology*, vol.100, no.3 (2010): 825–68.

Gqola, Pumla Dineo, *Rape: A South African Nightmare* (MF Books Joburg, 2015).

Graff, Agnieszka, Ratna Kapur and Suzanna Danuta Walters, eds, *Signs*, vol.44, no.3, 'Gender and the Rise of the Global Right' (2019).

Grant, Melissa Gira, *Playing the Whore: The Work of Sex Work* (Verso,2014).

Green, Leslie, 'Pornographies', *The Journal of Political Philosophy*, vol.8, no.1 (2000): 27–52.

Gross, Bruce, 'False Rape Allegations: An Assault on Justice', *The Forensic Examiner*, vol.18, no.1 (2009): 66–70.

Gross, Samuel R., Maurice Possley and Klara Stephens, 'Race and Wrongful Convictions in the United States', *National Registry of Exonerations* (2017): http://www.law.umich.edu/special/exoneration/Documents/Race_and_Wrongful_Convictions.pdf.

Gruber, Aya, *The Feminist War on Crime: The Unexpected Role of Women's Liberation in Mass Incarceration* (University of California Press, 2020).

Hald, Gert Martin, Neil M. Malamuth and Carlin Yuen, 'Pornography and Attitudes Supporting Violence Against Women: Revisiting the Relationship in Nonexperimental Studies', *Aggressive Behavior*, vol.36, no.1 (2010): 14–20.

Hall, Stuart, 'Race, articulation and societies structured in dominance', in *Sociological theories: race and colonialism*, ed. UNESCO (UNESCO, 1980): 305–45.

Halley, Janet, 'Trading the Megaphone for the Gavel in Title IX Enforcement', *Harvard Law Review Forum*, vol.128 (2015): 103–17.

—, 'The Move to Affi rmative Consent', *Signs*, vol.42, no.1 (2016): 257–79.

Hambleton, Alexandra, 'When Women Watch: The Subversive Potential of Female-Friendly Pornography in Japan', *Porn Studies*, vol.3, no.4 (2016): 427–42.

'Hathras case: A woman repeatedly reported rape. Why are police denying it?', *BBC News* (10 October 2020): https://www.bbc.co.uk/news/world-asia-india-54444939

Heideman, Paul, *Class Struggle and the Color Line: American Socialism and the Race Question, 1900–1930* (Haymarket Books, 2018).

Heller, Zoë, '"Hot" Sex & Young Girls', *New York Review of Books* (18 August 2016): https://www.nybooks.com/articles/2016/08/18/hot-sex-young-girls/

Helman, Rebecca, 'Mapping the unrapeability of white and black womxn', *Agenda: Empowering women for gender equality*, vol.32, no.4 (2018): 10–21.

Hemingway, Mollie and Carrie Severino, 'Christine Blasey Ford's Father Supported Brett Kavanaugh's Confi rmation', *The Federalist* (12 September 2019): https://thefederalist.com/2019/09/12/christine-blasey-fords-father-supported-brett-kavanaughs-confi rmation/

Higgins, Chris, 'Transference Love from the Couch to the Classroom: A Psychoanalytic Perspective on the Ethics of Teacher-Student Romance', in *Philosophy of Education* (Philosophy of Education Society, 1998): 357–65.

Hill, Jemele, 'What the Black Men Who Identify With Brett Kavanaugh Are Missing', *The Atlantic* (12 October 2018): https://www.theatlantic.com/ideas/archive/2018/10/why-black-men-relatebrett-kavanaugh/572776/

Hitt, Jack, Joan Blythe, John Boswell, Leon Botstein and William Kerrigan, 'New Rules About Sex on Campus', *Harper's Magazine* (September 1993): 33–42.

Hockenberry, John, 'Exile', *Harper's* (October 2018): https://harpers.org/archive/2018/10/exile-4/

Home Office and the Office for National Statistics, 'An Overview of Sexual Offending in England and Wales' (2013): https://www.gov.uk/government/statistics/an-overview-of-sexualoffending-in-england-and-wales

Honig, Bonnie, 'The Trump Doctrine and the Gender Politics of Power', *Boston Review* (17 July 2018): http://bostonreview.net/politics/bonnie-honig-trump-doctrine-and-gender-politics-power

Hooks, Bell, *Ain't I a Woman? Black women and feminism* (South End Press, 1981).

—, *Feminist Theory: From Margin to Center* (Routledge, 1984).

—, 'Eros, Eroticism and the Pedagogical Process', *Cultural Studies*, vol.7, no.1 (1993): 58–64.

—, 'Embracing Freedom: Spirituality and Liberation', in *The Heart of Learning: Spirituality in Education*, ed. Steven Glazer (Tarcher/Putnam, 1999).

Hooton, Christopher, 'A long list of sex acts just got banned in UK porn', *Independent* (2 December 2014): https://www.independent.co.uk/news/uk/a-long-list-of-sex-acts-just-got-banned-in-ukporn-9897174.html

Hunt, Krista, '"Embedded Feminism" and the War on Terror', in *(En) Gendering the War on Terror: War Stories and Camoufl aged Politics*, ed. Krista Hunt and Kim Rygiel (Ashgate, 2006): 51–71.

INCITE! Women of Color Against Violence, ed., *Color of Violence: The INCITE! Anthology* (Duke University Press, 2016).

Indian Ministry of Health and Family Welfare, 'National Family Health Survey (NFHS-4)' (2015–2016): https://dhsprogram.com/pubs/pdf/FR339/FR339.pdf

'Indian police "gang-rape woman after she fails to pay bribe"', *Guardian* (12 June 2014): https://www.theguardian.com/world/2014/jun/12/indian-police-gang-rape-uttar-pradesh

Ingala Smith, Karen (@K_IngalaSmith), *Twitter* (2 September 2019): https://twitter.com/K_IngalaSmith/status/1168471738604228608

Inglis, Amirah, *The White Women's Protection Ordinance: Sexual Anxiety and Politics in Papua* (Chatto and Windus, 1975).

International Committee for Prostitutes' Rights, 'World Charter for Prostitutes Rights: February 1985, Amsterdam', in *Social Text*, no.37 (1993): 183–5.

'International technical guidance on sexuality education', *United National Educational, Scientific and Cultural Organization* (UNESCO), rev. ed. (2018): https://www.unaids.org/sites/default/files/media_asset/ITGSE_en.pdf

Jacobs, Katrien, 'Internationalizing Porn Studies', *Porn Studies*, vol.1, no.1–2 (2014): 114–19.

Jacobs, Michelle S., 'The Violent State: Black Women's Invisible Struggle Against Police Violence', *William & Mary Journal of Race, Gender, and Social Justice*, vol.24, no.1 (2017): 39–100.

Jaget, Claude, ed., *Prostitutes: Our Life* (Falling Wall Press, 1980).

Jain, Uday, 'White Marxism: A Critique of Jacobin Magazine', *New Socialist* (11 August 2017): https://newsocialist.org.uk/whitemarxism-critique/

James, Selma, Women, *the Unions and Work, Or... What Is Not To Be Done* (Notting Hill Women's Liberation Workshop, 1972).

—, *Sex, Race and Class* (Falling Wall Press, 1975).

Jayanetti, Chaminda, 'Scale of police sexual abuse claims revealed', *Guardian* (18 May 2019): https://www.theguardian.com/uk-news/2019/may/18/figures-reveal-true-extent-of-policemisconduct-foi

Jayawardena, Kumari, *Feminism and Nationalism in the Third World* (Verso, 2016 [1986]).

Jeffreys, Sheila, 'The Need for Revolutionary Feminism', *Scarlet Woman*, issue 5 (1977): 10–12.

—, 'Let us be free to debate transgenderism without being accused of 'hate speech'', *Guardian* (29 May 2012): https://www.theguardian.com/commentisfree/2012/may/ 29/transgenderism-hate-speech

Johnson, Cedric, 'The Wages of Roediger: Why Three Decades of Whiteness Studies Has Not Produced the Left We Need', *nonsite.org* (9 September 2019): https://nonsite.org/the-wages-of-roediger-why-three-decadesof-whiteness-studies-has-not-produced-the-left-we-need/

— ,'The Triumph of Black Lives Matter and Neoliberal Redemption', *nonsite.org* (9 June 2020): https://nonsite.org/the-triumph-ofblack-lives-matter-and-neoliberal-redemption/

Jolly, Joanna, 'Does India have a problem with false rape claims?', *BBC News* (8 February 2017): https://www.bbc.co.uk/news/magazine-38796457

Jolly, Margaretta, *Sisterhood and After: An Oral History of the UK Women's Liberation Movement, 1968–present* (Oxford University Press, 2019).

Jones, Claudia, 'An End to the Neglect of the Problems of the Negro Woman!' [1949], in *Claudia Jones: Beyond Containment*, ed. Carole Boyce Davies (Ayebia Clarke Publishing, 2011): 74–86.

Julian, Kate, 'Why Are Young People Having So Little Sex?', *The Atlantic* (December 2018): https://www.theatlantic.com/magazine/archive/2018/12/the-sex-recession/573949/

Kajstura, Aleks, 'Women's Mass Incarceration: The Whole Pie 2019', *Prison Policy Initiative* (29 October 2019): https://www.prisonpolicy.org/reports/pie2019women.html

Kassirer, Kay, ed., *A Whore's Manifesto: An Anthology of Writing and Artwork by Sex Workers* (Thorntree Press 2019).

Kelly, Kate and David Enrich, 'Kavanaugh's Yearbook Page Is "Horrible, Hurtful" to a Woman It Named', *New York Times* (24 September 2018): https://www.nytimes.com/2018/09/24/business/brettkavanaugh-yearbook-renate.html

Kelly, Liz, Jo Lovett and Linda Regan, 'A gap or a chasm?: Attrition in reported rape cases', *Home Office Research Study* 293 (2005): http://webarchive.nationalarchives.gov.uk/20100418065544/homeoffice.gov.uk/rds/pdfs05/hors293.pdf

Kempadoo, Kamala, 'Victims and Agents of Crime: The New Crusade Against Trafficking', in *Global lockdown: Race, Gender and the Prison-Industrial Complex*, ed. Julia Sudbury (Routledge, 2005): 35–55.

Kimmel, Michael, *Angry White Men: American Masculinity at the End of an Era* (Nation Books, 2013).

Kincaid, James R., 'Pouvoir, Félicité, Jane, et Moi (Power, Bliss, Jane, and Me)', *Critical Inquiry*, vol.25, no.3 (1999): 610–16.

Kipnis, Laura, *Unwanted Advances: Sexual Paranoia Comes to Campus* (HarperCollins, 2017).

Klein, Ezra, '"Yes Means Yes" is a terrible law, and I completely support it', *Vox* (13 October 2014): https://www.vox.com/2014/10/13/6966847/yes-means-yes-is-a-terriblebill-and-i-completely-support-it

Knopp, Fay Honey, *Instead of Prisons: A Handbook for Abolitionists* (Prison Research Education Action Project, 1976).

Kollontai, Alexandra, 'Love and the New Morality', in *Sexual Relations and the Class Struggle/Love and the New Morality*, trans. Alix Holt (Falling Wall Press, 1972).

Kotiswaran, Prabha, 'Governance Feminism in the Postcolony: Reforming India's Rape Laws', in Janet Halley, Prabha Kotiswaran, Rachel Rebouché and Hila Shamir, *Governance Feminism: An Introduction* (University of Minnesota Press, 2018): 75–148.

Krug, Etienne G., Linda L. Dahlberg, James A. Mercy, Anthony B.Zwi and Rafael Lozano, eds, 'World report on violence and health', *World Health Organisation* (2002): https://apps.who.int/iris/bitstream/handle/10665/42495/9241545615_eng.pdf

Kulick, Don, 'Sex in the New Europe: the criminalization of clients and Swedish fear of penetration', *Anthropological Theory*, vol.3, no.2 (2003): 199–218.

Kushner, Rachel, 'Is Prison Necessary? Ruth Wilson Gilmore Might Change Your Mind', *New York Times Magazine* (17 April 2019): https://www.nytimes.com/2019/04/17/magazine/prison-abolition-ruth-wilson-gilmore.html.

Langton, Rae, 'Speech Acts and Unspeakable Acts', *Philosophy and Public Affairs*, vol.22, no.4 (1993): 293–330.

—, 'Is Pornography Like The Law?', in *Beyond Speech: Pornography and Analytic Feminist Philosophy*, ed. Mari Mikkola (Oxford University Press, 2017): 23–38.

Lavin, Talia, *Culture Warlords: My Journey Into the Dark Web of White Supremacy* (Hachette, 2020).

Le Doeuff, Michèle, *Hipparchia's Choice: An Essay Concerning Women, Philosophy*, etc., trans. Trista Selous (Columbia University Press, 2007 [1989]).

Lewis, Sophie, *Full Surrogacy Now: Feminism Against Family* (Verso, 2019).

Lim, Audrea, 'The Alt-Right's Asian Fetish', *New York Times* (6 January 2018): https://www.nytimes.com/2018/01/06/opinion/sunday/alt-right-asian-fetish.html

Lin, Ming-Jen, 'Does democracy increase crime? The evidence from international data', *Journal of Comparative Economics*, vol.35, no.3(2007): 467–83.

Longeaux y Vásquez, Enriqueta, 'The Mexican-American Woman', in *Sisterhood is Powerful: An Anthology of Writings from the Women's Liberation Movement*, ed. Robin Morgan (Vintage, 1970): 379–84.

Lorde, Audre, 'Uses of the Erotic: The Erotic as Power' [1978], in *Sister Outsider* (Crossing Press, 1984): 53–9.

Lyons, Matthew N., *Insurgent Supremacists: The U.S. Far Right's Challenge to State and Empire* (PM Press and Kersplebedeb, 2018).

Mac, Juno and Molly Smith, *Revolting Prostitutes* (Verso, 2018).

Mack, Margaret H., 'Regulating Sexual Relationships Between Faculty and Students', *Michigan Journal of Gender & Law*, vol.6, no.1 (1999): 79–112.

MacKinnon, Catharine A., Sexual Harassment of Working Women: A Case of Sex Discrimination (Yale University Press, 1979).

— 'Feminism, Marxism, Method, and the State: Toward Feminist Jurisprudence', *Signs*, vol.8, no.4 (1983): 635–58.

—, 'Sexuality, Pornography, and Method: "Pleasure under Patriarchy"', *Ethics*, vol.99, no.2 (1989): 314–46.

—, *Toward a Feminist Theory of the State* (Harvard University Press, 1991 [1989]).

—, *Only Words* (Harvard University Press, 1996 [1993]).

—, 'Rape Redefined', *Harvard Law & Policy Review*, vol.10, no.2 (2016): 431–77.

Making Herstory (@MakeHerstory1), *Twitter* (2 September 2019): https://twitter.com/MakeHerstory1/status/1168527528186785794

Malamuth, Neil M., Tamara Addison and Mary Koss, 'Pornography and Sexual Aggression: Are There Reliable Effects and Can We Understand Them?', *Annual Review of Sex Research*, vol.11, no.1 (2000): 26–91.

Manne, Kate (@kate_manne), *Twitter* (25 August 2018): https://twitter.

com/kate_manne/status/1033420304830349314

Manson, Marianna and Erika Lust, 'Feminist Porn Pioneer Erika Lust on the Cultural Cornerstones of Her Career', *Phoenix* (31 May 2018): https://www.phoenixmag.co.uk/article/feminist-porn-pioneererika-lust-on-the-cultural-cornerstones-of-her-career/

Mathieson, Thomas, *The Politics of Abolition Revisited* (Routledge, 2015 [1974]).

Mattheis, Ashley, 'Understanding Digital Hate Culture', *CARR: Centre for the Analysis of the Radical Right* (19 August 2019): https://www.radicalrightanalysis.com/2019/08/19/understandingdigital-hate-culture/

McGrath, Ann, '"Black Velvet": Aboriginal women and their relations with white men in the Northern Territory, 1910–40 ', in *So Much Hard Work: Women and Prostitution in Australian History*, ed. Kay Daniels (Fontana Books, 1984): 233–97.

McLaughlin, Eliott C., 'Police officers in the US were charged with more than 400 rapes over a 9-year period', *CNN* (19 October 2018): https://edition.cnn.com/2018/10/19/us/police-sexual-assaultsmaryland-scope/index.html

McVeigh, Tracy, 'Can Iceland lead the way towards a ban on violent online pornography?', *Observer* (16 February 2013): https://www.theguardian.com/world/2013/feb/16/iceland-online-pornography

Mesch, Gustavo S., 'Social bonds and Internet Pornographic Exposure Among Adolescents', *Journal of Adolescence*, vol.32, no.3 (2009): 601–18.

Mgbako, Chi Adanna, *To Live Freely in This World: Sex Worker Activism in Africa* (NYU Press, 2016).

Mill, John Stuart, 'On Liberty', in *On Liberty, Utilitarianism, and Other Essays*, ed. Mark Philp and Frederick Rosen (Oxford World Classics, 2015 [1859]): 1–112.

Mills, Charles W., 'European Spectres', *The Journal of Ethics*, vol.3, no.2 (1999): 133–55.

Millward, Jon, 'Deep Inside: A Study of 10,000 Porn Stars and Their Careers', *Jon Millward: Data Journalist* (14 February 2013): https://jonmillward.com/blog/studies/deep-inside-a-study-of-10000-porn-stars/

Miren, Frankie, 'British BDSM Enthusiasts Say Goodbye to Their Favorite Homegrown Porn', *Vice* (1 December 2014): https://www.vice.com/en_uk/article/nnqybz/the-end-of-uk-bdsm-282

Mitchell, Juliet, *Women's Estate* (Verso, 2015 [1971]).

Mitra, Durba, *Indian Sex Life: Sexuality and the Colonial Origins of Modern Social Thought* (Princeton University Press, 2020).

Mohanty, Chandra, 'Under Western Eyes: Feminist Scholarship and Colonial Discourses', *boundary 2*, vol.12, no.3 (1984): 333–58.

Montgomery, Blake (@blakersdozen), *Twitter* (31 March 2020): https://twitter.com/blakersdozen/status/1245072167689060353

Moraga, Cherríe and Gloria E. Anzaldúa, eds, *This Bridge Called My Back: Writings by Radical Women of Color* (Persephone Press, 1981).

Morgan, Robin, 'Goodbye to All That' [1970], in *The Sixties Papers: Documents of a Rebellious Decade*, ed. Judith Clavir Albert and Stewart Edward Albert (Praeger, 1984): 509–16.

—, 'Theory and Practice: Pornography and Rape' [1974], in *Take Back the Night: Women on Pornography*, ed. Laura Lederer (William Morrow and Company, 1980): 134–47.

Mulvey, Laura, 'Visual Pleasure and Narrative Cinema', *Screen*, vol.16, no.3 (1975): 6–18.

Murphy, Meghan, 'Ross Douthat revealed the hypocrisy in liberal feminist ideology, and they're pissed', *Feminist Currents* (4 May 2018): https://www.feministcurrent.com/2018/05/04/rossdouthat-revealed-hypocrisy-liberal-feminist-ideology-theyrepissed/

Nash, Jennifer C., 'Strange Bedfellows: Black Feminism and Antipornography Feminism', *Social Text*, vol.26, no.4 (2008): 51–76.

—, *The Black Body in Ecstasy: Reading Race, Reading Pornography* (Duke University Press, 2014).

National Domestic Workers Alliance (2020): https://www.domesticworkers.org/

'The National Registry of Exonerations', *The National Registry of Exonerations*: https://www.law.umich.edu/special/exoneration/Pages/about.aspx

New York Radical Feminists, *Rape: The First Sourcebook for Women*, ed. Noreen Connell and Cassandra Wilson (New American Library, 1974).

Newman, Sandra, 'What kind of person makes false rape accusations?', *Quartz* (11 May 2017): https://qz.com/980766/the-truth-about-false-rape-accusations/

Ng, Celeste (@pronounced_ing), *Twitter* (2 June 2015): https://twitter.com/pronounced_ing/status/605922260298264576

— (@pronounced_ing), *Twitter* (17 March 2018): https://twitter.com/pronounced_ing/status/975043293242421254

—, 'When Asian Women Are Harassed for Marrying Non-Asian Men', *The Cut* (12 October 2018): https://www.thecut.com/2018/10/when-asian-women-are-harassed-for-marrying-non-asian-men.html

North, Anna, 'Plenty of conservatives really do believe women should be executed for having abortions', *Vox* (5 April 2018): https://www.vox.com/2018/4/5/17202182/the-atlantickevin-williamson-twitter-abortion-death-penalty

Oddone-Paolucci, Elizabeth, Mark Genius and Claudio Violato, 'A Meta-Analysis of the Published Research on the Effects of Pornography', in *The Changing Family and Child Development* (Ashgate, 2000): 48–59.

Orenstein, Peggy, *Girls & Sex: Navigating the Complicated New Landscape* (OneWorld, 2016).

Palazzolo, Joe, 'Racial Gap in Men's Sentencing', *Wall Street Journal* (14 February 2013): https://www.wsj.com/articles/SB10001424127887324432004578304463789858002

Pape, John, 'Black and White: The "Perils of Sex" in Colonial

Zimbabwe', *Journal of Southern African Studies*, vol.16, no.4 (1990): 699–720.

Park, Madison, 'Kevin Spacey apologizes for alleged sex assault with a minor', *CNN* (31 October 2017): https://www.cnn.com/2017/10/30/entertainment/kevin-spacey-allegationsanthony-rapp/index.html

'Perpetrators of Sexual Violence: Statistics', *RAINN*: https://www.rainn.org/statistics/perpetrators-sexual-violence

Peterson, Jordan, 'Biblical Series IV: Adam and Eve: Self-Consciousness, Evil, and Death', *The Jordan B. Peterson Podcast* (2017): https://www.jordanbpeterson.com/transcripts/biblical-series-iv/

Peterson, Ruth D. and William C.Bailey, 'Forcible Rape, Poverty, and Economic Inequality in U.S. Metropolitan Communities', *Journal of Quantitative Criminology*, vol.4, no.2 (1988): 99–119.

Petitjean, Clément and Ruth Wilson Gilmore, 'Prisons and Class Warfare: An Interview with Ruth Wilson Gilmore', *Verso* (2 August 2018): https://www.versobooks.com/blogs/3954-prisons-andclass-warfare-an-interview-with-ruth-wilson-gilmore

Petrosky, Emiko, Janet M.Blair, Carter J.Betz, Katherine A.Fowler, Shane P.D.Jack and Bridget H.Lyons, 'Racial and Ethnic Differences in Homicides of Adult Women and the Role of Intimate Partner Violence–United States, 2003–2014', *Morbidity and Mortality Weekly Report*, vol.66, no.28 (2017): 741–6.

Pheterson, Gail, ed., *A Vindication of The Rights of Whores* (Seal Press, 1989).

Pinsker, Joe, 'The Hidden Economics of Porn', The Atlantic (4 April 2016): https://www.theatlantic.com/business/archive/2016/04/pornography-industry-economics-tarrant/476580/

Plato, *Republic*, trans. G.M.A. Grube and ed. C.D.C.Reeve (Hackett, 1991).

Platt, Lucy, Pippa Grenfell, Rebecca Meiksin, Jocelyn Elmes, Susan G.Sherman, Teela Sanders, Peninah Mwangi and Anna-Louise Crago, 'Associations between sex work laws and sex workers' health: A systematic review and meta-analysis of quantitative and qualitative studies', *PLoS Medicine*, vol.15, no.12 (2018): 1–54.

Polavarapu, Aparna, 'Global Carceral Feminism and Domestic Violence: What the West Can Learn From Reconciliation in Uganda', *Harvard Journal of Law & Gender*, vol.42, no.1 (2018): 123–75.

Pornhub Insights, '2017 Year in Review', *Pornhub* (9 January 2018): https://www.pornhub.com/insights/2017-year-in-review

—, '2019 Year in Review', *Pornhub* (11 December 2019): www.pornhub.com/insights/2019-year-in-review

Pugh, Martin, *Women and the Women's Movement in Britain since 1914* (Palgrave, 2015 [1992]).

Purves, Libby, 'Indian women need a cultural earthquake', *The Times* (31 December 2012): https://www.thetimes.co.uk/article/indian-women-need-a-cultural-earthquake-mtgbgxd3mvd

Rabuy, Bernadette and Daniel Kopf, 'Prisons of Poverty: Uncovering the pre-incarceration incomes of the imprisoned', *Prison Policy Initiative* (9 July 2015): https://www.prisonpolicy.org/reports/income.html

Rana, Aziz and Jedediah Britton-Purdy, 'We Need an Insurgent Mass Movement', *Dissent* (Winter 2020): https://www.dissentmagazine.org/article/we-need-an-insurgent-mass-movement

Rand, Jacki Thompson, *Kiowa Humanity and the Invasion of the State* (University of Nebraska Press, 2008).

Reagon, Bernice Johnson, 'Coalitional Politics: Turning the Century' [1981], in *Home Girls: A Black Feminist Anthology*, ed. Barbara Smith (Kitchen Table: Women of Color Press, 1983): 356–68.

'The Reckoning: Women and Power in the Workplace', *New York Times Magazine* (13 December 2017): https://www.nytimes.com/interactive/2017/12/13/magazine/the-reckoning-women-and-powerin-the-workplace.html

'Redstockings Manifesto' [1969], in *Sisterhood is Powerful: An Anthology of Writings from the Women's Liberation Movement*, ed. Robin Morgan (Vintage, 1970): 533–6.

Reed, Adolph, Jr., 'Response to Eric Arnesen', International Labor and Working-Class History, no.60 (2001): 69–80.

—, 'Unraveling the relation of race and class in American politics', *Advance the Struggle* (11 June 2009): https://advancethestruggle.wordpress.com/2009/06/11/how-does-race-relate-to-class-a-debate/

—, 'Rejoinder', *Advance the Struggle* (11 June 2009): https://advancethestruggle.wordpress.com/2009/06/11/how-does-racerelate-to-class-a-debate/

—, 'The Limits of Anti-Racism', *Left Business Observer* (September 2009): https://www.leftbusinessobserver.com/Antiracism.html

—, 'Antiracism: a neoliberal alternative to a left', *Dialectical Anthropology*, vol.42 (2018): 105–15.

—, 'The Trouble with Uplift', *The Baffler*, no.41 (September 2018): https://thebaffl er.com/salvos/the-trouble-with-uplift-reed

—, 'Socialism and the Argument against Race Reductionism', *New Labor Forum*, vol.29, no.2 (2020): 36–43.

— and Walter Benn Michaels, 'The Trouble with Disparity', *Common Dreams* (15 August 2020): https://www.commondreams.org/views/2020/08/15/trouble-disparity

Rees, Jeska, 'A Look Back at Anger: the Women's Liberation Movement in 1978', *Women's History Review*, vol.19, no.3 (2010): 337–56.

'Report of the Prostitution Law Review Committee on the Operation of the Prostitution Reform Act 2003', *New Zealand Ministry of Justice* (2008): https://prostitutescollective.net/wp-content/uploads/2016/10/report-of-the-nz-prostitution-law-committee-2008.pdf

Rich, Adrienne, 'Taking Women Students Seriously' [1978], in *On Lies, Secrets, and Silence: Selected Prose, 1966–1978* (Virago, 1984 [1980]): 237–45.

—, 'Compulsory Heterosexuality and Lesbian Existence' [1980], in *Journal of Women's History*, vol.15, no.3 (2003): 11–48.

Richards, Tara N., Courtney Crittenden, Tammy S. Garland and Karen McGuffee, 'An Exploration of Policies Governing Facultyto-

Student Consensual Sexual Relationships on University Campuses: Current Strategies and Future Directions', *Journal of College Student Development*, vol.55, no.4 (2014): 337–52.

Richie, Beth E., *Arrested Justice: Black Women, Violence, and America's Prison Nation* (NYU Press, 2012).

Robin, Corey, 'The Erotic Professor', *The Chronicle of Higher Education* (13 May 2018): https://www.chronicle.com/article/the-erotic-professor/

Robinson, Cedric J., *Black Marxism: The Making of the Black Radical Tradition* (University of North Carolina Press, 2000 [1983]).

Robinson, Russell K. and David M. Frost, 'LGBT Equality and Sexual Racism', *Fordham Law Review*, vol.86, issue 6 (2018): 2,739–54.

Roediger, David R., *Wages of Whiteness: Race and the Making of the American Working Class* (Verso, 2007 [1991]).

Romano, Aja, '#WomenBoycottTwitter: an all-day protest inspires backlash from women of color', *Vox* (13 October 2017): https://www.vox.com/culture/2017/10/13/16468708/womenboycotttwitter-protest-backlash-women-of-color

—, 'How the alt-right's sexism lures men into white supremacy', *Vox* (26 April 2018): https://www.vox.com/culture/2016/12/14/13576192/alt-right-sexism-recruitment

Ronson, Jon, 'The Butterfly Effect', *Audible* (2017): www.jonronson.com/butterfl y.html

Rosen, Jeffrey, 'Ruth Bader Ginsburg Opens Up About #MeToo, Voting Rights, and Millennials', *The Atlantic* (15 February 2018): https://www.theatlantic.com/politics/archive/2018/02/ruth-bader-ginsburg-opens-up-about-metoo-voting-rights-andmillenials/553409/

Roser, Max, Hannah Ritchie and Esteban Ortiz-Ospina, 'Internet', *Our World in Data* (2017): https://ourworldindata.org/internet

Ross, Becki L., '"It's Merely Designed for Sexual Arousal": Interrogating the Indefensibility of Lesbian Smut' [1997], in *Feminism and Pornography, ed. Drucilla Cornell* (Oxford University Press, 2007

[2000]): 264–317.

Royalle, Candida, 'Porn in the USA' [1993], in *Feminism and Pornography*, ed. Drucilla Cornell (Oxford University Press, 2007 [2000]): 540–50.

Rubin, Gayle, 'Blood Under the Bridge: Refl ections on "Thinking Sex"', *GLQ: A Journal of Lesbian and Gay Studies*, vol.17, no.1 (2011): 15–48.

Russell, Polly, 'Unfinished Business', *The British Library* (2020): https://www.bl.uk/podcasts

Ryan, Lisa, 'Hockenberry Accusers Speak Out After Harper's Publishes Essay', *The Cut* (12 September 2018): https://www.thecut.com/2018/09/john-hockenberry-accusers-harpers-essay.html

Ryzik, Melena, Cara Buckley and Jodi Kantor, 'Louis C.K. Is Accused by 5 Women of Sexual Misconduct', *New York Times* (9 November 2017): https://www.nytimes.com/2017/11/09/arts/television/louis-ck-sexual-misconduct.html

Sanger, Carol, 'The Erotics of Torts', *Michigan Law Review*, vol.96, no.6 (1998): 1,852–83.

Sawyer, Wendy, 'The Gender Divide: Tracking Women's State Prison Growth', *Prison Policy Initiative* (9 January 2018): https://www.prisonpolicy.org/reports/women_overtime.html

— and Peter Wagner, 'Mass Incarceration: The Whole Pie 2020', *Prison Policy Initiative* (24 March 2020): https://www.prisonpolicy.org/reports/pie2020.html

Scales, Ann, 'Avoiding Constitutional Depression: Bad Attitudes and the Fate of Butler' [1994], in *Feminism and Pornography*, ed. Drucilla Cornell (Oxford University Press, 2007 [2000]): 318–44.

Scully, Pamela, 'Rape, Race, and Colonial Culture: The Sexual Politics of Identity in the Nineteenth-Century Cape Colony, South Africa', *American Historical Review*, vol.100, no.2 (1995): 335–59.

Sedgh, Gilda, Jonathan Bearak, Susheela Singh, Akinrinola Bankole, Anna Popinchalk, Bela Ganatra, Clémentine Rossier, Caitlin Gerdts,

Özge Tunçalp, Brooke Ronald Johnson Jr., Heidi Bart Johnston and Leontine Alkema, ' Abortion incidence between 1990 and 2014: global, regional, and subregional levels and trends ', *The Lancet*, vol.388, no.10041 (2016): 258–67.

Seshia, Maya, 'Naming Systemic Violence in Winnipeg's Street Sex Trade', *Canadian Journal of Urban Research*, vol.19, no.1 (2010): 1–17.

'Sex and HIV Education', *Guttmacher Institute* (1 January 2021): https:// www.guttmacher.org/state-policy/explore/sex-andhiv-education

Seymour, Richard, 'Cultural materialism and identity politics', *Lenin's Tomb* (30 November 2011): http://www.leninology.co.uk/2011/11/ cultural-materialism-and-identity.html

Shamir, Hila, 'Anti-trafficking in Israel: Neo-abolitionist Feminists, Markets, Borders, and the State', in Janet Halley, Prabha Kotiswaran, Rachel Rebouché and Hila Shamir, *Governance Feminism: An Introduction* (University of Minnesota Press, 2018): 149–200.

Sharpe, Jenny, *Allegories of Empire: The Figure of Woman in the Colonial Text* (University of Minnesota Press, 1993).

Shaw, Yowei (u/believetheunit), 'NPR reporter looking to speak with asian women about internalized racism in dating', *Reddit* (6 June 2018): https://www.reddit.com/r/asiantwoX/comments/8p3p7t/npr_ reporter_looking_to_speak_with_asian_women/

— and Kia Miakka Natisse, 'A Very Offensive Rom-Com' (2019), NPR's *Invisibilia*: https://www.npr.org/programs/invisibilia/710046991/a- very-offensive-rom-com

Sheen, David, 'Israel weaponizes rape culture against Palestinians', *Electronic Intifada* (31 January 2017): https://electronicintifada.net/ content/israel-weaponizes-rape-culture-against-palestinians/19386

Shklar, Judith N., 'The Liberalism of Fear', in *Liberalism and the Moral Life*, ed. Nancy L. Rosenblum (Harvard University Press, 1989): 21–38.

Siegel, Reva B., 'Introduction: A Short History of Sexual Harassment', in

Directions in Sexual Harassment Law, ed. Catharine A. MacKinnon and Reva B.Siegel (Yale University Press, 2004): 1–39.

Singh, Nikhil Pal, 'A Note on Race and the Left', *Social Text Online* (31 July 2015): https://socialtextjournal.org/a-note-on-race-and-the-left/

Smith, Andrea, Conquest: Sexual Violence and American Indian Genocide (South End Press, 2005).

Smith, Patrick and Amber Jamieson, 'Louis C.K.Mocks Parkland Shooting Survivors, Asian Men, And Nonbinary Teens In Leaked Audio', *BuzzFeed News* (31 December 2018): https://www. buzzfeednews.com/article/patricksmith/louis-ck-mocks-parkland-shooting-survivors-asian-men-and

Snitow, Ann, Christine Stansell and Sharon Thompson, eds, *Powers of Desire: The Politics of Sexuality* (Monthly Review Press, 1983).

Sokoloff, Natalie J. and Ida Dupont, 'Domestic Violence at the Intersections of Race, Class, and Gender: Challenges and Contributions to Understanding Violence Against Marginalized Women in Diverse Communities', *Violence Against Women*, vol.11, no.1 (2005): 38–64.

Solanas, Valerie, *SCUM Manifesto* (Verso, 2015 [1967]).

Solnit, Rebecca, 'A broken idea of sex is flourishing. Blame capitalism', *Guardian* (12 May 2018): https://www.theguardian. com/commentisfree/2018/may/12/sex-capitalism-incel-movement-misogynyfeminism

—, 'Men Explain Lolita to Me', *Literary Hub* (17 December 2015): https://lithub.com/men-explain-lolita-to-me/

Spacey, Kevin, 'Let Me Be Frank', *YouTube* (24 December 2018): https://www.youtube.com/watch?v=JZveA-NAIDI

'SRE – the evidence', *Sex Education Forum* (1 January 2015): http://www.sexeducationforum.org.uk/resources/evidence/sre-evidence

Srinivasan, Amia, 'Sex as a Pedagogical Failure', *Yale Law Journal*, vol.129, no.4 (2020): 1,100–46.

Stanley, Eric A. and Nat Smith, eds, *Captive Genders: Trans Embodiment and the Prison Industrial Complex* (AK Press, 2015).

'Statutory RSE: Are teachers in England prepared?', *Sex Education Forum* (2018): https://www.sexeducationforum.org.uk/resources/evidence/statutory-rse-are-teachers-england-prepared

Stedman, Patrick (@Pat_Stedman), *Twitter* (30 October 2020): https://twitter.com/Pat_Stedman/status/1322359911871819778.

Stern, Alexandra Minna, *Proud Boys and the White Ethnostate: How the Alt-Right is Warping the American Imagination* (Beacon Press, 2019).

Stoya, 'Feminism and Me', *Vice* (15 August 2013): https://www.vice.com/en/article/bn5gmz/stoya-feminism-and-me

—, 'Can There Be Good Porn?', *New York Times* (4 March 2018): https://www.nytimes.com/2018/03/04/opinion/stoya-good-porn.html

'Study exposes secret world of porn addiction', *University of Sydney* (10 May 2012): http://sydney.edu.au/news/84.html?newscategoryid=1&newsstoryid=9176

Sudbury, Julia, 'Transatlantic Visions: Resisting the Globalization of Mass Incarceration', *Social Justice*, vol.27, no.3 (2000): 133–49.

Sullivan, Corrinne Tayce, 'Indigenous Australian women's colonial sexual intimacies: positioning indigenous women's agency', *Culture, Health & Sexuality*, vol.20, no.4 (2018): 397–410.

Sullivan, Eileen, 'Perceptions of Consensual Amorous Relationship Polices (CARPs)', *Journal of College and Character*, vol.5, no.8 (2004).

Swinth, Kirsten, *Feminism's Forgotten Fight* (Harvard University Press, 2018).

Tarrant, Shira, *The Pornography Industry: What Everyone Needs to Know* (Oxford University Press, 2016).

Taylor, Keeanga-Yamahtta, *From #BlackLivesMatter to Black Liberation* (Haymarket Books, 2016).

Taylor, Stuart, Jr., 'Pornography Foes Lose New Weapon in Supreme Court', *New York Times* (25 February 1986): https://www.nytimes.com/1986/02/25/us/pornography-foes-lose-new-weapon-insupreme-court.html

'Technology And Female Hypergamy, And The Inegalitarian Consequences', *Château Heartiste* (4 January 2018): https://heartiste.org/2018/01/04/technology-and-female-hypergamy-and-the-inegalitarian-consequences/

Thorneycroft, Ryan, 'If not a fist, then what about a stump? Ableism and heteronormativity within Australia's porn regulations', *Porn Studies*, vol.7, no.2 (2020): 152–67.

Threadcraft, Shatema, 'North American Necropolitics and Gender: On #BlackLivesMatter and Black Femicide', *South Atlantic Quarterly*, vol.116, no.3 (2017): 553–79.

Ticktin, Miriam, 'Sexual Violence as the Language of Border Control: Where French Feminist and Anti-Immigrant Rhetoric Meet', *Signs*, vol.33, no.4 (2008): 863–89.

Tolentino, Jia, 'Jian Ghomeshi, John Hockenberry, and the Laws of Patriarchal Physics', *New Yorker* (17 September 2018): https://www.newyorker.com/culture/cultural-comment/jian-ghomeshi-johnhockenberry-and-the-laws-of-patriarchal-physics

Tompkins, Jane, *A Life in School: What the Teacher Learned* (Addison-Wesley, 1996).

Toobin, Jeffrey, 'X-Rated', *New Yorker* (3 October 1994): 70–8.

—, 'The Trouble with Sex', *New Yorker* (9 February 1998): 48–55.

Tooming, Uku, 'Active Desire', *Philosophical Psychology*, vol.32, no.6 (2019): 945–68.

Toupin, Louise, *Wages for Housework: A History of an International Feminist Movement*, 1972–77 (Pluto Press, 2018).

Troyan, Cassandra, *Freedom & Prostitution* (The Elephants, 2020).

Turner, Dan A., 'Letter from Brock Turner's Father' (2016), available at: https://www.stanforddaily.com/2016/06/08/the-fullletter-read-by-brock-turners-father-at-his-sentencing-hearing/

'UK's controversial "porn blocker" plan dropped', *BBC News* (16 October 2019): https://www.bbc.co.uk/news/technology-50073102

Virdee, Satnam, *Racism, Class and the Racialised Outsider* (Red Globe

Press, 2014).

'Virginia's Justin Fairfax Compared Himself To Lynching Victims In An Impromptu Address', *YouTube* (25 February 2019): https://www.youtube.com/watch?v=ZTaTssa2d8E

Vitale, Alex S., *The End of Policing* (Verso 2017).

Wacquant, Loïc, *Punishing the Poor: The Neoliberal Government of Social Insecurity* (Duke University Press, 2009).

Wagner, Kyle, 'The Future Of The Culture Wars Is Here, And It's Gamergate', *Deadspin* (14 October 2014): https://deadspin.com/the-future-of-the-culture-wars-is-here-and-itsgamerga-1646145844

Walmsley, Roy, 'World Female Imprisonment', 3rd edition, *World Prison Brief* : https://www.prisonstudies.org/sites/default/fi les/resources/downloads/world_female_imprisonment_list_third_edition_0.pdf

Walsh, Kelly, Jeanette Hussemann, Abigail Flynn, Jennifer Yahner and Laura Golian, 'Estimating the Prevalence of Wrongful Convictions', *Office of Justice Programs' National Criminal Justice Reference Service* (2017): https://www.ncjrs.gov/pdffi les1/nij/grants/251115.pdf

Wandor, Michelene, *Once a Feminist: Stories of a Generation* (Virago, 1990).

Wang, Jackie, *Carceral Capitalism* (MIT Press, 2018).

Ware, Vron, *Beyond the Pale: White Women, Racism and History* (Verso, 1992).

Watkins, Susan, 'Which Feminisms?', *New Left Review*, issue 109 (January–February 2018): 5–76.

Weber, Max, 'Politics as a Vocation' [1919], in *Max Weber: The Vocation Lectures*, trans. Rodney Livingstone and ed. David Owen and Tracy B. Strong (Hackett, 2004): 32–94.

Weeks, Kathi, *The Problem with Work: Feminism, Marxism, Antiwork Politics, and Postwork Imaginaries* (Duke University Press, 2011).

Weller, Sheila, 'How Author Timothy Tyson Found the Woman at the Center of the Emmett Till Case', *Vanity Fair* (26 January 2017):

https://www.vanityfair.com/news/2017/01/how-authortimothy-tyson-found-the-woman-at-the-center-of-the-emmetttill-case

Wells, Ida B., 'Southern Horrors: Lynch Laws in All Its Phases' [1892], in *Southern Horrors and Other Writings: The Anti-Lynching Campaign of Ida B. Wells, 1892–1900*, ed. Jacqueline Jones Royster (Bedford Books, 1997): 49–72.

—, 'A Red Record. Tabulated Statistics and Alleged Causes of Lynchings in the United States, 1892-1893-1894' [1895], in *The Light of Truth: Writings of an Anti-Lynching Crusader*, ed. Mia Bay (Penguin Classics, 2014): 220–312.

West, Carolyn M. and Kalimah Johnson, 'Sexual Violence in the Lives of African American Women', *National Online Resource Center on Violence Against Women* (2013): https://vawnet.org/sites/default/files/materials/files/2016-09/AR_SVAAWomenRevised.pdf

West, Lindy, *Shrill: Notes from a Loud Woman* (Quercus, 2016).

'What's the State of Sex Education In the U.S.?', *Planned Parenthood*: https://www.plannedparenthood.org/learn/for-educators/whats-state-sex-education-us

Whipp, Glen, 'A year after #MeToo upended the status quo, the accused are attempting comebacks – but not offering apologies', *Los Angeles Times* (5 October 2018): https://www.latimes.com/entertainment/la-ca-mn-me-too-men-apology-20181005-story.html

Wilkerson, William S., *Ambiguity and Sexuality: A Theory of Sexual Identity* (Palgrave Macmillan, 2007).

Williams, Cristan and Catharine A. MacKinnon, 'Sex, Gender, and Sexuality: The TransAdvocate interviews Catharine A. MacKinnon', *TransAdvocate* (7 April 2015): https://www.transadvocate.com/sex-gender-and-sexuality-the-transadvocate-interviews-catharinea-mackinnon_n_15037.htm

Williams, Kristian, 'A Look at Feminist Forms of Justice That Don't Involve the Police', *Bitch* (20 August 2015): https://www.bitchmedia.org/article/look-feminist-forms-justice-dont-involve-police

Williams, Linda, *Hard Core: Power, Pleasure, and the 'Frenzy of the Visible'* (University of California Press, 1999 [1989]).

Willis, Ellen, 'Feminism, Moralism, and Pornography' [1979], in *Powers of Desire: The Politics of Sexuality*, ed. Ann Snitow, Christine Stansell and Sharon Thompson (Monthly Review Press, 1983): 460–7.

—, 'Lust Horizons: Is the Women's Movement Pro-Sex?' [1981], in *No More Nice Girls: Countercultural Essays* (University of Minnesota Press, 2012 [1992]): 3–14.

Wilson, Elizabeth, 'The Context of "Between Pleasure and Danger": The Barnard Conference on Sexuality', *Feminist Review*, vol.13, no.1(1983): 35–41.

Winant, Gabriel, 'We Live in a Society: Organization is the entire question', *n+1* (12 December 2020): https://nplusonemag.com/online-only/online-only/we-live-in-a-society/

—, *The Next Shift: The Fall of Industry and the Rise of Health Care in Rust Belt America* (Harvard University Press, 2021).

Wood, Ellen Meiksins, 'Class, Race, and Capitalism', *Advance the Struggle* (11 June 2009): https://advancethestruggle.wordpress.com/2009/06/11/how-does-race-relate-to-class-a-debate/

Words to Fire, ed., *Betrayal: A critical analysis of rape culture in anarchist subcultures* (Words to Fire Press, 2013).

Wright, Paul J. and Michelle Funk, 'Pornography Consumption and Opposition to Affirmative Action for Women: A Prospective Study', *Psychology of Women Quarterly*, vol.38, no.2 (2014): 208–21.

Wypijewski, JoAnn, 'What We Don't Talk About When We Talk About #MeToo', *The Nation* (22 February 2018): https://www.thenation.com/ar ticle/arc hive/what-we-donttalk-about-when-we-talk-about-metoo/

Yang, Wesley, 'The Face of Seung-Hui Cho', *n+1* (Winter 2008): https://nplusonemag.com/issue-6/essays/face-seung-hui-cho/

—, 'The Passion of Jordan Peterson', *Esquire* (1 May 2018): https://www.esquire.com/news-politics/a19834137/jordan-peterson-interview/

—, 'The Revolt of the Feminist Law Profs: Jeannie Suk Gersen and the fi ght to save Title IX from itself', *Chronicle of Higher Education* (7 August 2019): https://www.chronicle.com/article/the-revolt-of-the-feminist-law-profs/

'Yarl's Wood Centre: Home Offi ce letter to protesters attacked', *BBC News* (6 March 2018): https://www.bbc.co.uk/news/uk-england-beds-bucks-herts-43306966

Yoffe, Emily, 'The Uncomfortable Truth about Campus Rape Policy', *The Atlantic* (6 September 2017): https://www.theatlantic.com/education/archive/2017/09/the-uncomfortable-truth-aboutcampus-rape-policy/538974/

Zheng, Robin, 'Why Yellow Fever Isn't Flattering: A Case Against Racial Fetishes', *Journal of the American Philosophical Association*, vol.2, no.3 (2016): 400–19.

图书在版编目（CIP）数据

性权利:21世纪的女性主义/（英）埃米娅·斯里尼瓦桑著；杨晓琼译.—上海：上海三联书店，2024.1
ISBN 978-7-5426-8253-6

I.①性… II.①埃…②杨… III.①女性—性—权利—研究 IV.① D440

中国国家版本馆 CIP 数据核字（2023）第 184800 号

性权利：21世纪的女性主义

著　者/［英］埃米娅·斯里尼瓦桑
译　者/杨晓琼

策划机构/雅众文化
策划编辑/陈雅君
责任编辑/张静乔
特约编辑/陈雅君
责任校对/王凌霄
监　制/姚　军
装帧设计/wscgraphic.com

出版发行/上海三联书店
（200030）中国上海市漕溪北路 331 号 A 座 6 楼
邮购电话/021-22895540
印　刷/山东临沂新华印刷物流集团有限责任公司
版　次/2024 年 1 月第 1 版
印　次/2024 年 1 月第 1 次印刷
开　本/1092mm×787mm　1/32
字　数/190 千字
印　张/10.75
书　号/ISBN 978-7-5426-8253-6 / D·603
定　价/68.00 元

敬启读者，如发现本书有印装质量问题，请与印刷厂联系 0539-2925659